누가 뭐래도
부자가 되어라

START THINKING RICH:
21 HARSH TRUTHS TO TAKE YOU FROM BROKE TO
YOUR BEST FINANCIAL LIFE

부와 경제적 자유를 달성한 젊은 부자들의 법칙

누가 뭐래도
부자가 되어라

START THINKING RICH

◆

브래들리 T. 클론츠 · 에이드리안 브람빌라 지음 | 최성옥 옮김

"이 책은 부자가 될 용기가 있는 자들의 것이다."
- 세스 고드윈, 부자들의 멘토

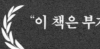

BOOK PLAZA

일러두기
본문의 주석은 모두 옮긴이의 주이다.

♦

자신과 가족의 더 나은 삶을 위해
헌신하는 모든 사람들에게 이 책을 바친다.
우리는 당신을 믿는다.

◆ 목차

프롤로그

백만장자의 약 90%는 자수성가한 사람들이다. 하지만 사람들은 이 통계를 그리 달가워하지 않는다. 왜 이 입증된 사실을 받아들이지 못하는 걸까? 이는 결국 백만장자가 되지 못한 책임이 개인에게 있다는 뜻이기 때문이다. 개인의 책임을 받아들이기보다는 시스템이나 타인, 자신의 성장 환경을 탓하는 편이 훨씬 쉬울 수 있다. 《누가 뭐래도 부자가 되어라》는 이런 핑계와 근거 없는 통념을 완전히 날려 버린다. 그리고 지긋지긋한 가난에서 벗어나고 싶은 사람들에게 부자가 되는 방법과 피해야 할 함정에 관한 불변의 진리를 제시한다. 만약 자신의 상황을 바꾸기보다는 위로를 받고 현재 상태에 안주하고 싶다면, 이 책은 당신에게 맞지 않다. 그러나 소비 습관, 돈에 대한 무의식적인 편견, 스스로를 방해하는 돈에 대한 태도를 솔직하게 들여다보고 부를 쌓을 준비가 되어 있다면, 이 책은 당신의 인생을 바꿔 줄 것이다.

'가난'과 '빈털터리'는 큰 차이가 있다. 빈털터리는 수중에 돈이 한 푼도 없는 상태로, 이는 일시적인 상황이다. 많은 사람들이 월초에는 돈이 있다가 월말이 되면 돈이 바닥난다. 억대 연봉을 벌어도 빈털터리로 사는 사람들이 있다. 돈을 벌면 그대로 쓰다 보니, 돈이 금세 사라지는 거다. 우리는 당신이 빈털터리가 되길 바라지 않는다. 이 책은 빈털터리에서 벗어나 경제적 자유를 누릴 수 있도록 돕기 위한 것이다. 그런데 이를 위해서는 먼저 가난을 멈춰야 한다. 이 책에서 '가난'은 '가난한 사고방식'을 의미한다. 빈털터리는 일시적이지만, 제대로 성찰하지 않는 한 가난한 사고방식은 영구히 지속되며, 이런 사고방식을 가진다면 평생 빈털터리에서 벗어나지 못할 수 있다. 부자가 되고 싶다면 가난한 사고방식을 멈추고 '돈에 미쳐야' 한다.

이 책은 당신이 부자가 될 수 있도록 돕는 지침서다. 사회경제적 사다리를 올라가고 싶다면 다른 방식으로 행동해야 한다. 하지만 그전에 먼저 올바른 사고방식부터 갖춰야 한다. 가장 먼저 바꿔야 할 사고방식은 현재 자신의 재정 상태에 책임을 지는 것이다. 즉, 지금의 재정 상태는 자신이나 부모님, 혹은 조부모님이 가졌던 돈에 대한 사고방식 때문이라는 사실을 인정해야 한다. 이 개념을 받아들이는 일이 쓰디쓴 약처럼 힘들 수 있지만, 다시 한번 강조하겠다. 가난한 사고방식을 버리고 부자의 사고방식으로 전환하지 못하면, 영원히 빈털터리 신세를 면치 못할 것이다. 이는 말처럼 쉬운 일은 아니다. 돈에 대한 온갖 헛소리와 잡음이 주변에 가득하기 때문이다. 예를 들어, 소셜 미디어만 봐도 부자들이 돈에 대해 어떻게 생각하고 행동하는지에 대한 온갖 거짓 정보가 넘쳐난다. 그래서 우리는 이런 지침서를 좀 더 어렸을 때 읽었다면 좋았을 것이라고 생각하며 이 책을 만들었다. 우리의 지금 위치에 자부심을 느끼지만, 이 책의 내용을 더 일찍 알았더라면 지금보다 훨씬 빠르게 이 자리에 도달했을 것이다.

우리는 지식과 역량을 최대한 발휘하여 당신의 본모습, 돈의 본질, 그리고 부자가 되는 방법에 관한 진실을 알려 주려고 한다. 에이드리안 브람빌라Adrian Brambila는 멕시코 이민자 부모의 아들로서 '진정한 부'의 개념을 새롭게 정의하며 틱톡 스타가 됐고, 밴에서 생활하며 1년에 170만 달러를 벌어들인 여정을 공개하였다.

심리학 박사이자 국제재무설계사(CFP)인 브래드 클론츠Brad Klontz는 금융 심리학자이자 교수, 연구자로 활동하며 돈의 심리에 관한 8권의 책을 공동 집필했다. 그는 거의 빈털터리와 다름없는 가난한 가정에서 자랐지만 30대에 백만장자가 됐고, 지금은 돈의 심리학 분야에서 세계적인 전문가로 손꼽힌다.

우리는 2019년에 소셜 미디어를 통해 처음 만났고, 부를 창출하는 사고방식의 중요성을 강조하는 서로의 메시지에 깊이 공감했다. 이후 서로에게서 많은 것을 배우는 동안 자연스럽게 친구가 됐고, 지난 몇 년 동안 함께 콘텐츠와 강좌를 만들며 많은 사람들이 돈을 벌고 소셜 미디어에서 성공할 수 있도록 도왔다. 그러던 중에 경제적 자유를 원하는 더 많은 사람들을 돕고 싶은 열정을 바탕으로 이 책을 공동 집필하게 됐다.

우리는 각자의 전문 지식, 열정적 끈기grit, 경험에서 얻은 지식을 모두 합하여, 돈에 대한 사고방식을 유례없이 포괄적으로 다룬 책을 쓰려고 한다. 돈을 벌고, 저축하고, 투자하는 검증된 전략만으로, 독자를 '불쌍한 빈털터리'에서 '놀라운 부자!'로 탈바꿈시킬 것이다. 우리의 합산 소셜 미디어 팔로워 수가 3백만 명을 넘는 것을 보면 사람들이 무일푼에서 벗어나 부자가 되는 비결을 얼마나 간절히 알고 싶어 하는지 알 수 있다. 또한 많은 독자들이 이 책이 전하는 가혹한 진실을 접하고 나서 논쟁에 빠질 수 있다는 점도 이해하고 있다. 그 진실이 통계적 근거에 의해 뒷받침된다 해도 약간의 저항은 있을 수 있다. 하지만 이는 전혀 문제 되지 않는다. 브래드는 심리학자로서, 독자가 스스로에게 걸림돌이 되는 심리적 저항을 극복하고 백만장자가 될 수 있도록 돕는 심리 기법을 갖추고 있기 때문이다.

《누가 뭐래도 부자가 되어라》는 단순히 돈에 대해 말하는 전략서가 아니다. 우리가 어렵고 힘들게 배운 교훈과 재정 건전성을 개선했던 방법에 관한 이야기다. 이 책은 소득을 높이고, 수입원을 다양화하며, 번 돈을 저축하고, 잠자는 동안에도 돈을 불릴 수 있는 실행 가능한 해결책을 제공한다. 또한 부자가 되는 길을 가로막는 내면의 정신적 장애물을 극복할 수 있도록 돕는다. 브래드의 연구와 재정 심리학 전문 지식, 그리고 에이드리안의 이민자 가정에서의 성장 배경과 비즈니스 구축 전략을 사용해서, 당신을 가난한 사고방식에서 벗어나지 못하게 하는 모든 핑곗거리를 하나씩 깨뜨릴 것이다. 당신에게는 분명 백만장자가 될 잠재력이 있다. 필요한 것은 자신의 길을 찾아 포기하지 않고 끝까지 나아가는 것이다.

브래드 나는 미시간주의 서민층 거주 지역에서 가난하게 자랐다. 어린 시절은 경제적 어려움과 가정불화, 형제의 갑작스러운 죽음과 같은 트라우마로 점철된 시기였다. 그럼에도 불구하고 나는 자신과 세 가지를 약속했다. (1) 미래에 아이들의 엄마가 될 사람을 진심으로 사랑하고 오랜 관계를 유지할 것, (2) 가족을 위해 안전한 양육 환경을 조성할 것, (3) 경제적으로 성공하여 열정적으로 살고 가족과의 시간을 우선시하며 내가 누리지 못한 기회를 아이들에게 줄 것. 현재 이 목표를 모두 달성했고, 여전히 이를 추구하고 있다고 자랑스럽게 말할 수 있다.

하지만 당시 가장 큰 장애물은 이러한 목표를 앞서 성취한 롤모델이 주변에 없었다는 점이었다. 한 번도 그런 성공을 이뤄본 적이 없는 사람들이 어떻게 성공하는 방법을 가르쳐 줄 수 있을까? 어떻게 필요한 사고방식과 전략을 알려 줄 수 있을까? 솔직히 말해서, 나는 목표를 달성하는 방법은 고사하고 그것이 달성 가능한 목표인지조차 확신할 수 없었다. 결국 혼자서 많은 시행착오를 겪어야 했고, 수많은 실수를 저지르면서 힘들게 배워야만 했다.

이 책의 목적은 내가 인생에서 좀 더 일찍 받고 싶었던 지침을 제공하는 것이다. 나는 내가 한 번도 가져본 적 없는 멘토가 되어, 마치 고객에게 비공개로 코칭할 때처럼 검열의 두려움 없이 솔직하고 직설적으로 조언하고자 한다. 이 책에서 다루는 진실이 처음에는 가혹하게 느껴질 수 있지만, 마음을 열고 기꺼이 자신의 믿음에 의문을 던져 보길 바란다. 나는 당신에게 원하는 삶을 만들어갈 능력이 있음을 굳게 믿는다.

에이드리안 처음으로 진짜 부자를 만난 건, 조지아주 애틀랜타에서 오토튠auto-tune(미국의 안타레스 사에서 만든 음정 보정을 위한 오디오 플러그인의 이름이다. - 옮긴이 주)을 쓰는 랩스타 티페인T-Pain의 집에 초대됐을 때다. 당시 댄서로 일했던 나는 티페인을 위해 로봇춤을 출 일생일대의 기회를 얻게 됐고, 그의 집에 도착했을 때 정말 입이 떡 벌어질 정도로 놀랐다. 수십 대의 멋진 자동차, 응접실, 오락실, 클럽까지 갖춘 대저택은 실로 충격적이었다. 티페인은 빈털터리 대학생이었던 나보다 겨우 4살 많았는데, 그를 보며 누구나 큰 부를 이룰 수 있다는 사실에 눈이 번쩍 뜨였다. 티페인도 처음에는 무일푼으로 시작해 플로리다의 노점에서 생선을 팔던 시절이 있었다. 하루는 티페인이 우리에게 아직 공개하지 않은 음원을 들려줬는데, 그 곡을 공개한 지 10분 만에 아이튠즈 다운로드가 백만 건이 넘어갔던 것을 기억한다. 당시 한 곡당 다운로드 가격이 0.99달러였으니 불과 몇 분 만에 백만 달러 이상을 벌어들이는 광경을 직접 목격한 셈이다. 바로 그 순간, 나도 뭔가를 출시해 백만 달러를 벌 수 있는 방법을 찾아야겠다고 결심했다. 물론 아무리 생각해도 티페인의 성공을 그대로 따라할 순 없었다. 하지만 나는 온라인 비즈니스를 통해 처음에는 1년에 10만 달러를 벌었고, 나중에는 한 달, 일주일, 심지어 하루 만에 10만 달러를 넘게 벌어들이며 가족의 삶을 근본적으로 바꿔 놓았다.

나의 어머니는 캘리포니아주의 베이커스필드Bakersfield에서, 아버지는 멕시코의 할리스코주Jalisco에서 가난하게 자랐다. 부모님은 내가 똑같은 고통을 겪지 않도록 모든 노력을 다했다. 부모님이 한 푼 한 푼 모은 덕분에 나는 빚 없이 대학을 졸업할 수 있었다. 정말이지, 이는 내가 받은 '엄청난' 혜택이었고, 나는 부모님의 희생적인 경제적 지원에 감사함과 부채감을 항상 갖고 있다. 특히 부모님이 태어난 환경을 생각하면 더욱 그렇다. 때때로 생각한다. '부모님은 수십 년 동안 가난에 시달렸고, 미국으로 이민 와 평생 모은 돈으로 나를 대학까지 보내 줬어. 빈털터리 멕시코계 미국인으로 남으라고 그렇게까지 했겠어? 나는 우리 가족을 상위 1%로 올려놓을 책임이 있어.' 그렇게 나는 30세가 될 무렵 백만장자가 됐다. 처음 백만장자가 됐을 때 아버지와 어머니를 회사에 고용했고, 현재는 아내까지 채용해 모두 함께 일하고 있다. 이 책은 가난에서 벗어나 부자가 되는 데 필요한 전략과 강력한 사고방식을 담은 안내서다. 밑바닥에서 시작해 다양한 방식으로 수백만 달러를 벌어들이는 두 사람이 전하는 교훈으로, 편견 극복에 필요한 데이터는 물론이고, 당신이 부자가 되는 방법을 터득하고 실행하도록 영감을 줄 이야기를 가득 담고 있다!

《누가 뭐래도 부자가 되어라》는 부를 창출하는 방법을 명확하고 이해하기 쉽게 알려 주는 지침서로, 간단히 말하면 다음과 같다.

백만장자가 되는 3가지 경로

자수성가한 백만장자들은 다음의 3가지 경로 중 하나를 선택해 부자가 됐다:

1. **직장인.** 이들은 전략적으로 움직여 부자가 됐다. 회사에서 승진하는 방법을 터득했고, 대학을 나왔으며, 일부는 대학원까지 마쳤다. 그리고 회계사, 의사, 변호사, 엔지니어가 됐다. 또한 401(k) 또는 IRA를 매년 최대한도로 채우며 저축했다.(미국의 퇴직연금 제도인 401(k)는 미국 근로자 퇴직소득 보장법 401조 k항에 규정되어 있기 때문에 401(k)라 불리고, IRA는 개인 퇴직연금계좌를 뜻한다. - 옮긴이 주) 토머스 스탠리Thomas J. Stanley와 윌리엄 댄코William D. Danko의 《이웃집 백만장자》에 따르면, 백만장자의 70%는 직장인이거나 자영업자인 전문직 종사자였다. 피델리티(미국의 종합 금융 기업으로, 세계 최대 규모의 인덱스펀드와 상장지수펀드를 운용하고 있다. - 옮긴이 주)의 연구에서도 매년 수천 명이 401(k)와 IRA를 통해 백만장자가 되는 것으로 나타났다.

2. **실리콘밸리 창업가.** 이들은 큰 도박을 걸었고, 그 도박에서 성공했다. 401(k) 자금을 모두 현금화해 자신의 벤처 회사에 쏟아 부었고, 대출을 받고 자본을 끌어들였다. 이후 수많은 역경을 딛고 큰 성공을 거뒀

다. 노동부에 따르면 창업의 70%는 실패한다. 솔직한 실리콘밸리 창업가라면 자신이 운이 좋았음을 인정할 수밖에 없다. 물론 훌륭한 아이디어와 실행력이 있었던 건 사실이다. 하지만 실패한 많은 창업가들도 별반 다르지 않았던 사실을 감안하면, 분명 운이 크게 작용했다.

3. **그라인더**Grinder **또는 슬로우 허슬러**Slow Hustler. 이것은 에이드리안과 브래드가 선택했던 창업 경로다. 이들은 본업이 있는 상태에서 부업을 시작했다. 낮에는 본업을 하면서 가능한 많은 돈을 저축하고, 밤과 주말 시간을 이용해 사업을 시작했다. 그들은 외부 도움 없이 자력으로 사업을 시작했다. 퇴직연금을 현금화해 사업에 투자하여 가족이나 미래를 위험에 빠뜨리지도 않았고, 빚을 내지도 않았다. 이후 부업 소득이 본업 소득을 넘어서자, 부업을 전업으로 전환했다. 현재 이들은 동일한 경로를 선택하려는 사람들에게 필요한 사고방식, 습관, 전략을 가르친다.

자수성가한 백만장자들은 각기 다른 경로를 선택했지만, 모두 돈에 대해 동일한 사고방식을 갖고 있었다. 이 책은 매일 하는 선택이 우리를 더 부유하게 만들 수도, 더 가난하게 만들 수도 있다는 핵심을 강조한다. 중요한 점은, 부자가 되든 가난해지든, 그것이 결국 자신의 선택이라는 사실이다.

부자는 더 부자가 되는 이유는 다음과 같다:

• 수입 범위 내에서 생활한다
• 소비보다 저축을 더 많이 한다

- 부채가 아닌 자산을 구입한다
- 신용카드 빚을 쌓지 않는다
- 남에게 잘 보이려고 물건을 구매하지 않는다
- 경영·경제 관련 서적을 읽거나 끊임없이 배우려고 노력한다
- 장기적으로 투자한다

하지만 부자도 다음과 같은 이유로 빠르게 가난해질 수 있다:

- 수입을 초과해 생활한다
- 저축보다 소비를 더 많이 한다
- 자산이 아닌 부채를 구입한다
- 신용카드 빚을 쌓는다
- 남에게 잘 보이기 위해 물건을 구매한다
- 경영·경제 관련 서적을 전혀 읽지 않는다
- 투자하지 않는다

경로와 상관없이, 우리는 돈에 관한 21가지 가혹한 진실을 통해 수천 명이 가난한 사고방식을 버리도록 도왔다. 그 21가지 진실이 바로 이 책에서 다룰 내용이다. 이 책은 치열한 생존 경쟁에 갇혀 있고, 빈곤과 절망의 악순환에 빠져 있으며, 자신이 시스템의 희생양이라고 생각하는 누구에게든 경각심을 일깨워 준다. 부자가 되는 것은 하나의 게임이며, 우리는 그 게임을 플레이하는 방법을 보여 주려고 한다. 이 책은 가난한 사고방식이라는 거미줄을 눈앞에서 걷어 내고, 수많은 가능성을 보여 줄 것이다. 수년 동안 우리는 불굴의 의지, 열정적인 끈기, 전문 지식을 활용해 사람들이 경제적 자유를 달성하도록 도왔다. 이제, 당신 차례다.

이 책은 개인적인 이야기와 사례 연구, 실행 가능한 조언을 바탕으로, 학문적 통찰력과 실제 경험을 결합하여 기존의 통념을 뛰어넘는다. 우리의 목표는 거침없이 직설적인 진실을 던져, 당신의 믿음에 의문을 제기하는 것이다. 처음에는 쓰라리겠지만 결국 놀라운 경제적 변화를 위한길을 열어 줄 것이다. '부자가 되고 싶다면 가난한 친구를 멀리하라', '매달 대금을 갚을 수 없다면 신용카드를 사용하지 마라'와 같은 말은 단지 관심을 끌기 위한 도발이 아니라, 부자가 되기 위해 반드시 알아야 할 진정한 인생 교훈이다.

우리의 접근법은 그 과정은 힘들지만 궁극적으로는 희망이 될 방식이다. 자신의 현재 상태에 전적으로 책임감을 갖되, 가난하게 태어난 것은 당신 잘못이 아니며, 계속 가난에 머물러 있지 않아도 된다는 사실을 깨닫게 도와줄 것이다. 달콤하게 포장된 말로 전할 생각은 없다. 각 장의 제목은 머리를 한 대 맞은 것처럼 충격적일 수 있다. 하지만 첫 충격을 극복하면, 자상한 친구의 격려처럼 느낄 수 있는 진심 어린 지침이 기다리고 있다. 당신을 아끼고 당신이 원하는 삶을 살기를 바라기 때문에 솔직하게 말할 수밖에 없다. 부자가 되려면 가난한 사고방식을 버리고, 마음의 장벽을 허물며, 새로운 습관을 받아들이고, '돈에 미쳐야' 한다. 당신에게는 헛소리를 차단하고, 풍요로움을 선택하며, 가난한 삶에서 부자의 삶으로 나아갈 수 있는 능력이 있다. 이 책을 통해 부자가 되는 경제적 습관 형성에 필요한 경각심을 얻길 바란다. 부자의 방식을 따르라. 그러면 당신도 새로운 백만장자 클럽의 일원이 될 수 있다.

1장

가난은 거지 같다

◆

◆

돈으로 행복을 살 수 없다고? 순 헛소리다. 가난은 거지 같다. 돈이 행복을 가져다주지 않는다고 말하는 사람은 딱 두 부류다. (1) 빈털터리인 사람들, (2) 빈털터리가 되어본 적 없는 사람들. 빈털터리인 사람들은 스스로를 위로하기 위해 이렇게 말한다. "돈은 없지만 괜찮아요. 돈이 있다고 행복해지는 건 아니니까요." 물론 희망이 없을 때는 이런 말이 위안이 될 수 있지만, 스스로를 망치는 말이기도 하다. 또한, "돈이 더 많다고 해서 내 상황이 나아지는 건 아니에요."라는 말은 의욕을 꺾고 더 나은 삶을 위해 필요한 행동을 막는 가장 빠른 방법이다. 빈털터리가 되어본 적 없는 사람들은 가난이 얼마나 비참한지 모른다. 굶주린 채 잠들거나, 두세 가지 일을 하며 아이들을 먹여 살리느라 학교 상담에 참석하지 못한다면 어떨까? 질병이나 부상으로 일을 할 수 없어 집에서 쫓겨날 형편이거나, 돈이 없어 사람들을 만날 기회를 놓친다면? 이들은 이런 삶이 얼마나 비참한지 모른다.

　돈은 단순히 삶의 질에만 영향을 주는 것이 아니다. 가난한 환경에서 성장하는 것은 뇌에도 부정적인 영향을 미칠 수 있다. 연구에 따르면, 어린 시절에 가난하면 스트레스 대처 능력과 기억력을 담당하는 해마의 크기가 줄어들 수 있다. 또, 가난한 환경에서 자란 아이들은 공통적으로 위협을 감지했을 때 감정과 동기부여를 처리하는 뇌의 편도체 활동이 활발해진다. 즉 가난은 실제 위협을 판단하고, 감정적으로 반응하는 방식을 결정하고, 위협을 처리하기 위해 취할 행동이나 하지 않을 행동을 결정하는 뇌의 일부에 결정적인 변화를 일으킨다. 결과적으로 가난하면 학습 능력이 떨어지고, 현재의 상황과 원인을 정확히 이해하지 못하며, 진짜 위협을 식별하고 정확히 판단하여 문제를 해결하는 능력까지 저하될 수 있다. 이는 계속되는 악순환으로 이어질 수 있다. 가난한 환경에서 사는 아이는 학업 성취도가 낮을 가능성이 크고, 결국 교육의 기회와 직업의 선택에서 제한을 받을 수도 있다.

　성인이 되어도 가난은 다른 많은 문제를 일으킨다. 가난에 시달리는 사람들은 질병에 더 취약하고, 수명이 짧으며, 우울증과 약물 남용으로 고생할 가능성이 크고, 스트레스 수준도 더 높다. 집세 때문에 전전긍긍하는 상황에서 취미를 찾거나 건강한 음식을 챙겨 먹고, 가족과 시간을 보내거나 휴가를 떠나는 것은 힘들지 않겠는가. 요점은 '가난은 거지 같다'는 사실이다. 하지만 좋은 소식이 있다. 바로, 가난에서 벗어나 부자가 될 수 있다는 것이다. 빈곤의 굴레에서 벗어날 방법이 '분명히' 있고, 우리가 그 방법을 정확히 보여 줄 것이다.

돈으로 행복을 살 수 있을까?

정말 돈으로 행복을 살 수 있다. 부와 재테크에 관한 아무 책이나 집어 봐라. 특정 액수를 초과하면 돈이 더 이상 행복에 영향을 줄 수 없다고 주장하는 케케묵은 연구 내용을 종종 볼 수 있다. 현재는 잘못된 것으로 밝혀진 한 연구에 따르면, 연간 7만 5천 달러까지는 소득이 증가하면 정서적 만족감이 증가하지만, 그 액수를 넘어서면 더 이상 영향을 주지 않는다고 한다. 그런데 흥미롭게도 이 수치는 미국인의 연평균 소득과 비슷하다. 그 연구에 따르면, 일단 기본적인 필요를 충족시킬 수 있을 정도의 소득, 즉 연간 약 7만 5천 달러 수준에 이르면 행복은 정체 상태에 도달해서 돈이 더 많아도 행복감을 더 이상 높일 수 없다. 하지만 나중에 진행된 좀 더 포괄적인 연구는 이와 다른 결과를 도출했고, 대부분이 짐작하던 내용을 사실로 확인해 줬다. 새로운 연구는 소득이 높을수록 행복감도 증가한다는 사실을 밝혀냈으며, 표 1.1에서 볼 수 있는 것처럼 (Z 점수는 데이터가 평균치로부터 얼마나 떨어져 있는지를 표준편차를 이용해 설명하는 척도이다. - 옮긴이 주) 이 증가세는 7만 5천 달러를 훨씬 상회하는 수준까지 이어진다.

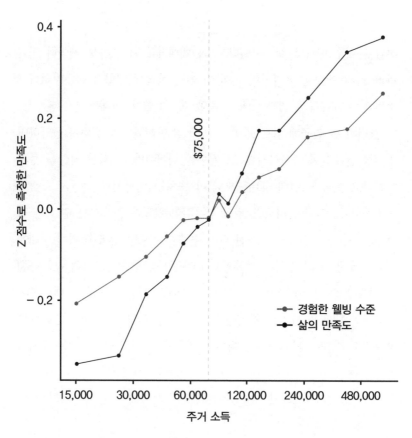

표 1.1 소득 수준에 따른 긍정적인 감정 및 전반적인 삶의 만족도 실시간 평균 보고

이 그래프는 소득이 높을수록 행복감도 역시 높아진다는 것을 분명하게 보여 준다.

에이드리안 대학 시절에 백만장자와 억만장자에 관한 인기 있는 연구를 많이 읽었다. 특히 막대한 부가 기쁨보다는 불행을 불러오는 것처럼 보이는 이야기들을 읽는 것에 푹 빠져 있었다. 나는 7만 5천 달러가 행복의 황금 숫자라는 확고한 믿음을 갖고 있었다. 이는 재테크에 관한 수많은 자기 계발서에서 강조하는 개념으로, 7만 5천 달러를 넘는 소득은 삶의 질과 상충된다는 관점이었다.

이러한 사고방식 때문에, 대학 졸업 후 높은 연봉이 주는 매력보다는 행복을 나침반으로 삼아 사회에 첫발을 내디뎠다. 나는 콜센터에 정착해서 연간 2만 7천 달러의 '행복'을 벌었고(7만 5천 달러라는 목표의 38% 수준. 예스!), 스스로 생각한 행복의 기준을 향해 꾸준히 걸어가고 있다고 믿으며 만족했다.

하지만 그 길은 실패였다. 나는 시간이 지나면서 뭔가 크게 잘못됐음을 깨달았다. 그래서 9년 동안 열심히 고생한 끝에 팬데믹 첫해에 120만 달러 이상을 벌어들였고, 개조한 캠핑카를 타고 전국을 여행하며 꿈같은 생활을 보냈다. 자, 그럼 내가 120만 달러를 벌기 위해 치른 '큰 희생'은 무엇이었을까? 고작 일주일에 한 번 와이파이에 접속하는 것뿐이었다. 진짜 핵심은 바로 이거다. 세상에는 브래드와 나 같은 사람들이 존재한다는 것이다. 돈을 삶의 질을 높이는 도구로 사용하면서 동시에 소득을 높이는 방법을 터득한 사람들 말이다. 우리는 이 책에서 그 비결을 공유하려고 한다. 가난하게 사는 것은 삶에 대한 깊은 불만을 초래할 수 있다. 하지만 부자가 되어 자기 가능성의 한계를 시험해 보는 것은 상상 이상의 만족감을 준다. 그 만족감은 인생을 바꿀 만큼 강력하다.

가난은 거지 같을 뿐 아니라 삶을 완전히 우울하게 만들 수도 있다.

에이드리안 아버지가 며칠 동안 제대로 먹지 못했던 시절의 이야기를 들려주신 적이 있다. 멕시코에서 살던 어린 시절, 아버지는 종종 굶주린 채 잠자리에 들곤 했다. 그러던 어느 날, 아버지는 한 농부의 밭에 몰래 들어가 양파 하나를 캐서 크게 한 입 베어 물었다. 흙이 묻어 쓴맛이 났지만, 그때는 너무 배고파 그 양파가 믿을 수 없을 만큼 맛있었다고 하셨다. 처음 이야기를 들었을 때는 그런 창의적인 방법으로 배고픔을 이겨낸 아버지의 기지에 박수를 쳤다. 하지만 그 이야기를 곱씹어 보니 한 가지 의문이 들었다. 양파를 육즙 가득한 햄버거처럼 베어 물고 그 맛을 극찬할 정도가 되려면, 대체 얼마나 절박해야 할까? 남의 땅에 무단으로 침입해서 무릎을 꿇고 맨손으로 양파를 캘 정도면, 얼마나 배가 고파야 할까? 아버지의 성격을 생각하면 양파를 훔치는 일은 평소에는 상상할 수도 없는 행동이었다. 그 이야기를 들으면서, 생사가 걸린 문제라면 사람들은 극단적인 선택을 하게 된다는 사실을 깨닫게 됐다.

브래드 아버지가 돌아가셨을 때 나는 겨우 2살이었고, 어머니는 여동생을 임신한 상태셨다. 어머니는 시간제 교사로 일했는데, 월급은 생계를 유지하기에 턱없이 부족했다. 혼자서 어린 자식 둘을 키우며 살기엔 너무나 힘든 시절이었다. 먹고 살기 위해 방 3개와 화장실 1개가 딸린 약 36평 크기의 집 지하실을 여러 임차인에게 번갈아 가며 임대해야 했다. 어머니는 더 많은 일을 해야 했고, 어린 여동생을 어린이집에 맡겨야만 했다. 그리고 나는 '래치키 키드latchkey kid', 즉 방과 후 집에 혼자 있는 아이였다. 유치원에 다니던 4살 때부터 어른 없이 혼자서 1마일이나 되는 거리를 걸어 집에 돌아오곤 했다. 어머니는 나와 여동생을 돌보기 위해 TV에 많이 의지했다. 일하러 갈 준비를 하거나 목욕하거나 요리할 때, 우리에게 TV를 틀어 주고 일을 보곤 했다. 그런데 그 TV가 또 고장 나 버렸고, 우리는 그걸 고칠 돈이 없었다. 절박한 마음에 어머니는 TV 앞에 무릎을 꿇고 하나님께 고쳐 달라고 기도했다.

몇 분 후 어머니가 일어나 TV 다이얼을 돌리자 화면이 제대로 나오기 시작했다. 정말 기적 같은 일이었다.

가난은 사람을 죽일 수 있다

고대 제국주의 중국에서는 죄수들에게 살갗을 천천히 도려내는 '능지凌遲'라는 형벌을 가했다. 이는 몸 전체를 조금씩 베어내는 방식으로, 천 번을 베어 죽인다는 의미인 '살천도殺千刀'라고도 불렸다. 이것은 수회씩 나누어서 작은 상처로 고통을 주지만, 단번에 팔다리를 잃는 것만큼 심각하지는 않게 하는 것이 목적이었다. 이러한 방식은 신체의 급격한 외상을 줄여 며칠, 심지어 몇 주까지 형벌을 연장할 수 있었다. 그렇게 죄수는 매일 천천히 조금씩 피를 흘리다가 죽게 된다.

가난하다는 건, 천 번 베여 서서히 죽는 것처럼 느껴질 수 있다. 그달 벌어 그달 사는 것은 한 번 베인 상처와 같고, 은퇴 자금을 충분히 마련하지 못한 건 또 하나의 상처가 된다. 위험한 동네에서 벗어나지 못하는 것, 자녀에게 괜찮은 옷을 입히지 못하는 것도 또 다른 상처다. 자녀를 좋은 학교에 보내지 못하거나 자녀의 대학 등록금을 마련하지 못하는 것, 건강한 음식을 먹지 못하는 것은 더 깊은 상처를 남기며, 이로 인해 몸은 망가지고 기회는 더 줄어든다. 감내할 수 있는 상처도 있다. 예를 들어, 난방비를 줄이기 위해 실내 온도를 낮추고 스웨터를 입는 것(사실 이건 모두에게 괜찮은 방법이다)이 그렇다. 하지만 어떤 상처는 더 큰 문제를 초래한다. 예를 들어, 보험을 들 여력이 없거나 은퇴 자금을 저축할 수 없는 경우가 그렇다.

죄수처럼 의자에 묶여 있다고 한번 상상해 봐라. 당신은 고금리 신용카드를 건네받고, 그 카드로 가난이라는 상처에서 흘러나오는 피를 잠시 멈출 수 있다. 하지만 안도감은 일시적일 뿐이다. 오히려 재정적 상처는 훨씬 크게 벌어지고, 그 상처를 치유하는 데는 수년이 걸릴 수 있다. 이런 상황을 깨닫게 되면 고금리 채무를 조금이라도 상환하려고 차를 담보로 대출을 받게 될지도 모른다. 카드 빚을 메우기 위해 상처 난 재정에 또 다른 깊은 상처를 내는 셈이다. 인생에서는 언제나 예기치 못한 사건이 일어나기 마련이고, 결국 카드 대금을 갚지 못하게 된다. 차는 압류되고, 이제는 버스를 타고 출근할 수밖에 없다. 버스를 타고 다니느라 번번이 지각하는 바람에 끝내 직장에서 해고된다. 이제, 소득 한 푼 없는 당신에게 남은 건 고금리 대출과 대출을 상환하지 못해 나빠진 신용뿐이다. 재정적으로 큰 상처를 입어 바닥까지 피가 흥건할 정도다. 가난은 악순환이 되고, 당신은 가난의 수렁으로 점점 더 깊이 빠져든다. 그러니 어찌 무력감과 절망감을 느끼지 않을 수 있을까. 안타깝게도, 이것이 미국 내 수백만 명의 사람들이 겪고 있는 현실이다.

가난은 생사를 가르는 문제가 될 수 있다. 수명을 단축시키고, 정신을 황폐하게 만들 수 있다. 지옥 같은 가난에 갇혀버린 사람들은 높은 불안감, 만성 질환, 낮은 기대수명, 불안정한 주거, 부실한 양육, 위험한 동네, 교육 환경이 열악한 학교, 굶주림을 경험한다. 2022년 기준, 미국에서 적절한 생활 수준을 유지하는 데 필요한 최소 소득 수준인 '빈곤선' 아래에 사는 사람들은 무려 3,800만 명에 달했다. 돈 걱정은 심장 질환, 당뇨병만큼 건강에 해로울 수 있다. 가난은 단지 고통스러운 것뿐만 아니라, 생명을 앗아갈 수도 있다.

가난에서 비롯된 절망감 때문에 사람들은 자신의 가치관에 반하는 행동을 할 수도 있다. 대표적인 예가 도둑질이다. 대부분은 자신이 저지른 일을 끔찍하게 여기지만, 다른 선택의 여지가 없었다고 생각한다. 아이들이 배고파 우는 모습을 본다면 부모는 자식을 먹이기 위해서 무슨 짓이든 할 것이다. 평범한 사람들의 눈에 가난은 절망적으로 보인다. 특히 평생 가난에서 벗어난 본 적이 없다면 더욱 그렇다. 하지만 좋은 소식이 있다. 바로 가난에서 벗어날 수 있다는 사실이다. 우리가 그렇게 될 수 있도록 도와줄 것이다. 단, 미리 경고하건대, 몇 가지 어려움은 감수해야 한다.

일단은 먼저 좋은 소식부터! 바로 우리는 축복받은 존재라는 점이다. 단 한 세대 만에 극심한 가난에서 벗어나 가족을 위해 부를 쌓을 수 있는 나라에 살고 있기 때문이다. 에이드리안의 가족이 바로 그 좋은 예로, 우리는 노력만 하면 가난에서 벗어나 부자가 될 수 있는 나라에 살고 있다. 우리가 금수저를 물고 태어난 것은 결코 아니었다. 여태껏 얻은 모든 것은 오롯이 열심히 노력한 결과다. 예컨대 에이드리안의 부모님은 재정을 현명하게 관리했고, 남들을 따라 살지 않고 자신의 상황에 맞게 생활했다. 가능한 많은 돈을 저축했고, 자녀의 미래를 최우선으로 생각했다. 그들은 가난했을 때도 이미 부자가 되는 방법을 알고 있었다.

이제 눈치챘겠지만, 우리는 달콤한 말로 포장할 생각이 없다. 자신의 절망적인 상황을 공감해 주길 바란다면 이 책은 적합하지 않다. 부자가 되려고 노력해도 가난에서 벗어날 수 없다고 생각한다면 이 책은 도움이 되지 않는다. 온화하고 부드러운 태도로 넌지시 격려나 해 주길 바란다면 이 책은 당신을 위한 것이 아니다. 당신을 너무 아끼기 때문에 빙빙 돌려 말하거나 거짓말을 할 수는 없다. 하지만 돈에 대한 올바른 태도를 갖추고 경제적 자유를 위해 노력할 의향이 있다면 기꺼이 도와주겠다. 이 여정을 시작하려면 용감해야 한다. 자신에게 솔직해지고 불편한 진실을 받아들여야 한다. 돈에 대한 당신의 왜곡된 믿음과 당신의 나쁜 재정 습관을 깨닫고, 창의적인 해결책을 찾아야 한다. 그래야 가난에서 벗어나 부자가 될 수 있다. 그런데 이 과정이 과연 행복하고 즐겁기만 할까? 절대 그렇지 않다. 그렇다면 이 책을 다 읽을 때쯤이면 재정적으로 자유로운 삶을 살기 위한 충분한 교육과 동기부여를 얻을 수 있을까? 물론이다. 우리가 부자가 되는 방법을 알려 줄 수는 있지만, 성공하기 위해서는 스스로 노력해야 한다. 그러니 지금 '당장' 시작하라. 첫 번째 도전 과제부터 완수하라.

도전 과제 1
부를 상상하라

잠시 시간을 내서 돈이 많다면 자신의 삶이 어떻게 나아질지 적어 봐라. 더 이상 일하지 않고도 원하는 삶을 살 수 있을 만큼 경제적 독립을 이룬다면 어떤 기분일까? 그때 당신이 어떤 모습일지 상상해 봐라. 어디에 있을까? 누구와 있을까? 돈을 어떻게 쓸까? 하루하루가 어떤 모습일까? 어떤 감정을 느낄까? 밤잠을 설치게 했던 고민 중에서 어떤 것이 사라질까? 에이드리안이 2015년에 처음 이 연습을 시작했을 때 꿈꾼 것은 이것이었다. "나는 내 직업에서 6만 달러를 벌고 온라인 수입을 1만 5천 달러까지 늘리고 싶다. 매달 가처분소득으로 400달러를 원한다."

에이드리안이 7만 5천 달러의 연구가 젊은 시절 자신을 세뇌했다고 말한 것은 농담이 아니었다! 그가 저지른 실수를 반복하지 마라. 크게 꿈꾸고 주저하지 마라!

2장

시스템이 조작됐다고 생각하는 사람은
가난한 사람들뿐이다

◆

다음은 브래드가 자본주의 비판가들에게 보낸 공개서한으로, 자신의 소셜 미디어 플랫폼과 이메일 뉴스레터를 통해 발표한 글이다.

자본주의를 싫어하는 친구들에게

저는 여러분을 사랑합니다. 여러분의 섬세함, 진정성, 공정함, 더 나은 세상을 만들고자 하는 열망을 존경합니다. 또한 자본주의의 단점을 꿰뚫는 깊은 통찰에 감탄합니다. 하지만 여러분과 저는 다릅니다. 저는 경제학자도, 정치가도, 사회학자도 아닙니다. 저는 임상심리학자로서, 현실 속에서 살아가는 사람들이 일상생활을 개선할 수 있도록 돕는 데 헌신해왔습니다.

현장에서 일하며 깨달은 것은, 자본주의나 사회주의 같은 고상한 정치적 논의는 '지금 당장' 삶을 바꾸고 싶고 바꿔야 하는 사람들에게는 '완전히 쓸모없다'는 사실입니다. 더 나아가, '시스템이 조작됐기 때문에' 그들이 상황을 바꿀 수 없다고 말하는 것은 '끔찍한' 일입니다. 그들에게 도움이 되기는커녕 오히려 '해를 끼치는' 행위입니다. 이렇게 터무니없이 무력감만 심어 주는 이야기를 퍼뜨리는 것을 그만 멈춰 주세요.

저처럼 가난하게 자란 사람들은 여러분 같은 사람들이 정부 시스템을 바꾸고 더 나은 기회를 제공해 줄 때까지 기다릴 여유가 없습니다. 우리는 시스템이 조작됐고 우리가 너무 무력해서 자신과 가족을 위해 더 나은 삶을 만들 수 없다는 말을 믿을 여유가 없습니다. 게다가 이런 주장을 뒷받침할 만한 증거도 없습니다. 정치인들은 수년간 유권자인 우리의 표를 얻기 위해 제도를 개선할 것이라 약속했지만 달라진 건 아무것도 없습니다.

임상심리학자로서 제 역할은 사람들이 자신의 잠재력을 최대한 발휘하여 목표를 달성하도록 돕는 것입니다. 전문 분야는 금융 심리학으로, '가난한' 환경에서 자랐지만 성공적으로 사회경제적 사다리를 올라간 사람들의 사고방식과 습관, 라이프스타일을 연구했습니다. 그들의 이야기는 큰 영감을 주며, 우리는 그들의 심리와 행동을 배우는 것으로 같은 결과를 재현할 수 있습니다.

저는 앞으로도 그들의 사고방식과 습관을 공유하여 더 나은 삶을 만들려는 사람들에게 영감을 줄 것입니다. 사람들을 가난 속에 가두는 부에 대한 근거 없는 믿음을 계속 없앨 것입니다. 돈에 대한 자기 파괴적인 믿음을 계속 지적할 것입니다. 삶을 바꿀 수 있는 실질적인 도구를 제공하기 위해 최선을 다할 것입니다. 우리를 위해 그런 일을 해 줄 사람이 '아무도' 없기 때문입니다. 저는 이 게임 같은 세상에서 사람들이 승리하도록 돕는 일에 계속 집중할 것입니다.

더 나은 세상을 만들고 싶은 여러분의 열망을 존경합니다. 여러분이 게임의 판을 성공적으로 바꾼다면, 저는 즉시 방향을 전환하여 사람들에게 새롭게 만들어진 게임에서 승리하는 법을 가르치고자 최선을 다할 것입니다.

당신들의 동료, 브래드가.

자본주의 게임

오늘날 '자본주의'란 말은 마치 금기어 같다. 하지만 마음을 열고 자본주의의 의미를 다시 정의해 보자. 그럼 먼저 메리엄-웹스터Merriam-Webster(미국의 유명 사전 출판사다. - 옮긴이 주) 사전에서 기본적인 정의부터 살펴보자. 자본주의는 '생산수단인 자본재를 개인이나 기업이 소유하고, 투자가 개인의 선택에 따라 이뤄지며, 가격과 생산, 재화의 분배가 주로 자유 시장에서의 경쟁에 의해 결정되는 경제 체제'를 뜻한다. 이 정의에서 핵심 단어는 '경쟁'과 '자유 시장'이다.

자유 시장은 사람과 기업이 부와 성공이라는 보상을 놓고 경쟁하는 무대다. 이런 관점에서 자본주의를 일종의 게임처럼 볼 수 있다. 게임 방법을 모르는 사람들은 자본주의를 '부자는 더 부유해지고, 가난한 사람은 계속 가난해지는 조작된 시스템'으로 오해하기 쉽다. 하지만 이는 그들이 잘못된 게임을 하고 있기 때문이다. 마치 축구 경기에 피클볼(실내외에서 즐길 수 있는 미국의 스포츠로, 구멍이 있는 폴리머 공과 라켓을 사용한다. - 옮긴이 주) 라켓을 들고나오는 것과 같다. 피클볼을 아무리 잘한다 한들, 축구에서는 무용지물이다. 이 두 게임은 승리 전략부터 점수를 매기는 방법까지 완전히 다르다.

부를 창출하는 '게임'도 이와 다르지 않다. 그것은 사람들이 일반적으로 돈을 생각하고 관리하는 방식과는 전혀 다르다. 부의 세계에서 놀라운 사실은, 어떤 직업을 가졌느냐는 부를 창출하는 데 필요한 사고방식이나 행동, 전략과 직접적으로 연관이 없다는 점이다. 안타깝게도 많은 재무 자문가조차도 여전히 월급쟁이로 살아가고 있지 않은가! 전문직 종사자나 운동선수처럼 특정 분야에서 뛰어난 성과를 낸다고 해서 부를 창출하는 특별한 재능을 가졌다는 의미는 아니다. 억대 연봉을 받는 사람들 중 절반가량이 여전히 월급에 의존하며 살아간다. 시간을 들여 부의 게임 규칙을 배우는 사람들은 많지 않다. 대신, 수년간 열심히 일했음에도 아무런 성과가 없으면 "시스템이 조작됐다!"라고 외친다. 하지만 실제로는 축구 경기에서 피클볼을 하려 했던 것뿐이다.

많은 사람들이 잘못된 방식으로 게임을 한다. 일찌감치 손을 들고 포기해 버리는 사람들도 있다. 무기력한 사고방식에 사로잡혀 시스템이 조작됐다고 주장한다. 이런 생각에 잠식당하면, 스스로 아무런 힘이 없다고 믿기 시작해서 끝내는 무력감을 느끼며 포기해 버린다. 하지만 가난에서 벗어나 부자가 된 사람들은 상황을 바꿀 힘이 '자신에게' 있다고 생각한다. 그들은 게임을 파악하고 게임 방법을 이해하기 위해 노력한다. 비록 가난하게 자랐지만 발전할 방법을 찾은 사람들과 교류한다. 그러다 보면, 출발점이 어디든 성공할 수 있다는 믿음을 가지게 된다. 당신은 앞으로 자본주의 게임의 운영 방식과 플레이 방법, 그리고 게임에서 승리하기 위해 필요한 현실적이고 실행 가능한 단계들을 배우게 될 것이다.

브래드 어릴 적 나는 자본주의도, 부자도 싫었다. 세상이 불공평하다는 생각에 너무 괴로웠다. 나는 가진 것 하나 없이 태어났는데, 왜 어떤 사람들은 저렇게 쉽게 살아가는 걸까? 우리 가족은 남들보다 훨씬 열심히 일하는데, 왜 저들이 더 좋은 차를 타고 더 큰 집에 사는 걸까? 다행히도 나이가 들면서 이 세상이 돌아가는 게임의 룰을 이해하기 시작했고, 무일푼에서 시작해서 성공을 이룬 사람들도 만날 수 있었다. 그들과 이야기를 나누며 깨달았다. '그들도 해냈는데 나라고 못할 리 없지.'

좋든 싫든, 우리는 자본주의라는 게임판 위에 태어났다. 자본주의는 인류 역사상 최고의 시스템일 수도 있고, 아닐 수도 있다. 그 어느 쪽이든 우리 의견은 중요하지 않다. 우리가 자본주의를 바꾸거나 혹은 유지하기 위해 이 책을 쓰고 있는 건 아니니까. 단지 이 게임에서 승리하는 데 필요한 도구를 제공하고 싶을 뿐이다. 이 세상이 하나의 게임이라는 사실을 잊지 마라. 바로 이것이 부자가 되는 과정에서 큰 부분을 차지한다. 돈이 진짜가 아니라고 말하는 사람들도 있다. 어느 날 갑자기 종이 쪼가리가 될 수도 있으니까. 가상화폐의 경우 더 그렇다. 사람들은 내게, "그 점이 걱정되지 않나요?"라고 묻는다. 나는 이렇게 답한다. "걱정되냐고요? 아니요. 물론 돈이 진짜가 아니라는 건 알죠!" 돈은 그저 종잇조각일 뿐이고, 우리가 그걸 '가치 있다고 믿기로 한 공동의 약속' 외에는 아무 의미도 없다. 우리는 모두 자본주의라는 게임 속에 있고, 돈은 하나의 게임일 뿐이다. 이 사실을 이해하고 게임의 본질을 깨닫는 것이 정말 중요하다. 원하든 원치 않든, 우리는 지금 모두 이 게임을 하고 있다. 중요한 건 어떻게 하면 이 게임에서 이길 수 있느냐는 것이다. 그 답은 바로 사고방식에 있다.

에이드리안 자본주의는 하나의 게임이다. 나는 프루덴셜 퇴직연금 Prudential Retirement의 콜센터에서 연봉 2만 7천 달러를 받으며 게임을 시작했다. 결과는 처참했다. 아무리 열심히 일하고 상사에게 잘 보이려고 노력해도 상황은 나아지지 않았다. 그러던 어느 날, 뜻밖의 전화 한 통이 걸려 왔다. 상담을 이어가는 과정에서 내게 전화를 건 사람이 프루덴셜 CEO의 가까운 지인이라는 사실을 알게 됐다. 그는 CEO와 함께 대학 이사회의 이사로 활동 중이었다. 나는 평소처럼 최선을 다해 서비스를 제공했고, 그는 나의 탁월한 업무에 칭찬을 아끼지 않았다. 다음날 사무실에 출근하자 몇몇 동료들이 매니저가 나에 대해 이야기하고 있다고 귀띔해 줬다. 그게 좋은 일인지 나쁜 일인지 잘 몰랐다. 그런데 임원의 호출을 받았을 때는 뭔가 큰일이 벌어졌음을 직감했다. 그녀는 CEO가 친구로부터 내 대화 내용을 듣고 콜센터에 칭찬을 전해 왔다고 말했다. 그 일로 나는 콜센터 전체에서 화제가 됐는데, 심지어 CEO가 콜센터 직원을 언급한 것도 그게 처음이었다. 하지만 그 이후에 무슨 일이 일어났는지 아는가? 아무 일도 없었다. 전례 없는 성과를 올렸음에도 불구하고, 나는 6개월 뒤 연례 평가가 있을 때까지 아무런 보상도 받지 못했다. 그리고 6개월 후 내가 받은 건 고작 시간당 1달러의 급여 인상이었다. 바로 그 순간 깨달았다. '아, 내가 잘못된 게임을 하고 있구나.'

잘못된 게임을 하면 그 좌절감이 실로 엄청나다. 아무리 노력해도 규칙을 모르면 그 노력은 결코 성공으로 이어지지 않는다. 나는 어린 시절 〈젤다의 전설〉이나 〈파이널 판타지〉 같은 게임을 즐기며 자랐다. 처음 게임을 시작했을 때는 실력이 정말 형편없었다! 제대로 즐기기 위해 게임 매뉴얼을 뒤지고, 레딧Reddit 포럼을 찾아다니며 게임 방법을 배워야 했다. 그렇게 하고 나니 드디어 게임에서 이길 수 있었다. 자본주의도 마찬가지다. 이 역시 하나의 게임이고, 일단 규칙을 알면 좌절감은 곧 즐거움으로 바뀔 수 있다. 콜센터에서 1년 동안 벌던 돈을 이제는 한 달, 일주일, 심지어 하루 만에 벌게 됐다. 이는 자본주의라는 게임을 하는 방법을 배웠고, 지금도 여전히 배우고 있기 때문이다. 이 책의 뒷부분에서는 연간 2만 7천 달러였던 소득을 2백만 달러로 늘릴 수 있었던 나만의 치트키를 알려 줄 것이다.

세상의 가치에 더 많이 기여할수록 더 많은 돈을 벌 수 있다는 것은 엄연한 현실이다. 여기서 말하는 가치는 인간 본연의 가치가 아니다. 물론 이 가치도 소중하지만, 여기서는 사람들이 당신의 제품이나 서비스에 기꺼이 돈을 지불하려는 경제적 가치를 뜻한다. 냉혹하지만 이러한 이유로 소방관이나 교사 같은 고귀한 직업군이 높은 연봉을 받지 못하는 것이다. 이들이 사회에 제공하는 가치는 값을 매길 수 없을 만큼 크지만, 경제적 가치라는 게임 안에서는 낮은 소득의 한계를 가질 수밖에 없다. 미국 대통령이 백악관으로 당신을 초청해 교사로서의 뛰어난 공로를 치하하며 대통령 자유 훈장Presidential Medal of Freedom을 수여한다 한들 달라지는 건 없다. 감격도 잠시, 다음 주에는 어김없이 똑같은 급여를 받아 들고 집으로 돌아올 테니까. 만약 자기 직업군의 소득 한계 때문에 좌절하고 있다면, 화를 낼 필요도 없다. 단지 새로운 게임을 다시 시작하면 된다.

시스템 안에서 생각하라

가난한 사고방식을 부자의 사고방식으로 전환하려면 어떻게 해야 할까?

심리학자 줄리언 로터Julian Rotter는 한 사람의 행동은 삶에서 일어나는 일의 원인에 대해 어떻게 생각하느냐에 따라 형성된다는 사실을 발견했다. 자신에게 일어나는 일에 대해 자신이 얼마만큼의 영향력을 행사할 수 있다고 믿는지에 따라 '통제 위치locus of control'가 결정된다. 시스템이 조작됐고, 자신은 아무 힘이 없어 그 시스템을 바꿀 수 없다고 믿는 사람들은 '외부적 통제 위치external locus of control'에 있으며, 이는 자신을 둘러싼 외부 환경에 모든 통제권을 준다는 뜻이다. 반면, 환경을 바꿔 부자가 될 수 있다고 믿는 사람들은 실제로 그렇게 될 가능성이 높다. 이런 사고방식을 '내부적 통제 위치internal locus of control'라 부른다.

부자의 사고방식을 갖추려면 내부적 통제 위치가 아주 중요하다. 시스템의 내부적 통제 위치에 있는 사람은 더 높은 성취를 이루고, 순자산을 늘리며, 강한 동기부여와 성공을 향한 강력한 원동력을 갖는다. 또한 자신을 성장시키고, 목표를 이루기 위해 헌신하고, 적극적으로 움직인다. 결국 내부적 통제 위치를 차지한 사람들이 부자가 될 가능성이 더 크다. 그들은 고소득 기술을 배우려는 열정이 남다르며, 배운 기술을 활용하여 더 많은 돈을 벌어들인다. 또한 금융 지식을 이용해서 단순히 돈을 위해 일하지 않고, 돈이 '자신'을 위해 일하도록 만든다. 지금의 불리한 시스템을 극복하고 싶다면 내부적 통제 위치를 개발해야 한다.

반대로 외부적 통제 위치는 가난한 사고방식을 만들어 낸다. 그래서 외부적 통제 위치에 있는 사람은 끊임없이 무력감과 절망감에 시달리고 쉽게 포기하는 경향이 있다. 그렇다면 자신이 외부적 통제 위치에 있는지 아닌지 어떻게 알 수 있을까? 스트레스를 받는 상황에서 자신의 반응을 관찰해 봐라. 남을 탓하며 우울함과 절망감을 느끼는가? 아니면 차분히 문제를 직시하며 해결책을 찾기 시작하는가? 신용카드를 최대한도까지 사용하는가? 아니면 지출을 계획적으로 관리하는가? 불편함과 갈등을 회피하는가? 아니면 정면으로 맞서는가? 만약 외부적 통제 위치에 있다 해도 걱정하지 마라. 이 책을 읽고 있는 것만으로도 당신은 이미 변화하기 시작한 것이다. 사고방식의 좋은 점은, 그것이 바뀔 수 있다는 사실이다. 우선, 현재 자신의 위치를 인정하고 관점을 바꾸려는 작은 노력부터 차근차근 실행하라. 무력감을 느낄 때 스스로에게 물어봐라. '지금 이 순간 나는 100% 아무런 힘도 없는 걸까?' 시간이 지나면서 서서히 깨닫게 될 것이다. 99.99%, 거의 모든 경우에서 상황을 개선할 힘이 자신에게 있다는 사실을. 작은 한 걸음이라도 앞으로 나아갈 힘이 자신에게 있다는 사실을 아는 순간, 당신은 이미 내부적 통제 위치로 전환된 것이다.

당신은 빈털터리 게임을 하고 있다

개인 재정에는 2가지 게임이 있다. '부자의 게임'과 '빈털터리의 게임'이다. 빈털터리 게임은 이렇게 진행된다. '돈을 번다, 돈을 쓴다, 결국 돈이 없어서 슬퍼진다.' 사람들이 이런 식으로 행동하는 이유는 다양하다. 가령 이런 생각 때문일 수도 있다. '어차피 노력해 봐야 돈을 모을 수 없을 텐데, 굳이 애쓸 필요가 있을까?' 특히 인플레이션이 터무니없이 높은 일부 국가에서는 돈이 생기자마자 물건을 사는 것이 유리한 게임 방식일 수도 있다. 치솟는 인플레이션으로 물가가 급등하면 오늘 구매한 커피 한 잔의 가치는 내일 더 높아지겠지만, 화폐가치는 더 떨어질 수 있기 때문이다. 브래드는 과거 한 커플과 함께 일한 적이 있다. 그중 한 사람은 베네수엘라 출신으로 어린 시절 극심한 인플레이션을 경험했다. 그래서 '오늘 1달러는 내일이면 10센트 가치밖에 안 될 것'이라는 믿음에 따라 움직였다. 그가 살던 곳에서 벌어지는 게임은 이곳에서와 다른 것이었다. 돈을 벌자마자 바로 쓰는 것이 현명한 선택이었다. 만약 당신이 그런 게임을 하고 있다면, 그 게임의 규칙에 따라 움직이는 것이 맞다.

그러나 당신이 하는 게임이 현재 우리가 사는 현실과 맞지 않거나, 현실의 게임 방법을 당신이 전혀 모를 때 문제가 발생한다. 그래서 빈털터리 게임은 이런 방식으로 진행된다. '돈을 번다, 돈을 쓴다, 돈이 없어진다.' 또는, '돈이 없으니 그냥 돈을 빌리겠다.' 빈털터리 게임을 하는 너무 많은 사람들이 고리대금업자를 찾아간다. 이들은 소액 단기 대출을 제공하며, 항상 가난한 지역에 자리 잡고 있다. 그들이 취급하는 대출은 엄청나게 높은 이자율을 부과하여 사람들을 착취한다. 하지만 당신이 빈털터리 게임을 하고 있다면, 결국 이런 불법적인 행위의 희생양이 될 수밖에 없다.

그렇다면 당신이 잘못된 게임을 하고 있는지 어떻게 알 수 있을까? 방법은 간단하다. 자신에게 이 질문을 던져 봐라. "인생에서 원하는 것을 모두 얻고 있는가?" 이 질문에 '예'라고 대답할 수 있다면, 축하한다! 이미 부자의 게임을 하고 있고 지금 게임에서 이기는 중이니까. 하지만 '아니오'라고 대답한다면, 이제 인정해야 한다. 당신은 잘못된 게임을 하고 있거나 잘못된 전략을 사용하고 있다는 사실을. 삶이 너무 힘들다면 이제 빈털터리의 게임에서 부자의 게임으로 사고방식을 전환해야 할 때다.

빈털터리의 게임 규칙:

- 자신의 현재 상황을 다른 사람의 탓으로 돌린다.
- 번 돈을 모두 소비하고 저축을 전혀 하지 않는다.
- 단기간에 부자가 되는 방법을 선택한다.
- 명품으로 남에게 부자처럼 보이려고 노력한다.

- 투자를 믿지 않는다.
- 마음을 닫아둔 채 자신이 모르는 게 없다고 생각한다.
- 신용카드 빚을 쌓고 고리대금업자에게 돈을 빌린다.
- 자신의 힘으로는 어쩔 수 없다고 체념하며 가난을 숙명으로 받아들인다.

부자의 게임 규칙:

- 자신의 현재 상황을 스스로 책임진다.
- 번 돈의 일정 비율을 저축하고 투자한다.
- 천천히 부자가 되는 방법을 선택한다.
- 남에게 잘 보이려고 소비하지 않는다.
- 돈을 지키고 늘려가기 위해 투자한다.
- 공식적·비공식적인 방법을 모두 동원하여 항상 배우려 노력한다.
- 매달 신용카드 대금을 전액 상환한다.
- 스스로의 힘으로 인생을 바꿀 수 있다고 믿는다.

부자의 플레이 전략

코치가 화이트보드 앞에 서서 성공 전략을 설명하는 모습을 상상해 봐라. 성공을 안겨 줄 전략이 있는가 하면, 플레이어를 깊은 수렁에 빠뜨리는 함정도 있다. 부자의 게임에서 승리하고 싶다면 반드시 실행해야 할 몇 가지 필승 전략이 있다.

1. **신용점수를 관리하라.** 신용이 나쁘다는 건, 발목에 50파운드(약 23kg) 짜리 모래주머니를 차고 득점 지역인 엔드존end zone까지 달리려는 것과 같다. 신용점수가 낮으면 극도로 불리한 위치에 서게 된다. 가장 높은 이자를 물어야 하고, 값비싼 초과 인출 수수료를 감당해야 하며, 거액의 보증금을 내야 한다. 이런 상황이 불공정하다고 느낄 수 있다. 실제로 그런 면도 있다. 하지만 대출기관은 신용점수가 낮은 사람을 고위험군으로 분류하고, 대출을 상환하지 못할 가능성이 크다고 판단한다. 그래서 더 많은 선금을 요구함으로써 혹시 모를 손해를 미리 대비하려는 것이다. 신용점수가 낮으면 결국 재정적으로 힘든 상황에 놓일 수밖에 없다. 신용카드 대금이 남아 있다면, 매달 청구된 금액의 전액을 먼저 상환해야 한다. 신용카드에 대금이 남아서 이자를 부담하게 되면 신용점수에 '부정적인 영향'을 미친다. 이 정도는 일반 상식이라고 생각했지만 실제로는 사람들이 잘못 알고 있는 경우가 많았다.

   매달 신용카드 대금을 전액 상환하라(더 자세한 내용은 20장, '매달 신용카드 대금을 전액 상환하지 못하면 신용카드를 쓰지 마라'에서 다룬다). 지출을 줄이고 고금리 대출을 절대 사용하지 마라.

2. **천천히 부자가 돼라.** 일확천금을 꿈꾸는 한탕주의는 빚에 허덕이며 가족을 부양하려는 절박한 사람들을 노린다. 또한 꾸준한 노력을 기울이지 않고도 쉽게 돈을 벌 수 있다고 착각하는 어리석은 사람들을 노리기도 한다. 하지만 부를 쌓는 진정한 방법은 단기간에 요행을 바라는 게 아니라, 천천히 부자가 되는 것이다. 물론 천천히 부자가 된다는 것이 처음에는 답답하고 절망스러울 수 있다. 하지만 매번 복권에서 꽝만 나오는 삶, 주식 단타로 돈을 모두 날리고 컴퓨터 앞에서 눈물을 흘리는 삶보다는 훨씬 낫다. 그러니 서두르지 말고 시간을 들여 천천

히 부를 쌓아가야 한다.

10달러로 복권을 사지 말고, 그 돈을 투자하여 20달러, 40달러, 100달러로 불려 봐라. 복권에 당첨되어 하루아침에 큰돈을 벌 수 있다는 환상만큼 흥미롭진 않겠지만(실제로 그 환상은 이뤄질 일도 없다), 부자가 되는 확실한 방법이다(9장, '복권은 게으른 사람들을 위한 것이다'에서 더 자세히 다룬다).

3. **다양한 수입원을 확보하라.** 경제적으로 흔들리지 않는 가장 좋은 방법은 다양한 수입원을 확보하는 것이다. 하나가 끊겨도, 다른 수입원에서 돈이 들어오는 길이 계속 열려 있다. 수입원이 다양해지면 예상치 못한 상황에서도 경제적으로 큰 타격 없이 버틸 수 있다. 우리도 각자 10개가 넘는 수입원을 갖고 있으며, 늘 새로운 수입원을 찾고 있다.

경제적으로 탄탄한 기반을 조성하려면 적어도 10개의 수입원을 만들어야 한다(19장, '부업 없이 넷플릭스를 몰아 보는 사람은 평생 가난할 것이다'에서 더 자세히 다룬다).

4. **소비로 돈을 뜯기지 마라.** 미국인은 필요하지도 않은 쓸모없는 물건을 사는 데 푹 빠져 있다. 자신을 전혀 신경 쓰지 않는 사람들에게 잘 보이고 싶다는 이유로 말이다. 놀랍게도 여러 연구에 따르면 대부분의 자수성가한 백만장자들은 검소한 생활을 하며 자신의 부를 과시하지 않는다. 오히려 돈이 '적은' 사람들이 과시하려 애쓰는 경우가 더 많다. 참 안타까운 현실이다. 하지만 시스템 자체가 그런 사람을 먹잇감으로 삼는다. 스스로 부족하다고 느끼게 만들어 더 많은 물건을 구매하도록 유도하는 것이다. 마케팅은 유행에 뒤처지는 것에 대한 두려움을 자극하며 자신이 못생겼다는 생각, 불안함과 외로움, 무가치하다는

느낌을 심어 준다. 인간의 기본 욕구를 자극하는 광고를 계획하며 과학자들은 머리를 맞대고 당신의 돈을 빼앗기 위한 교묘한 전략을 연구한다.

필요하지도 않은 쓸데없는 물건을 사지 마라. 과연 '정말로' 필요한 것인지 솔직하게 생각해야 한다(12장, '빈털터리에 불과한 사람들만이 명품을 과시한다'에서 더 자세히 다룬다).

5. **전문가를 찾아가라.** 차고에 치아 교정용 플라이어orthodontic plier가 있을 수는 있다. 하지만 그렇다고 해서 직접 치아 교정을 해야 한다는 뜻은 아니다. 그러나 매년 회계 경험도 없는 사람들이 직접 세금 신고를 하려고 한다. 사실상, 부자의 게임을 하는 사람들은 전문가와 협력하지만, 빈털터리의 게임을 하는 사람들은 모든 일을 직접 하려고 한다. 필요한 재무 서비스가 무엇이든, 자신이 전문가가 아니라면 전문가를 고용하는 게 맞다. 세금 신고는 회계사에게 맡기고, 사업을 시작한다면 변호사의 도움을 받아라. 처음엔 몇백 달러가 들겠지만, 나중엔 수천 달러를 절약하게 될 것이다. 한 시간 정도 그들과 마주 앉아 궁금한 사항을 물어봐라. 직원으로 채용할 필요까지는 없다. 투자가 걱정된다면 금융 전문가의 도움을 받는 것이 좋다.

전문가에게 질문하고 도움을 청하라. 이것이 부자가 하는 방식이다(15장, '가난한 사람들만이 도움받기를 두려워한다'에서 더 자세히 다룬다).

돈은 나쁘지 않다

우리는 매우 불공정한 세상에 살고 있다. 이 사실을 먼저 인정해야 한다. 역사적으로나 지금 시대나, 세계 곳곳에서 시스템은 불평등하게 작동했다. 미국만 봐도 수 세기 동안 법은 소외계층에게 불리하게 적용됐다. 만약 사람들을 억압하는 법이 존재한다면, 우리 모두가 '함께' 그 불의를 해결해야 한다. 모두가 공평하게 경기를 치를 수 있는 사회를 만들기 위해 가능한 모든 방법을 동원해야 한다. 그 과정에서 우리가 번 돈을 사용하여 변화를 만들어내는 것도 한 가지 방법이다. 자선단체에 기부하거나, 자신의 플랫폼을 활용해 착취와 억압에 반대하는 목소리를 낼 수도 있다. 나는 지금의 시스템이 최고라거나 심지어 좋은 시스템이라고 주장하는 게 아니다. 하지만 한 가지는 분명하다. 가난에서 벗어나려면, 성공을 불신하는 그 파괴적인 사고방식부터 버려야 한다.

돈 자체는 중립적이다. 탐욕스러운 자가 돈을 쥐면 사람들에게 큰 해를 끼칠 수 있지만, 관대하고 윤리적인 사람이 돈을 쥐면 사회를 더 나은 방향으로 바꿀 수 있다. 문제는 지금 탐욕스러운 자들이 시스템을 장악하고 있다는 점이다. 덕분에 그들은 몇 가지 이점을 누리고 있다. 하지만 경험상, 지은 업보는 돌아오기 마련이다. 누가 이기적인 사기꾼과 비즈니스를 계속하고 싶어 하겠는가? 그러나 아이러니하게도, 돈이 나쁘고 부자는 악하다고 단정 짓는 사람들이 정작 탐욕스러운 부자들에게 이용당하거나 심지어 그들에게 자신의 돈을 갖다 바치고 있다. 우리 사회는 이렇게 '악한 부자들'이 판치도록 내버려 둠으로써 오히려 약자를 더욱 힘들게 하는 셈이다. 하지만 사람들이 자신이 번 돈을 이롭게 사용하여 더 나은 변화를 이끌어 내고, 공평한 경쟁의 장을 만들려고 한다면, 세상은 훨씬 높은 수준의 게임이 될 수 있다.

그래서 우리는 자신뿐만 아니라 도움이 절실한 사람들을 위해서라도 이 게임을 해야 한다. 공정한 세상을 만들고 싶은 사람들이 가장 많은 돈을 벌 수 있다면 얼마나 좋겠는가? 반면, '좋은 사람은 돈을 싫어해야 한다'는 생각이 팽배해지면 결국 모든 돈은 나쁜 사람의 수중으로 들어 간다. 정말 있어서는 안 될 일이다. 자본주의는 하나의 게임이다. 원하든 원치 않든, 당신은 이 게임에 참여하고 있다. 그렇다면 이왕 하는 거, 이 기는 게임을 해야 하지 않을까?

상황을 통제하라

다음의 상황들로 자신의 내부적 통제 위치를 간단히 테스트해 보자. 각 상황에서 당신의 기본적인 사고방식은 무엇인가? 너무 깊이 고민하지 마라. 직감적으로 A 또는 B 중에서 선택하라. 그리고 'A'라고 대답할 때마다 자신에게 1점씩 줘라. 당신의 목표는 점수를 0으로 만드는 것이다.

① 회사에서 해고당했다.

A. 망할 상사와 탐욕스러운 회사 때문에 직장을 잃었다. 해고를 막을 방법은 전혀 없었다.

B. 사실 나는 내 일을 좋아하지 않았다. 미리 다양한 수입원을 개발해 직장 의존도를 더 낮출 수도 있었을 것이다.

② 투자 실패로 모든 돈을 잃었다.

A. 주식으로 돈을 모두 잃었다. 억만장자와 정치인에게 유리하도록 시스템이 조작되어 있기 때문이다. 애초에 승산이 없었다.

B. 금융 지식 없이 한 가지 자산에 모든 돈을 넣는 바람에 위험이 높아졌다. 다음번에는 금융 전문가의 도움을 받아 더 나은 투자 전략을 세우고 다양한 포트폴리오를 구축할 것이다.

③ 파트너와의 관계가 엉망이다.

A. 파트너는 변하려는 의지가 전혀 없다. 그래서 관계가 엉망이 됐다. 이건 내 잘못이 아니다!

B. 이 관계는 내게도 50% 책임이 있다. 내 행동이 어떤 영향을 미쳤
   는지 점검해 봐야 한다. 내가 먼저 좋은 변화를 만들어 낸다면 우
   리 관계는 좋아질 수 있다.

④ **늘 빈털터리 신세다.**
A. 나는 항상 돈이 없다. 공과금을 낼 돈도 없어 카드 빚은 쌓이고 친
   구와 가족에게 손을 벌린다. 다들 내 사정을 알 테니 빌린 돈은 갚
   지 않아도 될 것이다. 급여가 낮은 것은 탐욕스러운 회사 탓이다.
B. 경제 상황이 아주 암울하다. 지출을 줄이고 수입이 늘어날 때까지
   룸메이트를 둘 생각이다. 미래를 위해 고소득 기술을 배울 것이다.

⑤ **안 좋은 일이 생겼다.**
A. 어차피 인생은 불공평하다. 그러니 노력할 필요도 없다. 케이크부
   터 먹고 인사불성이 되도록 실컷 마신 다음 넷플릭스나 몰아서 보
   겠다.
B. 인생은 공평하지 않다. 내가 가진 에너지와 시간과 자원을 사용해
   서 불공평한 상황을 개선할 방법을 찾아야 한다. 나를 구원할 사
   람은 나밖에 없다.

　　자신의 운명을 통제할 수 있는 사람은 자기 자신뿐이다. 상황이 자신
에게 불리할 때도 이런 믿음을 유지해야 한다. 끔찍한 일은 누구에게나
일어날 수 있다. 직업을 잃을 수도 있고, 가장 사랑하는 사람이 아프거
나 죽을 수 있다. 세계 경제가 또다시 침체기로 접어들 수도 있다. 우리
는 분명 모든 것을 통제하지 못한다. 하지만 위기에 대비하는 것, 위기
가 닥쳤을 때 대응하는 것, 그리고 그다음 행동으로 이어가는 것은 우
리가 통제할 수 있다.

3장

당신은 백만장자가 되고 싶은 게 아니라
백만 달러를 쓰고 싶을 뿐이다

◆

◆

우리가 백만 달러를 준다면 무엇을 할지 3분 동안 적어 봐라. 타이머를 맞추고 작성이 끝나면 다시 돌아와라!

자, 무엇을 적었는가? 집이나 자동차? 직장을 때려치우는 것? 아니면 편도 항공권을 끊고 세계 여행을 떠나는 꿈? 답변을 보면 당신이 가난한 사고방식을 가졌는지 아니면 부자의 사고방식을 가졌는지를 알 수 있다. 올바른 사고방식을 갖추지 못하면 벼락부자가 된다 한들 그 돈을 모두 탕진하고 원래 자리로 돌아가게 된다. 가난한 사고방식을 가진 사람에게 백만 달러로 무엇을 할지 물어봐라. 그러면 그들은 사고 싶은 물건이나 호화로운 여행 계획만 줄줄이 읊어댈 것이 분명하다.

하지만 부자의 사고방식을 가진 사람은 그런 철없는 대답에 코웃음을 친다. 그들은 백만 달러로 딱 한 가지, 바로 투자를 한다. 부자들은 윌리엄 벤겐William Bengen의 '4% 규칙'을 적용한다. 이 규칙은 적절하게 분산

된 포트폴리오를 가지고, 매년 원금의 4%만을 사용하면 남은 평생을 백만장자로 살 수 있다는 뜻이다. 심지어 이 방법은 원금을 '영원히' 유지할 수 있어 대대손손 이어질 부를 창출할 수 있다. 예를 들어, 계좌에 백만 달러가 있다면 매년 약 4만 달러를 인출한다. 이 자금으로 사업을 시작해도 되고, 집을 사기 위한 계약금을 마련하거나 여행을 떠나도 좋다. 하지만 부자의 사고방식은 항상 원금 백만 달러를 그대로 유지한다. 백만 달러는 평생 동안 현금을 벌어들이는 자산이 되는 셈이다. 그들은 단지 백만 달러를 쓰는 사람이 아니라, 진정한 백만장자가 된다. 하지만 가난한 사고방식을 가진 사람은 돈을 모두 써 버리고 결국 예전 직장에 다시 매달리는 신세로 전락한다.

가난한 사고방식을 가진 사람들이 백만 달러가 생기면 하겠다고 말한 황당한 계획은 다음과 같다.

- 직장을 그만둔다.
- 새 차를 뽑는다.
- 집을 산다.
- 퍼스트 클래스를 타고 휴가를 떠난다.
- 새 옷을 산다.
- 롤렉스 시계를 산다.
- 새로운 사업에 투자한다(사업은 해 본 적도 없고, 사업이 실패하기 얼마나 쉬운지도 모르면서).
- 한 번뿐인 인생! 파티를 열고 과시한다.

이 목록대로 하면 남는 돈이 얼마나 될까? 투자하지 않는다면, 돈이 사라지는 건 시간문제다. 결국 다시 원점으로 돌아간다.

이제, 부자의 사고방식을 가진 사람들이 말한 목록을 살펴보자.

- 일을 계속한다.
- 재무 자문가, 공인회계사, 변호사와 상담한다.
- '전액'을 투자하여, 이를테면 연평균 8%의 수익률을 얻는다.
- 5년 후 150만 달러
- 10년 후 220만 달러
- 15년 후 330만 달러
- 20년 후 500만 달러

또한 그들은 (4% 규칙을 적용하여) 최대 연간 4만 달러를 인출하고 다음 목록에 사용한다.

- 가치 있는 고소득 기술을 배운다.
- 저축하여 비상금을 마련한다.
- 신용카드 빚을 모두 상환한다.
- 사업을 시작한다(실패해도 괜찮다. 다음 해에 또 4만 달러가 생기니까 다시 시도할 수 있다).
- 추가로 저축하여 집 계약금 20%를 모은다.

백만 달러는 칼과 같다. 제대로 다룰 줄 모르는 사람의 손에 들어가면 칼은커녕 잘해봐야 쇳덩이에 불과하고, 최악의 경우 자신을 해치는 흉기가 된다. 가난한 사고방식을 가진 사람은 돈을 위해 일하지만, 부자의 사고방식을 가진 사람은 돈이 저절로 일하게 만드는 방법을 안다.

비밀스러운 백만장자들

사실 매일 새로운 백만장자들이 IRA와 401(k) 같은 개인퇴직계좌를 통해 탄생하고 있다. 퇴직연금 투자야말로 요즘 사람들이 백만장자가 되는 가장 흔한 방법 중 하나다. IRA와 401(k)에 투자하면 '누구나' 사다리를 타고 올라갈 수 있다. 소득이 있다면 누구나 IRA를 개설할 수 있고, 누구나 주식 투자도 할 수 있다. 그런데도 왜 더 많은 사람들이 이런 기회를 활용하지 않을까? 퇴직계좌가 그다지 매력적으로 보이지 않기 때문이다. 퇴직계좌는 새 차나 롤렉스처럼 과시할 수 있는 물건이 아니다. 친구들에게 401(k)를 자랑할 사람이 있을까? 이런 이유로 우리는 그들을 '비밀스러운 백만장자'라고 부른다. 비밀스러운 백만장자 클럽에 가입하고 싶다면, 마치 백만 달러가 '없는' 사람처럼 행동하고 일하고 소비해야 한다.

종잣돈을 써버리는 것은 부를 쌓는 길과는 거리가 먼 행동이다. 대부분의 자수성가한 백만장자는 호화로운 생활을 하지 않으며, 값비싼 취향을 갖고 있지도 않다. 만약 그랬다면 애당초 백만장자가 될 수도 없었다. 부유한 사람들은 돈을 관리하는 능력이 대부분의 사람들보다 훨씬 뛰어나야 한다는 사실을 잘 안다. 가난한 사고방식을 갖고 있으면 돈은 더 멀어질 뿐이다. 이 사실을 명확히 인식해야 비로소 부자가 되는 길로 들어설 수 있다. 값비싼 포르쉐를 타는 카푸어는 그만! 중고 도요타를 타고 포트폴리오를 늘려, 대를 이어 부를 일구는 현명한 투자자로 거듭나야 한다. 추악한 진실은 이거다. 대부분의 사람들이 눈앞의 화려함에 현혹되어 물질적 소유에 집착하는 함정에 빠진다는 것이다. 우리는 이 함정에서 벗어나 진정한 경제적 자유를 찾는 방법을 알려 주려고 한다.

이는 스포츠카를 몰며 느끼는 쾌감보다 훨씬 큰 만족감을 선사한다.

안타깝지만, 누가 당신에게 백만 달러를 그냥 줄 리는 없다. 설령 그런 일이 생긴다 해도 당신은 그 돈을 날려버릴 가능성이 크다. 그래도 예상 치 못한 돈을 여기저기서 받아본 적이 있을 것이다. 세금 환급금이나 부 유한 할머니에게 받은 용돈, 직장에서 받은 보너스처럼 말이다. 여기서 중 요한 질문을 하나 던져 보자. '그 돈으로 뭘 했는가?' 당신의 행동은 가난 한 사고방식과 부자의 사고방식 중 어디에 더 가까웠는가? 돈이 생기자 마자 바로 써 버렸는가? 아니면 순자산을 늘리는 데 사용했는가? 뜻밖에 생긴 돈을 여윳돈이라 여기고 소비했다면, 아마도 지금쯤 월급에 의존하 는 악순환에 빠져 있을 것이다. 하지만 그 여윳돈을 경제적 자유를 위한 투자금에 심을 씨앗으로 생각했다면, 말 그대로 돈을 키워가고 있는 셈이 다. 돈은 나무에서 자라는 게 아니라, 투자 계좌에서 자란다.

지금 당장 투자하라

기존 통념에 따르면, 모든 빚을 갚은 후에 비상 자금을 마련하고, 비상 자금을 마련한 후에 투자를 시작해야 한다. 하지만 이런 접근 방식은 모 두 헛소리다. 대다수 사람들에게 효과가 없기 때문이다. 예를 들어 제법 많은 돈을 벌지만 저축에 문제가 있는 사람을 생각해 보자. 이들은 예금 계좌에 돈이 충분히 쌓일 때까지 기다렸다가 투자하려고 한다. 하지만 예금계좌에 돈이 모일 새가 없다. 돈을 볼 때마다 그냥 써 버리니까. 이 런 과정이 몇 년간 반복된다. 예금을 시작했다가 금세 다시 인출하는 식 이다. 그들은 저축과 투자를 동시에 하지 않으면 절대 투자를 시작하지 못할 것이다. 또 다른 예를 살펴보자. 모든 빚을 상환한 후에 투자를 시작하겠다는 사람들이 있다. 이들은 신용카드 빚부터 먼저 상환한다. 그런데 카드 빚을 갚고 나니, 학자금 대출이 남아 있는 게 아닌가. 몇 년 동안 학자금 대출을 상환하면 이제는 집을 사려고 담보대출을 받는다. 결국 많은 사람들은 수십 년이 지나도 빚을 모두 상환하지 못한다!

소득의 단 1%라도, 부를 쌓고 싶다면 '지금' 투자를 시작해야 한다. 빚을 상환하고 비상 자금을 마련하면서 동시에 투자할 수 있다. 목표에 이를 때까지 소득에서 투자 비중을 점차 높이면 된다. 우리는 소득의 30% 이상을 투자할 때까지 조금씩 늘려가길 추천한다. 소득의 일정 비율을 투자에 할당하라. 비상 저축 목표액을 달성하지 못했거나 신용카드 빚을 모두 갚기 전이라도 일단 투자하라. 투자 비중이 단 1%에 불과해도, 미래에는 그에 대한 보상이 따른다. 경제적 자유를 위해 소득의 30%를 우선 사용하자. 소득의 28%는 고금리 부채를 갚는 데 쓰고, 1%는 비상 저축 펀드에, 나머지 1%는 투자에 사용할 수 있다. 현실적으로 생각하자. 빚에서 완전히 벗어나는 날은 절대 오지 않을 수도 있다. 하지만 '지금' 투자를 시작하면 노후에 빈손으로 남는 일은 없다.

브래드 대기업에서 일하다 업무 중 부상을 당한 사람이 있다. 부상으로 더 이상 일을 할 수 없게 되자, 회사는 산재 보상의 일환으로 2가지 선택지를 제안했다.

A. 일시불로 현금 30만 달러를 받는 것
B. 남은 평생 동안 장애 연금을 받는 것

그는 일시불로 30만 달러를 받는 쪽을 선택했다. 이는 연봉 4만 달러 기준으로, 7년 6개월 치 급여에 해당한다. 하지만 그가 앞으로 30

년 동안 연간 4만 달러의 연금을 받는 쪽을 선택했다면 남은 삶을 편안하게 살 수 있었을 것이다. 그는 한 번에 큰 금액을 받기 때문에 경제적으로 안전하다는 착각에 빠졌다. 이동식 주택을 팔고 새집을 샀다. 가족을 모두 데리고 디즈니월드에 놀러 가고, 새 트럭을 구입하며 부자가 된 듯이 생활했다. 결국 순식간에 모든 돈이 사라졌고, 부상 때문에 제대로 된 일도 할 수 없었다. 결국 화려한 생활을 한지 1년 반 만에, 다시 이동식 주택 단지인 트레일러 파크로 돌아갔다. 부상을 당한 몸으로 형편없는 저임금 일자리에서 고생하며, 새로 산 트럭마저 팔아치워야 했다. 이 상황은 대부분의 사람들은 잘 모르지만 회사들은 이미 간파한 진실을 적나라하게 보여 준다. 대다수 사람들은 큰돈 앞에서 이성은커녕 최소한의 논리마저 내던진다는 사실이다.

원시인의 사고방식

돈에 관한 한, 우리 뇌는 여전히 석기시대에 머물러 있다. 미래를 계획하려면 뇌에 깊이 새겨진 조상들의 본능적 사고방식을 극복해야 한다. 본능적 사고방식은 이렇게 말한다. "얻으면 바로 소비하고, 미래를 계획하기보다 현재만을 위해 살며, 저축하지 말고 모든 것을 나눠라." 고대 부족은 야생에서 생존하기 위해 이런 방식이 필요했다. 음식을 저장할 냉장고도 없고, 포식자에게 끊임없이 위협을 받는 상황이라 어쩔 수 없었다. 하지만 현대 사회는 다르다. 저축할 수 있고 미래를 계획할 수도 있다. 그럼에도 여전히 이 본능적인 사고방식 때문에 돈을 제대로 관리하지 못한다.

저축이라는 개념 자체가 진화 생물학과 심리학에 반하는 일이다. 인간은 지구에서 대부분의 시간을 150명 이하의 수렵채집인 집단으로 살았다. 그 시기에는 아무것도 저장할 수 없었다. 죽은 동물은 바로 먹지 않으면 썩어 버리기 때문이다. 게다가 자원을 나누지 않으려고 했다면 부족에서 추방당했을 것이고, 이는 곧 죽음을 의미했다. 많은 부족에서 부의 진정한 척도는 얼마나 많이 저장했느냐가 아니라, 다른 구성원에게 얼마나 많이 나눠 줬느냐에 달려있었다. 자원을 저장하거나 비축하는 것은 이기적인 행동으로 여겨졌고, 그런 행동을 하는 사람은 부족 내에서 지위를 잃었다. 생존은 부족의 보호에 달려있었기 때문에 지위를 잃는 것은 위험한 일이었다. 따라서 돈과 자원을 저축하는 개념은 본능에 역행하는 일이다. 이는 우리가 지구에 살면서 오랫동안 배운 방식과 정면으로 배치된다. 그래서 많은 사람들이 저축을 제대로 하지 못하는 것이다.

투자를 자동화하라

우리는 본래 저축에 능한 존재는 아니지만, 습관에 따라 행동하는 존재이기도 하다. 돈과 관련된 내재된 사고방식을 끊어내는 방법은, 생각하지 않고 쉽게 실행할 수 있는 투자 전략을 만드는 것이다. 핵심은 기본적으로 모든 과정을 자동화하는 방식이다. 예를 들어 매달 투자금의 자동 이체를 설정해 두면, 자원을 보면 바로 사용하고 싶은 뇌의 작동을 우회할 수 있다. 손가락 하나 까딱하지 않아도 이미 계좌에서 돈이 빠져나갔을 테니까. 이후 자동 이체를 중단하려면 불가피한 노력이 필요하다. 인간은 본능적으로 에너지를 최소화하려는 경향이 있고, 이 본능 덕분에 자동 투자는 특별히 신경 쓰지 않아도 자연스럽게 지속될 수 있다. 오래

전 늘 검치호랑이에게 쫓기던 시절에는 에너지를 아끼는 것이 아주 중요했다. 이런 이유로 우리 뇌는 생존 기술로써 '게으름'이라는 특징을 발달시켰다. 지금은 그런 위험이 없는데도 뇌는 여전히 에너지를 아끼고 자원을 소비하는 방향으로 작동한다. 자동 투자를 통해 이러한 메커니즘을 회피할 수 있다.

가난하게 자란 대다수 사람들은 투자를 두려워한다. 그들은 재무 자문가, 은행, 주식시장을 신뢰하지 않는다. 금융기관이 가난한 사람을 이용하는 모습을 본 데다, 투자로 모든 돈을 날린 사람들의 이야기를 숱하게 들었기 때문이다. 그러나 안타깝게도 투자를 회피할수록 계속 가난해질 뿐이다. 부자의 투자 방식을 따라 한다면 생각만큼 두려운 일이 아니다. 가난한 사고방식에 사로잡히면 투자를 멀고 위협적인 일로 인식하거나, 일확천금을 꿈꾸며 모든 돈을 '투자'했다가 다 잃을 수도 있다. 투자는 그런 극단적인 방식으로 이뤄질 필요가 없고, 꼭 부자가 돼야 부자처럼 투자할 수 있는 것도 아니다. 에이콘스Acorns, 뱅가드Vanguard, 피델리티Fidelity, 찰스 슈왑Charles Schwab, 베터먼트Betterment 같은 투자 앱으로, 매달 30달러(프리미엄 스트리밍 서비스의 요금 수준)를 투자할 수 있다. 에이드리안은 신용카드를 사용할 때마다 잔돈을 자동으로 투자하는 에이콘스의 기능을 즐겨 사용한다. 즉, 신용카드를 쓸 때마다 자동으로 투자가 이뤄진다!

투자는 생각보다 간단하다. 이런 작은 실행만으로도 부자가 돈을 버는 방식으로 전환할 수 있다. 포트폴리오의 성장을 지켜보며, '이제 나도 투자자야.'라고 깨닫게 된다. 투자는 필수이며 인생을 바꾸는 중요한 발판이다.

어디에 투자해야 할까?

안타깝게도 여러 이유로 구체적인 투자 대상을 말해 줄 수는 없다. 위험 감수 성향, 세금 상황, 투자 기간 등에 따라 투자 대상이 달라지기 때문이다. 자신의 상황에 맞는 구체적인 조언을 얻으려면 재무 자문가와 상담해야 한다. 하지만 스스로 알아서 투자하는, 이른바 'DIY' 투자자들에게 많은 전문가들은 투자 목표를 유지하기 위해 '타겟데이트펀드 Target Date Fund(TDF)'를 추천한다. 타겟데이트펀드는 시간이 지나면서 변하는 상장지수펀드Exchange Traded Fund(ETF)나 뮤추얼펀드Mutual Fund로, 목표 날짜에 가까워질수록 자산을 재분배하고 재조정하는 방식으로 운영된다. 예를 들어, 젊을 때는 주식처럼 위험도가 높은 투자처에 자산을 배분하지만, 나이가 들수록 채권 같은 좀 더 안정적인 투자처로 이동한다. 이 펀드는 금융 계획에 대한 전문 지식이나 이해가 크게 필요치 않다. 또한 뱅가드, 피델리티, 찰스 슈왑 같은 곳에서 타겟데이트펀드에 투자하는 DIY 투자자는, 주식거래를 하며 '시장을 이기려는' 다수의 투자자보다 더 높은 성과를 거둘 수 있다. 이 펀드는 놀라울 정도로 저렴한 비용으로 과거에는 부자만이 접근했던 투자처를 누구나 쉽게 활용할 수 있다.

자신을 위한 재무 자문가를 찾아라

대다수 부자들은 투자를 관리하기 위해 재무 자문가를 고용한다. 사실, 백만장자의 70%는 전문가와 일한다. 이유는 간단하다. 그들은 돈을 벌거나 경제적 자유를 즐기느라 너무 바빠, 매일 주식시장이 어떻게 변하는지 일일이 신경 쓰고 싶지 않기 때문이다. 게다가 하루 종일 컴퓨터 앞에 앉아 '시장'을 이기겠다며 거래하는 일은 더더욱 피하고 싶다. 훌륭한 재무 자문가는 단순히 투자를 관리하는 역할만 하는 게 아니다. 고객의 재정 생활 전반을 지원한다. 현금 흐름 계획, 세금 계획, 은퇴 준비, 부동산 관리, 교육 계획, 보험 설계 등 다양한 세부 사항까지 돕는다. 하지만 좋은 재무 자문가를 찾는 일은 쉽지 않다. 사실, 재무 자문가라는 대다수 사람들은 법적으로 고객에게 올바른 일을 할 의무가 없다. '미친 이야기'처럼 들리겠지만 사실이다.

1929년 대공황과 주식시장 붕괴 이후, 연방정부는 투자 자문가의 사기 수법으로부터 투자자를 보호하기 위해 '투자자문업자법Investment Advisors Act of 1940'을 제정했다. 이 법은 자문가에게 '신인의무(또는 수탁자의무)'를 부여했는데, 신인의무는 간단히 말하면 2가지를 의미한다. (1) 자문가는 고객의 경제적 이익을 자신의 이익보다 우선시해야 한다. (2) 자문가는 자신의 수수료와 이해 상충 가능성을 공개해야 한다. 아주 간단해 보이지 않나? 하지만 현실은 그렇지 않다!

사실 오늘날 대부분의 재무 자문가는 수탁자(신탁을 관리하는 사람을 말한다. 법에 따라 신탁문서에 명시된 권한을 가지며, 신탁내용을 구현하기 위해 필요한 대출 등의 행위를 할 묵시적 권한이 있다. - 옮긴이 주)가 아니다. 예를 들어, 보험회사와 브로커 딜러는 의회에 로비를 벌여 신인의무에서 제외됐다. 여기서 한번 생각해 보자. 왜 그들은 고객의 이익을 최우선으로 하고, 수수료나 이해 상충에 대한 정보를 공개하라는 단순한 의무를 지기 싫어할까? 자신의 이익이 너무 줄어들까 봐 걱정하는 걸까? 이유가 무엇이든 간에, 재무 설계사를 선택할 때 그들이 충실의무를 이행하는지 반드시 확인해야 한다. 법적으로 신인의무가 있는 '유일한' 재무 자문가는 등록 투자자문사Registered Investment Advisor(RIA)로, 미국 증권거래위원회Securities and Exchange

Commission(SEC)의 감독을 받는다. 만약 재무 자문가를 찾고 있다면, RIA
와 함께 일하는 것을 추천한다.

백만장자는 꿈이 아니다!

백만 달러를 쓰고 싶은 건 어쩌면 당연하다. 하지만 백만장자가 되고 자
산을 유지하려면, 오래된 사고방식을 극복해야 한다. 다행히도 이는 충
분히 가능하다. 백만장자가 되기 위해 특별한 능력이 필요한 건 아니다.
단지 생존 본능에 충실한 두뇌보다 더 현명하게 행동하면 된다. 대부분
의 사람들은 백만 달러를 보면 어떻게 쓸지부터 생각한다. 반면 돈을 소
비하기보다 저축하고 투자하는 방법을 배운다면, 백만 달러는 당신과 당
신의 가족을 평생 지탱해 줄 자산이 될 수 있다.

지금 투자하라

이제 부자가 된 사람들이 백만 달러를 다루는 방식의 차이를 알게 됐다. 그렇다면 지금, 우리가 백만 달러를 준다면 무엇을 할 것인가? 대답을 이번 장의 서두에서 작성했던 목록과 비교해 봐라. 돈이 당신을 위해 일하도록 만드는 방법을 알게 된 지금, 계획이 어떻게 달라졌는가? 더 나은 삶을 위해 어디에 투자할 것인가? 투자하고 저축하기보다 구매하고 싶은 충동이 생긴다면, 잠시 멈추고 주의 깊게 살펴봐라. 순자산을 쌓고 삶을 더 풍요롭게 만들기 위해 돈을 어떻게 사용할지 생각해 봐라.

4장

돈에 대한 잘못된 믿음이 당신을 가난하게 만든다

◆

◆

우리는 줄곧 돈에 대한 거짓말을 듣고 자랐다. 많은 사람들이 돈으로 행복을 살 수 없다고 배웠다(하지만 어느 정도는 살 수 있다). 심지어 부자는 나쁘고 가난한 사람이 도덕적이라는 말을 듣기도 했다. 하지만 돈 자체는 본래 좋지도, 나쁘지도 않다. 돈은 도끼와 마찬가지로 하나의 도구일 뿐이다. 도끼는 가족을 따뜻하게 해 줄 장작을 패는 데 쓰이지만, 사람을 살해하는 흉기로 사용될 수도 있다. 풍요로운 삶을 구축하려면 먼저 돈에 대한 거짓말을 깨부숴야 한다.

이제 돈에 대한 잘못된 사고방식을 깨뜨릴 때다. 돈은 '나쁘다', '행복의 적이다', '만악의 근원이다'라고 배웠지만, 모두 틀린 말이다. 그뿐만이 아니다. 부자가 되는 방법과 부자가 돈을 사용하는 방식에 대해 배운 내용도 대부분 틀렸다. 이런 잘못된 믿음 때문에 가난을 벗어나지 못하는 것이다. 이번 장에서는 '가난한 사고방식'이 무엇인지 확인하고, 극복하는 방법을 알아보려고 한다. 이런 사고방식 중 하나라도 익숙하다면, 당신의 믿음이 당신과 돈의 관계를 방해하고 있는 것이다. 물론 당신만 그런 것은 아니다. 많은 사람들이 동일한 경향을 보인다. 빈털터리 신세는 일시적일 수 있지만, 가난한 사고방식을 갖고 있으면 평생 가난을 벗어날 수 없다. 그래서 첫 번째 단계로, 자신의 가난한 사고방식을 인식하고 이를 바꿔야 한다.

가난한 사고방식 1. 부자는 악하다

이 사고방식은 많은 사람들에게 깊이 뿌리박혀 있다. 특히 성경을 읽으며 자란 사람들에게 더 그렇다. 심리학에서는 돈을 나쁘게 여기거나 자신이 돈을 가질 자격이 없다고 생각해 돈을 멀리하려는 경향을 '돈 회피money avoidance'라고 부른다. 브래드는 자신의 저서와 논문에서 이 이 주제를 광범위하게 다뤘다. 이 성향은 많은 사람들에게 부유해지는 것을 가로막는 커다란 장애물이기 때문이다. 돈 회피 성향을 해결하지 못하면 경제적으로 많은 문제가 발생한다. 돈 회피를 유발하는 몇 가지 믿음은 다음과 같다.

'돈은 나쁘다.'
'부자가 되려면 타인을 이용해야 한다.'
'돈은 인간관계를 파괴한다.'
'돈이 적은 것이 미덕이다.'
'부자는 탐욕스럽다.'
'돈을 너무 많이 벌면 친구와 가족이 나를 이용할 것이다.'

당신이 이런 믿음 중 하나라도 갖고 있다면 돈을 벌기는 어렵다. 돈은 물론이고, 돈 버는 방법을 알려 주는 사람들까지 멀리하게 된다. 조금이라도 성공하기 시작하면 스스로 그 성공을 방해하는 상황을 만들기까지 한다. 그래서 이 믿음에 의문을 제기하는 것이 중요하며, 우리가 바로 이 문제를 해결하는 데 도움을 주고자 한다.

신은 당신의 가난을 바라지 않는다

많은 종교가 돈에 대해 언급하지만, 그중 상당수가 부정적인 내용이다. 예를 들어, 우리처럼 기독교 신앙 속에서 자랐다면 다음과 같은 성경 구절 하나쯤은 들어 봤을 것이다.

"돈을 사랑하는 것이 모든 악의 뿌리다."
"낙타가 바늘귀로 들어가는 것이 부자가 하느님의 나라에 들어가는 것보다 쉬우니라."
"네가 온전한 사람이 되려거든 가서 네 소유를 팔아 가난한 자들에게 주어라. 그리하면 하늘에서 보화가 네게 있으리라."

이러한 구절들은 돈에 대한 믿음으로 이어져 경제생활을 좌우할 수 있다. 문맥을 벗어나 단편적으로만 해석하면 돈은 나쁘고 부자는 악하다는 믿음에 이르게 된다. 또한 부자가 되려고 노력하기보다 돈이 나쁘다고 믿는 편이 더 쉽다. 하지만 성경에는 돈에 대한 관점이 다른 내용도 많이 담겨 있으며, 이는 돈을 둘러싼 진실이 훨씬 더 복잡 미묘하다는 점을 시사한다. 다음의 성경 구절을 생각해 봐라.

"여호와께서 주시는 복은 사람을 부하게 하고 근심을 겸하여 주지 아니하시느니라."

"나의 하느님이 그리스도 예수 안에서 영광 가운데 그 풍성한대로 너희의 모든 쓸 것을 채우시리라."

"지혜 있는 자의 집에는 귀한 보배와 기름이 있으나 미련한 자는 이것을 다 삼켜 버리느니라."

"손을 게으르게 놀리는 자는 가난하게 되고 손이 부지런한 자는 부하게 되느니라."

우리가 종교학자는 아니다. 하지만 여기서 전하는 메시지는 풍요로울 때 겸손함을 잃지 말고, 불우한 이웃의 어려움을 외면하지 말며, 기회가 있을 때 불우한 이들을 돕기 위해 노력해야 한다는 것이다. 실제로 부자가 되는 사람들은 돈과 부를 바라보는 시각이 다양하다. 그래서 돈의 위험성을 경계하면서도 긍정적인 면을 탐구한다. 어떤 신성한 존재를 믿든, 그 존재는 분명 당신이 풍요로운 삶을 살길 바랄 것이다.

돈은 아름답고 놀라운 일을 이루는 데 사용될 수 있다. 돈은 가족을 부양하고 인도주의적인 활동을 증진하며, 안전과 자유를 제공한다. 이 덕분에 우리는 중요한 일에 집중할 수 있다. 경제적으로 자유로워지면, 세상에 선한 일을 할 수 있는 시간과 자원을 더 많이 확보할 수 있다. 부가 있으면 세상에 훨씬 더 큰 가치를 더할 수 있다. 그렇기에 부자가 되는 것을 도덕적 의무로 여기고, 그 목표를 이루기 위해 올바른 노력을 기울여야 한다.

에이드리안 대다수 대학생이 그렇듯, 나도 완전히 빈털터리였다. 그 시절, 세상에 긍정적인 영향을 미칠 수 있는 유일한 방법은 내 시간을 기부하며 자원봉사를 하는 일이었다. 그래서 나는 다양한 단체에서 자원봉사 활동을 했다. 2007년 시더래피즈 홍수Cedar Rapids flood 피해자를 돕는 일부터 위기 청소년에게 춤을 가르치는 일까지, 다양한 일을 했다. 오늘날 나의 영향력은 가난한 대학생이었을 때보다 훨씬 커졌다. 경제적 자유 덕분에 단순히 시간을 기부하는 것 말고도 다양한 방식으로 기여할 수 있게 됐다. 스마트폰 선물부터 남미 학교의 지속 가능한 텃밭 조성을 위한 자금 지원까지, 선택할 수 있는 후원의 폭이 넓어졌다. 제2의 간디나 마더 테레사가 아니라면, 돈이 많을수록 세상에 더 큰 영향을 미칠 수 있다는 사실은 분명하다.

가난한 사고방식 2. 물건이 많을수록 더 행복해진다

돈을 숭배하는 사람일수록, 경제적으로 더 나쁜 결과를 초래할 가능성이 크다. 돈이나 물건이 많으면 모든 문제를 마법처럼 해결할 수 있다는 믿음은 매우 위험하다. 브래드의 연구에서는 돈에 대한 이러한 사고방식을 '돈 숭배money worship'라고 부르며, 이는 오히려 소득을 줄이고 순자산을 낮추며 신용카드 채무를 늘리는 경향이 있다. 돈을 숭배하는 믿음은 재정 생활을 망칠 수 있으며, 이러한 해로운 믿음은 다음과 같다.

'돈만 있으면 모든 문제를 해결할 수 있다.'
'가난하면서 행복하기란 어렵다.'
'돈은 아무리 많아도 부족하다.'

세상의 모든 반짝이는 새 장난감을 가진다 해도, 그 행복은 오래가지 않는다. 어렸을 때 멋진 생일 선물을 받았던 순간을 떠올려 봐라. 하루나 이틀은 신나게 갖고 놀지만 금세 흥미를 잃고 일상으로 돌아오지 않았는가. 새로운 물건을 살 때 잠깐은 설레는 감정을 느끼지만, 그런 감정은 빠르게 사라지고, 두둑한 신용카드 청구서로 인해 스트레스만 남을 뿐이다.

에이드리안 당신이 소유하는 모든 물건은 당신의 일부를 소유하고 있다. 즉, 더 많은 물건을 소유할수록 당신은 점점 더 얽매이게 된다. 내가 살던 콘도도 다른 집과 다를 게 없었다. 서랍장이며 찬장, 옷장은 전혀 필요 없는 물건으로 꽉 차 있었다. 유럽으로 이사하면서 아무것도 소유하지 않은 삶이 얼마나 자유롭고 놀라운지 깨달았다. 아내와 나는 밴에서 1년을 살며 이런 사고방식을 최대한 실천했다. 현재는 더 이상 밴에서 살지 않지만, 아무 옷장이나 서랍장을 열어봐도 텅텅 빈 공간이 많이 보인다!

가난한 사고방식 3. 부자는 돈을 많이 쓴다

흔히 부자는 돈을 많이 쓴다고 생각하지만, 이런 믿음은 돈에 대한 가장 파괴적인 오해 중 하나다. 이런 잘못된 믿음은 리얼리티 쇼나 소셜 미디어에서 부를 과시하는 모습으로 더 강화된다. 미디어에서는 유명인들이 람보르기니를 타고, 억만장자 기업가들이 개인 제트기를 타며, 영화배우들이 대저택에 사는 모습을 보여 준다. 하지만 이런 모습이 '대부분'

의 부자들이 돈을 소비하는 방식을 정확히 보여 주는 것일까? 간단히 말해, 전혀 그렇지 않다. 비슷하지도 않다. 상황을 간단히 분석해 보자. 실제로 미국에서 대부분의 백만장자는 '자수성가한 사람'이다. 자수성가한 백만장자가 되려면 무엇이 필요할까? 순자산이 최소 백만 달러는 돼야 한다. 그리고 백만 달러의 순자산을 얻는 '유일한' 방법은 백만 달러를 '쓰지 않는 것'이다. 이제 감이 오는가?

자수성가한 백만장자의 심리는 소셜 미디어에서 흔히 보이는 모습과는 정반대다. 그들 대부분은 자신이 검소하다고 말한다. 한 재무 설계사의 천 명이 넘는 고객을 대상으로 진행한 연구에서 충격적인 결과가 나왔다. 브래드가 두 그룹으로 나눠 분석해 보니, 순자산이 1,100만 달러인 그룹이 순자산 50만 달러인 그룹에 비해 지출 규모가 고작 2배 높은 것으로 나타났다. 순자산은 무려 22배가 더 많았지만, 집, 자동차, 휴가, 시계 등에 쓰는 돈은 고작 2배밖에 차이가 나지 않았던 것이다.

안타깝게도, 물질에 집착하면 경제적으로 절대 자유로워질 수 없다. 조금이라도 여유가 생기면 고급 시계, 비싼 자동차, 명품 같은 새로운 '장난감'을 사고 싶지 않을까? 진정으로 부자가 되고 싶다면, 먼저 돈을 쓰지 말아야 한다.

가난한 사고방식 4. 돈 문제에서 사람을 신뢰할 수 없다

사람들이 항상 당신을 이용하려고 한다는 믿음은 결핍의 사고방식이자 또 다른 형태의 돈 숭배다. 다른 가난한 사고방식과 마찬가지로, 이런 믿음에 빠져드는 데는 그럴만한 이유가 있다. 가난한 환경에서 자라며 도둑질이나 사기를 자주 목격했을지도 모른다. 혹은 학교에서 괴롭힘을 당하며 점심값을 빼앗긴 경험이 있을 수도 있다. 그러나 이 사고방식의 문제는, 경제적 자유를 얻으려면 돈에 관한 어느 정도의 신뢰가 필요하다는 점이다. 예를 들어, 가난한 환경에서 자란 많은 사람들은 합법적인 투자를 접해본 적이 전혀 없다. 재무 자문가나 회계사 같은 금융 전문가를 만나본 적도 없다. 대신에 '투자'했다가 전 재산을 잃은 사람들의 이야기만 숱하게 듣는다. 흥미롭게도 이런 투자 이야기를 깊이 살펴보면, 그들이 한 것은 진짜 투자도 아니었다. 일확천금을 얻으려는 투기였을 뿐이다. 부자에 대한 연구에 따르면, 부자는 중산층보다 금융 전문가를 더 신뢰하고 고용한다. 물론 아무에게나 돈을 맡길 수는 없지만 신뢰할 만한 공인 전문가들은 분명 존재한다. 이들을 신뢰하고 그들의 도움을 받아 자산을 관리하는 것이 현명한 선택이다.

돈을 경계하라

가난한 사람들을 가난에서 벗어나지 못하게 가로막는 믿음에 관해 살펴봤다. 그렇다면 사람들을 부자로 만드는 믿음은 무엇일까? 브래드의 연구에서는 이런 믿음을 '돈에 대한 경계money vigilance'라 부르며, 가장 부유한 사람들은 이런 믿음을 갖고 있다. 그럼 결핍에 초점을 맞추지 않고 풍요로움을 느끼는 사고방식으로 어떻게 전환할 수 있을까? 다음은 돈에 대한 경계를 보여 주는 몇 가지 예시다.

'비상시에 대비해 저축하는 것이 중요하다.'
'자신을 위해 돈을 쓰는 것은 사치다.'
'내가 번 모든 돈을 소중히 여기며, 한 푼도 낭비하지 않을 것이다.'

'비싼 저녁 식사나 멋진 옷, 비싼 차는 평생 경제적 안정을 누리는 것 만큼 가치 있지 않다.'

'지금은 햄버거를 뒤집고 있지만, 나중엔 레스토랑을 소유할 것이다.'

'돈을 잘 관리하면 돈이 나를 돌봐 줄 수 있다.'

돈을 현명하게 다루면, 돈이 당신을 돌봐 줄 것이다.

에이드리안 이민자인 우리 가족은 무일푼으로 이 나라에 왔다. 영어를 하지 못했던 아버지는 막노동을 하며 열심히 일했다. 허리가 휘어질 만큼 힘든 일이었지만 아버지는 절대 포기하지 않았다. 많은 미국인들이 아메리칸 드림은 죽었다고 생각하지만, 이민자에게 아메리칸 드림은 여전히 살아있는 꿈이다. 아메리칸 드림을 이루기 위해서는 정말 열심히 일해야 한다. 부모님은 '풍요로운 사고방식'을 통해 미국을 바라봤다. 부족한 것에 초점을 맞추기보다, 눈앞에 놓인 가능성과 기회의 땅을 보았다. 그들은 가난한 삶에 익숙했던 터라 불필요한 소비 없이 살아가는 방식에 익숙했다. 그들은 돈을 벌면 모두 저축했고, 한 푼 한 푼에 더 나은 삶을 위한 약속을 담았다. 부모님은 갖지 못한 것을 불평하고 슬퍼하는 것에 에너지를 낭비하지 않았다. 대신, 자신이 원하는 것을 얻기 위해 묵묵히 일하는 데 집중했다.

어린 시절, 에이드리안은 부모님과 조부모님에게 열심히 일하면 돈 문제는 해결될 수 있다고 배웠다. 그의 할머니는 멕시코의 타마줄리타 Tamazulita의 시골 마을에서 몇 마일이나 떨어진 다른 마을로 매일 걸어 다녔다(버스표를 살 돈이 없었기 때문이다). 물건을 사서 마을 사람들에게 팔기 위해서였다. 물건을 사지 못한 날에는 마을 사람들의 집을 일일이 방문하여 저녁 식사를 만들어 주는 대신 돈을 받을 수 있을지 물어보곤 했다. 때로는 그날 야생에서 직접 수확한 재료로 음식을 만들어 주기도 했다. 할머니는 성실한 노동의 가치를 가족들에게 심어 줬다. 에이드리안의 아버지는 도요타 대리점에서 자동차를 세차하는 힘든 일로 시작해서, 사다리를 타고 올라 결국 부품 관리자까지 됐다. 에이드리안은 부를 쌓기 시작하면서 자신의 일이 충분히 '힘들지 않다'는 생각에 죄책감을 느꼈다. 그는 장시간 버스를 타지도 않았고, 힘든 육체노동을 하지도 않았고, 컴퓨터 앞에서 키보드를 두드리는 게 전부였다. 에이드리안이 이런 믿음을 갖지 못했다면, 그는 자신의 경제적 성공을 스스로 방해했을지도 모른다.

에이드리안의 아버지는 아주 열심히 일해서 한 푼 한 푼 벌었기 때문에 주식 투자는 매우 위험하다고 생각했다. 대신에 그는 더 안전한 국채와 양도성예금증서(CD)에 투자했다. 가족과 대화하던 중, 에이드리안은 부모님에게 2008년 금융위기 때 돈을 얼마나 잃었는지 물었다. 부모님은 주식에 투자하지 않았기 때문에 돈을 한 푼도 잃지 않았다. 돈을 잃지 않은 건 다행이지만, S&P 500지수 투자처럼 더 안전한 경로로 부를 10배나 늘릴 기회도 얻지 못했다.

에이드리안 부모님은 양가 가족 중 처음으로 저소득층에서 상위 중산층으로 올라선 사람이었다. 어머니는 젊은 시절 외할아버지에게 들었던 이야기를 들려준 적이 있다. 외할아버지는 모든 아이들이 독립한 후에야 비로소 은행에 1,000달러를 저축할 수 있었다며, 그때가 돼서야 '부자'가 된 기분이 들었다고 했다.

부모님은 무일푼으로 시작했기에 가장 안전한 투자는 국채와 CD라고 생각했다. 나는 부모님의 보수적인 소비와 저축 습관을 바탕으로 다양한 투자 방식, 특히 주식시장의 힘을 배울 수 있었다. 또한 그들의 직업윤리를 본받아, 직장 외에도 돈을 버는 다양한 방법을 모색했다.

현 상태에서 벗어나지 못하면 가족이 물려준 재정 습관을 그대로 답습할 수밖에 없다. 에이드리안처럼 부모님의 훌륭한 저축 습관을 본받아 긍정적인 재정 행동을 이어가는 사람들도 있지만, 어떤 사람들은 자라면서 보았던 재정 행동과 형성된 습관을 바꿔야 할 수도 있다.

브래드 현재는 억만장자에 가까운 한 남자와 일했던 기억이 난다. 그 역시 이민자로, 어머니와 함께 처음 미국에 왔을 때 영어를 전혀 못했다고 한다. 언어, 문화, 교육 등, 모든 제도적 장벽을 이겨 낸 과정이 정말 흥미로웠다. 무엇보다 그의 사고방식은 정말 인상적이었다. 그는 10대 시절, 패스트푸드점에서 일하면서 햄버거를 뒤집고 감자튀김 기계를 돌렸다. 동료들이 월급을 날리는 동안 그는 언젠가 자신의 레스토랑을 소유하겠다는 생각으로 모든 돈을 저축했다. 결국 그는 저축한 돈으로 레스토랑을 샀을 뿐만 아니라, 지금은 수백 개의 점포를 소유하고 있다. 그를 특별하게 만든 건 바로 희생하려는 의지였다. 이민자로서 그는 자신의 상황을 개선하려면 희생과 열정적 끈기가 필요하다는 사실을 이해하고 있었다.

우리가 소셜 미디어에 '희생하려는 의지와 부자가 될 잠재력의 연관성'에 대해 글을 올릴 때마다 늘 똑같은 댓글이 달린다.

"왜 꼭 희생해야 하죠?"
"열심히 일해서 번 돈이니 그냥 즐기고 싶어요."

"욜로!"

하지만 성공의 수준은 희생하려는 의지와 정비례한다. 원하는 미래를 위해 기꺼이 희생할 때, 비로소 놀라운 일이 일어난다.

브래드 그 패스트푸드점 직원이 하루아침에 레스토랑을 살 돈을 마련한 것은 아니었다. 그는 목표를 이루기 위해 하나하나 단계를 밟아 나갔다. 우선, 돈을 더 많이 벌기 위해 기술을 배워야 한다는 점을 깨달았다. 그래서 음식점에서 일하며 모은 돈으로 기술 학교에 진학했다. 더 안정적인 시급을 위해 정비사가 됐고, 5년 동안 정비사로 일하며 돈을 모았다. 그는 어머니 집 소파에서 잠을 자고 저녁은 라면으로 때우며, 버스를 이용하고 중고 마켓에서 옷을 사 입었다. 그리고 수입의 95%를 저축했다. 그렇게 꾸준히 노력한 끝에 5년 후 첫 번째 레스토랑을 살 돈을 마련했다. 하지만 거기서 멈추지 않고 계속 희생했다. 계속해서 일하고 저축하며 지출을 줄였다. 그 결과 지금은 수백 개의 점포를 소유하게 됐고, 어머니를 은퇴시키고 호화로운 삶을 즐길 수 있도록 도왔다. 이제 그는 원하는 것은 무엇이든 살 수 있게 됐다. 그의 이야기는 정말 큰 영감을 준다. 이 이야기를 듣고 나니 스스로에게 묻게 된다. "내가 조금 전까지 불평했던 게 뭐였더라?"

미국에 온 많은 이민자들은 가난하지만 부자가 되는 방법을 알고 있다. 그들은 더 나은 미래를 위해 기꺼이 희생한다. 돈에 대한 그들의 믿음은 계속 성공으로 나아가는 원동력이 된다. 그들은 돈이 악하다는 부정적인 믿음 대신, 돈을 하나의 도구로 바라본다. 더 나은 삶을 이루는 데 전념하며, 기꺼이 소파에서 잠자고 양파로 끼니를 때우며, 중고 마켓에서 옷을 사 입는 것도 마다하지 않는다. 일반적인 미국인은 이들만큼 희생을 감수하지 않는다. 그래서 이민자들만큼 보상을 얻지 못하는 것이다.

성공을 부르는 사고방식

새로운 믿음 체계를 세우기로 결심했다고 해 보자. 하지만 그 결심만으로 다음 날 아침에 갑자기 완전히 다른 사람이 될 수는 없다. 목표를 달성하려는 똑똑한 사람들은 성공하기 더 쉽게, 실패하기 더 어렵게 자신만의 시스템을 구축한다. 도움이 될 만한 몇 가지 도구는 다음과 같다.

1. **신용카드 빚.** 지갑에 있는 모든 신용카드를 꺼내 안전한 곳에 넣어 잠그고, 아마존 같은 주요 온라인 쇼핑몰에서 신용카드 정보를 삭제하라. 그러면 온라인 쇼핑의 유혹에 휩쓸려 빚을 늘리는 일을 막을 수 있다. 이렇게 메모를 적고, 신용카드를 꺼낼 열쇠를 그 아래에 둬라. '이 구매가 (여기에는 목표를 써라)라는 꿈을 포기할 만큼 가치가 있는가?' 메모 옆에는 목표를 상징하는 사진을 두는 것도 좋다. 그러면 신용카드로 불필요한 구매를 할 때마다 자신이 무엇을 놓치게 되는지 깨달을 수 있다. 예를 들어 가족을 위한 집, 소유하고 싶은 점포, 젊은 나이에 은퇴해서 골프를 치는 모습 등, 동기부여가 되는 사진을 선택하라. 이렇게 하면 순간적인 소비의 만족감에 휩싸여 미래를 망치는 일을 막을 수 있다.

2. **저축.** 도움이 될 수 있는 몇 가지 요령이 있다.

- 매월 급여의 일정 비율을 저축 계좌로 자동 이체하라. 돈을 보지 않으면 소비 유혹에 빠지지 않을 수 있다.
- 저축 계좌에 이름을 붙여라. 일반적인 저축 계좌에서는 돈을 인출하기 쉽지만, 계좌 이름을 '우리 딸의 미래'나 '나의 드림 하우스'처럼 정해두면 돈을 인출하기가 훨씬 어려워진다.
- 룸메이트를 구하라. 전국적으로 월세가 치솟고 있다. 집을 사기 위해 저축하는 동안 룸메이트를 구하면 목표를 더 빨리 달성할 수 있다.
- 밴에서 살아 봐라. 에이드리안은 실제로 해냈다! 돈을 절약할 색다른 방법을 찾아야 한다. 이를 하나의 게임처럼 즐겨 봐라. 일주일에 40달러로 식사를 해결하는 방법은 무엇일까? 옷을 새로 사지 않고 패치로 수선해 입을 수 있을까? 1년 동안 스트리밍 서비스를 끊고 책을 읽으며 살 수 있을까? 창의력을 발휘해서 즐기며 절약할 수 있는 방법을 찾아봐라.

3. **투자.** 돈을 투자하는 것도 좋지만, 이것만이 유일한 투자 방법은 아니다. 추가적인 수입을 올릴 새로운 기술을 배우는 데 시간과 에너지를 투자할 수도 있다.

4. **잠자는 동안 돈을 벌 방법을 찾아봐라.** 이것은 19장, '부업 없이 넷플릭스를 몰아 보는 사람은 평생 가난할 것이다'에서 자세히 다룬다. 유일한 수입원이 노동으로 얻는 급여뿐이라면 엄청난 경제적 기회를 놓치고 있는 셈이다. 부자가 되는 법을 이해한 사람들은 잠자는 동안에도 돈을 번다.

5. 희생. 스마트폰을 새로 사거나 술을 마시는 데 돈을 쓰는 것은 재테크의 꿈을 죽이는 행위라고 생각하라. 지금 희생하면 부자가 된 후에는 원하는 것을 마음껏 즐길 수 있다. 아이러니하게도, 돈을 신중하게 사용하는 데 익숙해지면 비싼 기기나 근사한 저녁 식사에 관심이 생기지 않게 된다.

마음을 강하게 훈련하고 사치품 없이 사는 데 익숙해지면, 그것은 강력한 힘이 된다. 다른 사람들이 저녁 식사, 술, 주말 오락거리에 300달러를 쓰는 동안, 당신은 그 돈을 저축할 수 있다. 물론 처음에는 뭔가를 놓치고 있다는 기분이 들 수도 있다. 하지만 5년, 10년이 지난 후, 다른 이들이 여전히 직장에 매달려 월급쟁이로 힘겹게 살아갈 때 당신은 경제적으로 자유로운 백만장자가 되어 있을 것이다. 그 순간 지금의 희생이 얼마나 가치 있는 선택이었는지 분명히 느끼게 될 것이다.

에이드리안 밴에 살던 시절 많은 사치품을 포기했다. 에어컨은 물론 식기세척기나 세탁기 같은 가전제품도 없었다. 우리 삶의 모든 소유물이 밴 안에 있었고, 더 많은 물건이나 옷을 둘 공간은 없었다. 그해 동안 TV도 보지 않았다. 드라마를 몰아 보는 대신 책을 읽고 전국을 하이킹했다. 나는 일주일에 몇 시간의 와이파이 접속만으로 소셜 미디어의 팔로워를 10만 명에서 100만 명으로 늘렸고, 지금의 개인 브랜드를 시작할 수 있었다! 밴에 살던 그해, 극단적인 미니멀리스트minimalist로 생활한 덕분에 우리가 번 돈의 95%를 저축할 수 있었다. 밴에서 지내는 생활에 익숙해지기까지 몇 주가 걸렸지만 그런 삶을 통해 얻은 해방감에 스스로도 깜짝 놀랐다. 생각할 정신적인 여유가 더 많아졌고, 소비로부터 해방된 덕분에 정신 건강이 훨씬 좋아졌다. '작게' 살려는 희생은 결국 우리를 경제적 성공으로 이끈 결정적인 요소가 됐다!

브래드 대학을 졸업했을 때 어마어마한 학자금 대출이 남아 있었다. 금리가 터무니없이 높았던 터라, 가능한 한 빨리 대출을 상환해야 했다. 그래서 고물 자동차 2대를 구했다. 하나는 500달러, 다른 하나는 2,500달러짜리였다. 자동차가 번번이 고장 나는 바람에 한 대를 몰고 다닐 땐 다른 한 대를 수리해야 했다. 나는 가구도 없는 집에서 바닥에 매트리스 하나만 깔고 살았다. 거실에는 중고 탁구대와 접이식 간이 의자를 두었다. 찬장은 텅 비었고, 포크, 접시, 컵도 각각 하나씩밖에 없었다. 이런 상태로 살고 있는 나를 보고도 아내가 나와 결혼을 결심한 것 자체가 기적이었다. 그렇게 3년을 살았다. 옷을 사 입지 않고, 휴가도 가지 않았다. 카우아이Kauai에 있는 학교에서 임상심리학자로 일하며 받은 모든 급여는 빚을 갚는 데 사용했다. 거기서 멈추지 않고 몇 가지 부업도 시작했다. 주말에 약물남용 평가를 수행하거나 테니스 레슨을 했다. 빚을 갚고 동시에 퇴직 계좌에 돈을 불입하기 위해 돈을 벌 수 있는 일은 무엇이든 했다. 그 덕분에 3년 만에 학자금 대출 10만 달러를 갚을 수 있었고, 그 성취는 정말 자랑스러웠다.

돈에 대한 잘못된 믿음은 경제적 안정을 망치는 가장 빠른 길이다. 백만 달러를 벌어도, 돈에 대한 부정적인 인식은 매 순간 경제적 안정을 방해할 것이다. 따라서 1달러를 벌기 전에 돈에 대한 믿음을 면밀히 살펴보고, 소득과 저축, 투자에서 자신을 방해하는 모든 요소를 찾아야 한다. 브래드가 학생과 팔로워들에게 대부분의 백만장자가 자수성가한 사람들이라고 말하면 많은 사람들이 크게 반발한다. 그 사실을 뒷받침하는 연구와 데이터를 제시해도, 사람들은 자신이 가난한 이유가 운명이 아닌 선택이라는 사실을 받아들이려 하지 않는다. 핵심은 이거다. 그런 믿음이 과연 도움이 될까? 물론, 자신이 처한 상황을 통제할 수 없다고 생각하면 기분은 잠시 나아질 수 있다. 하지만 가난한 사고방식을 가진 사람들이 '대부분의 백만장자가 자수성가했다'는 사실을 깨닫는 순간, 자신에게 부자가 될 기회가 있었음에도 불구하고 실패한 현실과 마주하게 된다. 그러나 이는 도덕적인 실패가 아니다. 사고방식의 실패일 뿐이며, 사고방식은 바꿀 수 있다.

돈을 신뢰하라

돈에 대해 갖고 있는 모든 믿음을 적어 봐라. 그리고 그 믿음이 어떻게 시작됐는지 기억을 떠올려 봐라. 파괴적인 돈에 대한 믿음 중 상당수는 어린 시절에 형성된다. 예를 들어, 부모님에게 돈에 대해 절대 이야기하지 말라고 배웠다면 '돈 회피' 믿음을 발전시켰을 수 있다. 부모님이 돈을 사악하다고 여겼다면 그 생각이 당신에게도 전해졌을 수 있다. 돈에 대한 유해한 믿음의 근원을 찾았다면, 이제 부자의 사고방식에 기반한 새로운 믿음을 작성해 봐라. 이를테면, '돈은 하나의 도구이고 나는 그것을 이롭게 사용한다', '돈을 잘 관리하여 돈이 나를 돌보게 한다' 등, 돈에 대한 새로운 믿음을 적어서 매일 볼 수 있는 거울이나 벽에 붙여 둬라. 그리고 새로운 물건을 구매하기 전에 그 메모를 보고 신중히 생각하라. 이 새로운 사고방식을 이용하여 투자와 저축에 자동 이체를 설정하라. 계좌에 이름을 붙여 목표를 유지하라. 부자가 되는 길로 들어선 것을 축하한다!

5장

당신의 선생님들은
부자가 되는 방법을 가르쳐 줄 수 없다

◆

♦

그동안 돈에 대해 배운 모든 것은 '잘못된' 정보일 뿐만 아니라, '잘못된' 사람에게 배운 것이다. 직접 해보지 않은 일을 어떻게 다른 사람에게 가르칠 수 있을까? 이것이 상식이다. 경제적으로 독립하지 못한 선생님이 경제적 독립을 가르치는 것을 신뢰할 수 있을까? 성공한 기업가가 아닌 대학교수가 창업을 가르치는 것을 믿을 수 있을까? 당신이 경제적으로 독립하면 회사를 떠날 텐데, 고용주가 정말로 당신을 도와 줄 것이라고 생각하는가? 주식 단타로 돈을 모두 잃은 삼촌에게 투자 조언을 들어야 할 이유가 있을까? 많은 사람들이 이런 사람들의 말을 맹목적으로 신뢰한다. 하지만 현실은 다르다.

- 미국인은 평균 9만 6천 달러의 빚을 지고 있다.
- 미국인의 56%는 비상 상황에 대비할 1,000달러의 예금도 없다.

- 미국인의 49%는 편안한 은퇴 생활을 기대하기 어렵다.

잘못된 사람의 잘못된 정보나 조언을 믿지 말고, 다음의 중요한 사실을 받아들여야 한다. 바로, 사람은 자신이 모르는 내용을 가르쳐 줄 수 없다는 것이다. 따라서 당신이 이루고 싶은 목표를 이미 달성한 사람이 주변에 없어 가르침을 받을 수 없다면, 시간 낭비하지 말고 돈, 사업, 투자에 대해 스스로 배우기 시작해야 한다. 안타깝게도 학교 시스템은 학생들에게 기본적인 개인 재정을 가르치지 않는다. 그러니 경제적으로 독립하는 방법을 배우기 위해 주류 교육에 의존하지 말고, 당신이 원하는 삶을 살고 있는 사람을 찾아 그들에게 직접 방법을 배워라. 또한 고용주가 당신의 경제적 독립을 지지하거나 회사를 떠나는 꿈을 응원할 것이라 믿지 마라. 대신, 언젠가 회사를 떠날 수 있도록 밤과 주말을 활용해 부업을 구축하는 법을 배워야 한다. 사회보장제도나 회사 연금이 당신의 노년을 책임질 것이라 기대하지 말고, 스스로 투자하는 방법을 익혀라.

물론, 정기적인 급여에서 오는 거짓된 안정감은 매우 매력적이다. 그러나 단 하나의 수입원에 의존하는 것은 매우 위험하다. 만약 내일 회사가 더 이상 당신이 필요하지 않다고 결정을 내리면 어떻게 될까? 2023년에만 약 4천만 명의 미국인이 직장을 잃었다. 올해에도 대량 해고나 회사 파산이 발생한다면, 당신은 준비되어 있는가? '안정적인' 직장이 경제적 안정을 제공할 것이라 믿지 마라. 시간과 노동을 판매하는 일에는 절대적인 안전장치가 없다. 회사는 '항상' 직원의 경제적 이익보다 자신의 경제적 이익을 우선시한다. 이것이 현실이다. '안정적인' 직장은 사람들을 함정에 빠뜨리려는 미끼일 뿐이다. 하지만 우리는 수입원을 다양화하고 경제적으로 무적이 되는 방법을 배울 수 있다(자세한 내용은 19장, '부업 없이 넷플릭스를 몰아 보는 사람은 평생 가난할 것이다'에서 다룬다).

에이드리안 대학에 진학하여 학위를 받은 덕분에 중산층에 속할 수 있었다. 하지만 대학은 내가 지금의 위치에 도달하는 방법을 가르쳐 주지는 않았다. 기업가와 백만장자가 되는 방법은 내가 스스로 배워야 했고, 직접 찾아낸 멘토와의 관계를 통해 익혀야 했다.

가난한 사람에게 돈에 관한 조언을 듣지 마라

자신이 해 보지도 않은 조언을 늘어놓는 사람이나, 더 나아가 실패한 사람의 조언을 듣는 것은 최악의 선택이다. 이 말이 가혹하게 들릴 수도 있다. 하지만 주식으로 모든 돈을 잃은 친구가 투자 조언을 한다면, 이를 신뢰할 수 있을까? 문제는 그 친구가 '투자는 너무 위험하다'고 말할 수 있다는 점이다. 실제로 그가 한 것은 투자가 아닌 도박인데도 말이다. 또는 어머니 집 지하실에 살면서 암호화폐를 거래하다 파산한 친구가 있다고 치자. 그 친구가 몇 주 안에 1,000배로 뛸 것이라며 최신 잡코인을 추천한다면, 그 조언을 믿을 수 있겠는가? 스무 살짜리 재무 자문가가 있다고 가정하자. 갓 대학을 졸업해서 엄청난 학자금 대출이 남아있고, 직접 투자한 경험도 없다. 하지만 리스로 신형 벤츠 차량을 몰고 다니며 롤렉스를 차고 있다. 평생 모은 돈을 이 재무 자문가의 손에 맡길 수 있겠는가? 세상에는 온갖 끔찍한 조언이 넘쳐난다. 과연 누구를 신뢰할 수 있을까? 자신의 경험 부족, 결점, 트라우마, 실패로 인해 '안 된다'는 태도를 가진 사람의 조언은 반드시 피해야 한다. 올바른 조언을 얻으려면 당신이 있는 위치에서 원하는 위치에 도달했거나, 최소한 한두 단계 앞서 있는 사람에게 물어야 한다. 그들은 말뿐 아니라 행동으로 실천하며, 성공을 증명해낸 사람들이다.

회사에 기대하지 마라

이제 전통적인 직장 생활, 즉 평생 남을 위해 일하다 은퇴하거나 생을 마감하는 일자리는 더 이상 충분하지 않다. 고등학교 졸업 후 입사해 50년간 일한 뒤, 금시계를 받고 은퇴하여 회사 연금으로 여유로운 노후를 보내던 시대는 이미 끝났다. 시스템은 극적으로 변했고, 대부분의 미국인에게 상황은 더 나빠졌다. 회사가 은퇴 자금의 부담을 지던 연금 제도는 슬프게도 과거의 유물이 되어버렸다. 이는 단순한 우연이 아니다. 수십 년 동안 기업들은 재무제표 개선을 위해 은퇴 자금 부담을 체계적으로 줄여 왔다. 회사가 더 이상 직원의 노후를 책임지지 않으면 회사의 이익은 급증한다. 다시 말해, 회사는 이제 당신, 적어도 당신의 노후에 대해서는 더 이상 신경 쓰지 않는다. 퇴직연금 시스템이 완전히 바뀌었지만, 대부분의 미국인들은 이를 전혀 인지하지 못했다. 이제 회사가 당신을 돌봐 줄 것이라고 기대할 수 없다. 현재 기대할 수 있는 최선은 회사가 퇴직연금에 일정 금액을 적립해 주는 401(k)뿐이다. 회사가 이를 제공한다면 그나마 운이 좋은 편이다. 대부분의 회사는 이를 제공할 법적 의무조차 없기 때문이다.

이것만으로도 충분히 나쁘지만, 상황은 더 심각하다. 이제 하나의 직업만으로는 비상 상황이나 은퇴를 대비하기는커녕, 생계를 유지하기에도 턱없이 부족하다. 이 또한 우연이 아니다. 오늘날의 시스템은 근로자가 최저 임금으로 자신의 노동과 시간을 팔게 만들고, 그 결과 주주의 주머니는 점점 두둑해지고, 근로자는 힘겹게 살아가도록 방치당한다. 이렇게 설계된 구조 덕분에 회사와 주주는 점점 더 부유해지고, 직원들을 돌보려는 회사의 동기는 거의 사라진다.

사실, 고용주는 당신이 경제적으로 자유로워지길 원하지 않는다. 왜 그럴까? 당신이 회사를 떠나면 회사는 노동력을 잃게 되고, 대체 인력을 훈련시키기 위해 돈을 투자해야 하기 때문이다. 직장이라는 굴레에서 벗어나 진정으로 자유로워지려면, 기존의 사고방식에서 벗어나 새롭게 생각해야 한다. 이제 자신의 일은 스스로 책임져야 한다. 지금 당장 직장을 그만두라는 말은 아니다. 에이드리안은 5년 동안 온라인 부업(사람들에게 로봇춤을 가르치는 일)으로 돈을 번 후에야 전업 기업가로 활동할 수 있었다. 브래드는 10년 동안 부업을 구축한 이후에야 하와이 공립학교의 '안정적인' 직장을 떠날 수 있었다. 하지만 시간은 빠르게 흐른다. 회사에서 일하는 시간 외에는 자신을 위해 일해야 한다. 더 많은 수입원을 확보하라. 에이드리안과 브래드가 했던 것처럼, 야간과 주말을 활용해 부업을 만들어 봐라. 회사의 주주가 아닌, 자신을 부자로 만들라. 스스로 투자하여 주주가 돼라. 그러면 일하지 않고도 돈을 벌 수 있다. 월급쟁이 시스템에서 벗어난 사람들을 찾아, 그들이 어떻게 했는지 배워라. 그러면 당신도 같은 결과를 얻을 수 있다.

성공한 사람을 찾아라

월급에만 의존하거나 부자의 실제 투자 방법을 제대로 알지 못하는 사람들에게 경제적 독립을 배울 수는 없다. 이는 당연한 일이다. 그렇다면 경제적 자유를 달성할 방법은 어디에서 배울 수 있을까? 이 책을 읽는 것은 훌륭한 출발점이지만, 이 책이 유일한 자료가 돼서는 안 된다. 부자가 되는 방법을 알려 주는 많은 책들이 시중에 나와 있다. 유튜브, 팟캐스트, 소셜 미디어에는 풍부한 정보가 넘쳐난다. 역사상 이처럼 많은 정보에 자유롭게 접근할 수 있는 시대는 없었다. 하지만 수많은 정보와 '전문가'들 사이에서, 누구의 말을 경청하고 어떤 조언을 따를지 어떻게 알 수 있을까? 핵심은 간단하다. 당신이 이루고 싶은 목표를 이미 성공적으로 달성한 사람을 찾아, 마치 자신의 삶이 그들에게 달린 것처럼 그들을 철저히 연구하는 것이다.

브래드 목표를 이루기 위해 조언을 구해야 할 때가 있다. 그럴 때, 그 목표를 직접 달성하지 못한 사람에게 조언을 구하지 마라. 도움이 되지 않을 뿐만 아니라 최악의 경우에는 위험할 수도 있다. 그들은 목표가 너무 높다거나 완전히 불가능하다고 말할 가능성이 아주 '높기' 때문이다. 첫 번째 책을 쓰기 전, 나는 책을 쓰는 일이 얼마나 어려운지에 대해 이런저런 소리를 많이 들었다. 예를 들어 이런 이야기다.

"책을 출판하는 건 정말 어려워요."
"좋은 에이전트를 구하는 건 불가능에 가까워요."
"누구나 책을 쓸 수 있고 사람들이 자신의 책에 관심을 가질 거라는 건 착각이에요."
"책 쓰는 데 시간이 엄청 오래 걸려요."
"책을 쓰기 시작한 사람들 대부분이 완성은 못 하죠."

이런 말을 들으면 낙담할 수밖에 없다. '책 쓰는 일이 이렇게 어렵다니, 내가 무슨 자격으로 책을 쓸 수 있다고 생각했을까?'라고 스스로 되묻게 된다. 다행히 나는 곧 정신을 차렸고, 그동안 내가 엉뚱한 사람들과 대화하고 있었다는 사실을 깨달았다. 그들은 책을 써 본 적도 없는 사람들이었다.

그제야 깨달았다. 내가 하고 싶은 일을 이미 해 본 사람과 이야기해야 한다는 사실을 말이다. 하지만 어디서부터 시작해야 할까? 아는 작가가 한 명도 없었다. 그러던 어느 날, 서점에 들렀다가 한 책을 발견했다. 나와 마찬가지로 라이트 주립대학교Wright State University의 심리학 전문대학원을 졸업한 사람이 쓴 책이었다. 개인적으로는 전혀 알지 못했다. 하지만 용기를 내어 온라인에서 그를 찾아 이메일을 보냈다. 같은 대학 출신임을 언급하며 책을 쓰고 출판하는 방법에 대해 30분만 조언을 구할 수 있는지 물었다. 친절하게도 흔쾌히 승낙했다. 아마도 같은 학교라는 인연 때문이었을 것이다. 나는 이 기회를 절대 낭비할 수 없었다. 몇 시간을 들여 그에게 물어보고 싶은 질문 목록을 작성했다.

30분 동안 인터뷰를 진행하면서, 나의 사고방식은 완전히 바뀌었다. '책 쓰는 건 어렵고 거의 불가능하다'는 생각에서, '책을 써본 사람과 이야기해보니 이건 완전 가능한 일이다!'라는 생각으로 바뀌었다. 대화가 끝났을 때, 나는 이미 머릿속에서 책을 완성한 상태였다. 그 작가의 머릿속에는 책 쓰기가 너무 어렵다거나 불가능하다는 생각조차 없었다. 그의 사고방식은 간단했다. '진심으로 책을 쓰고 싶다면 반드시 해낼 수 있다.' 이 사고방식을 받아들인 덕분에 지금 나는 이렇게 9번째 책을 쓰고 있다!

책 쓰기처럼, 어떤 목표에 실패한 사람들과 대화를 나눠보면 그들은 그 목표를 경솔한 일이나 아예 불가능한 일처럼 이야기할 가능성이 크다. 마치 오르지 못할 산처럼 보이게 말이다. 하지만 이미 책을 써 본 작가들은 다르다. 그들은 그 산을 올라 본 경험이 있기 때문에, 그것이 충분히 달성할 수 있는 목표임을 보여 준다. 그들은 당신에게 지도를 제시하며 험난한 구간이 어디인지, 그리고 그 구간을 어떻게 극복할 수 있는지 구체적으로 알려 준다. 결국, 누구와 이야기하고 누구에게 질문하며 어떤 조언을 얻는지가 매우 중요하다. 그들의 경험과 사고 방식은 성공으로 가는 당신의 여정에 큰 영향을 미친다.

어떤 조언을 구해야 할까?

정치에 입문하고 싶을 때, 처음부터 미국 대통령과의 좌담회에 참석하는 건 어려운 일이다. 하지만 걱정하지 마라. 그게 꼭 필요한 일은 아니니까. 먼저 지역 시의회 의원을 만나보면 된다. 기업가가 되고 싶다면? 지금 당장 일론 머스크를 만나는 것은 현실적으로 불가능하다. 그럴 땐 관련 업계에 종사하는 지역 사업가부터 만나보면 된다. 핵심은 간단하다. 현재 당신보다 한두 단계 앞선 사람을 찾는 것이다. 이런 사람들은 생각보다 더 가까이에 있는 경우가 많다. 가족, 친구의 친구, 또는 인스타그램 DMDirect Message을 통해 연락할 수도 있다. 기억하라. 최종 목적지까지 가는 전체 로드맵이 있어야만 출발할 수 있는 건 아니다. 한두 단계 앞으로 나아갈 실행 계획만 있으면 충분하다. 전문가를 찾았다면, 그들이 제공하는 자원(예를 들어 소셜 미디어, 웹사이트, 저서 등)을 활용하여 모든 정보를 습득하라. 이후에 그들에게 연락해 몇 가지 질문을 해도 되는지 물어봐라. 현재 당신의 상황과 목표를 간략히 공유하고, 다음과 같은 질문으로 대화를 시작할 수 있다.

- 어떻게 현재 위치에 도달할 수 있었나요?
- 저와 같은 위치에서 성공하려는 사람들이 흔히 저지르는 가장 큰

실수는 무엇인가요?

- 당신이 지금 하는 일을 하려 하는 사람에게 어떤 조언을 하고 싶은 가요?
- 당신의 성공 요인이 무엇이라고 생각하나요?
- 이 분야에서 성공하기 위해 필수라고 생각하는 책이나 자료, 교육이 있나요?
- 가입해야 할 단체나 협회가 있나요?

그들이 당신에게 내주는 시간은 가장 큰 선물이 될 수 있다는 점을 명심하라. 그들의 말을 경청하라. 절대 논쟁하지 마라. 그들의 말을 끊지 마라. 그 시간은 자랑하거나 부탁하는 시간이 아니다. 무엇이 됐든지 그들에게 다른 부탁은 하지 마라. 다음 질문으로 넘어가기 전에는, "더 해 주실 말씀이 있으신가요?"라고 물어봐라. 커피나 점심을 함께 한다면 반드시 '당신'이 계산하라. 상대방의 조언에 오롯이 집중하고, 시간을 투자하고 노력할 의지를 보여 준다면 많은 사람들은 자신이 알고 있는 정보를 기꺼이 공유한다. 다만, 그들의 시간을 낭비하지 않도록, 그들에게 연락하기 전에 스스로 배우고 철저히 준비해야 한다.

사람들은 항상 우리에게 다가와 비즈니스에 대한 조언을 구한다. "어떤 사업을 시작해야 할까요?", "어떻게 사업을 시작해야 하나요?" 이런 질문을 받으면 항상 이렇게 답한다.

- 전문 분야가 무엇인가요?
- 어떤 경험이 있습니까?
- 어떤 교육을 받았나요?

이런 질문에 대답할 수 없다면, 아직 비즈니스 멘토를 구할 준비가 되지 않은 것이다. 게으름을 피우지 말고 철저히 준비하라. 간단한 구글 검색만으로도 쉽게 알만한 질문이 아닌, 제대로 된 질문을 하라. 이루고 싶은 목표에 필요한 기술이나 경험, 훈련이 부족하다는 생각이 든다면 이를 보완하라. 대학에 가면 비즈니스를 배울 수 있고, 대학 학위를 받으면 새로운 문이 열릴 수도 있다. 하지만 실제 비즈니스 경험은 교과서에서 배운 지식을 언제나 능가한다.

당신의 결정에 책임을 져라

전문가들에게 배웠다면, 거기서 멈추지 마라. 지식은 배운 것을 실행하고 적용하지 않으면 아무 소용이 없다. 멘토가 기술을 완벽하게 익히기 위해 500시간을 투자하라고 조언한다면, 그렇게 하라. 온라인이나 2년제 전문대학에서 비즈니스나 기술 관련 강좌를 수강하는 것을 두려워하지 마라. 하지만 그것으로 끝나서는 안 된다. 대학 울타리 밖, 현실 세계에서 성공한 사람들을 찾아라. 그리고 목표를 명확히 설정하고, 성공을 위해 필요한 일을 기꺼이 할 의지가 자신에게 있는지 확인하라.

브래드 임상심리학자로 일할 때 한 고등학생을 상담한 적이 있다. 그 여학생은 드러머였는데, 드럼 라인에서 2위를 해서 무척 속상해하고 있었다. 그녀는 1위가 되고 싶었지만 1위를 차지한 남학생이 자신보다 더 뛰어나다고 생각했다. 나는 그녀의 패배자적인 사고방식을 알아채고 맞장구를 치며 말했다. "그래, 네 말이 맞아. 그 친구에 비하면 넌 아직 많이 부족해." 사실, 무언가 새로운 일을 시작할 때는 누구나 처음에는 서투를 수밖에 없다. 테니스, 축구, 악기 연주 등 무엇이든 마찬가지다. 하지만 점점 잘할 수 있게 되는 방법은 단 하나다. 정말 원해야 한다. 부단히 노력할 각오와 열심히 연습할 의지가 있어야 한다. 물론, 간절히 원하지 않는다면 노력하지 않아도 괜찮다. 하지만 그 사실을 스스로 인정하고 다른 사람을 탓하지 않는 것이 중요하다.

나는 그 여학생에게 스스로 생각할 기회를 주기 위해 질문을 던졌다. 먼저, 1위인 학생이 얼마나 많이 드럼을 연습하는지 물었다. 그녀는 주당 약 6시간 정도라고 추측했고, 별도로 과외를 받고 있다는 사실도 알고 있었다. "그럼 너는 얼마나 연습하니?"라고 묻자, "주당 약 1시간 정도"라고 대답했다. 내가 말했다. "좋아. 그 학생을 이기고 싶다면 앞으로 52주 동안 매주 7시간씩 연습해야 해." 그러자 여학생은 어이없다는 표정으로 나를 쳐다보더니, "절대 그렇게 하고 싶지 않아요!"라고 했다. 나는 이렇게 말했다. "아주 좋아! 그럼 너는 1위를 하기 위해 필요한 노력을 하고 싶지 않다는 걸 이제 알게 됐네. 그런 거라면 괜찮아." 그녀는 웃으며 긴장을 풀었고, 이제 자신의 상황을 다른 시각으로 보게 됐다. 이후로는 자신의 위치로 스스로를 괴롭히는 일을 멈췄다.

경제적인 자유를 원하는 게 아니라면, 괜찮다. 심지어 검증된 방법을 보여 줘도 그 길을 가고 싶지 않다면, 그것도 괜찮다. 하지만 자신의 결정을 받아들여야 한다. 핑계를 대며 시간을 낭비하지 마라. 목표가 있다면 다른 사람들이 그 목표를 달성한 방법을 조사하라. 그들이 무엇을 했는지 배우고, 그들보다 더 열심히 노력하라. 하지만 목표를 달성하기 위해 조사하고 노력할 의향이 없다면, 그 목표가 간절하지 않다는 사실을 인정해야 한다. 목표를 달성하기 위해 필요한 일이 무엇인지 알고도 하고 싶지 않다면, 그 결정을 존중할 수 있다. 하지만 원하는 것을 얻기 위해 노력할 의향도 없고, 시간과 에너지, 돈을 투자할 생각도 없다면, 다른 사람의 도움을 기대하지 마라.

당신이 자신의 강점을 알고, 보유한 기술을 이해하며, 약점을 파악하고, 무엇을 원하는지 정확히 안다면, 성공은 훨씬 쉬워질 것이다. 특정 분야에서 사업을 시작하고 싶다면 이미 그 분야에서 성공한 사람을 찾아 그들이 하는 일을 하라. 예를 들어 건설업자가 되고 싶다면 가장 좋은 방법은 성공한 건설업자를 찾아 그들을 연구하는 것이다. 혼자서 모든 것을 알아내려고 노력하는 것보다 훨씬 많은 것을 얻을 수 있다. 목표를 정하고 기술을 연마하라. 그리고 적절한 사람을 찾아서 그들이 현재 위치에 어떻게 도달했는지 파악하고, 그들이 했던 일을 그대로 따라서 하라.

브래드 어렸을 때 부모님은 교사로 일했다. 어머니는 내가 공무직을 하길 바랐다. 아버지는 대공황 시기에 직장을 유지했던 유일한 사람이 공무원이라는 점에 주목하며 그것이 안전한 선택이라고 생각했다. 나는 교사가 되거나 연방 교도소에 취직하라는 말을 들었다. 부모님은 교사를 그만두고 사업을 시작했다가 실패한 동료들의 끔찍한 이야기를 들려줬다. 그 동료들은 자존심을 버리고 전보다 더 낮은 급여를 받으며 마지못해 교직으로 다시 돌아와야 했다. 보수는 더 적어졌고, 직업 안정성도 더 떨어졌다. 부모님은 내가 최고의 선택을 하길 원했고, 그들의 마음속에는 안정적인 공무직이 가장 안전한 길이었다. 그들은 내가 다치거나, 돈을 잃거나, 실패자가 되길 바라지 않았다. 그래서 내가 사업가가 되고 싶었을 때, 부모님의 조언을 따랐다면 시작조차 하지 못했을 것이다. 대신에 나는 성공한 사업가들을 연구하고, 그들이 어떻게 성공했는지 조사하며, 그들을 롤모델로 삼았다. 나는 그들이 어떻게 생각했는지 배우고, 그들의 사고방식을 따르며, 그들이 했던 일을 그대로 재현했다. 이 과정은 내 삶에 큰 변화를 가져다줬다.

학습을 멈추지 마라

우리는 모두 교육을 중요하게 생각한다. 브래드는 교수로 활동하고 있고, 그의 부모님은 교사였다. 에이드리안은 온라인 강의를 진행하고 있다. 교육을 받고 귀중한 기술을 익히는 것은 매우 가치 있는 일이다. 하지만 거기서 멈추지 마라. 당신이 원하는 부와 성공, 라이프스타일, 지식을 갖춘 사람을 찾아서 그들을 연구하라. 그들에게 연락하기 전에 가능한 한 많은 노력을 기울여 전문 지식과 경험, 훈련을 쌓아라. 그래야 제대로 된 질문을 던져서 그들의 시간을 낭비하지 않을 수 있다. 그들이 누구에게 배웠는지 알아보고 그들의 멘토에 대해서도 연구하라. 그렇게 최상단까지 올라가서, 멘토의 멘토가 쓴 책을 읽어 봐라. 스스로에게 최고의 교육자가 돼라. 그다음에는 당신보다 몇 단계 앞선 사람들을 만나 의미 있는 인맥을 형성할 기회를 만들어야 한다. 세미나, 네트워킹 행사, 책 사인회에 참석하라. 소셜 미디어 게시물에 자주 댓글을 달고 공유하며 적극적으로 지지를 표하라. 관계를 쌓아가면서 단순히 손만 내미는 사람처럼 보이지 않도록 주의하라. 당신이 지속적으로 노력하고 있고, 계속 노력할 것임을 증명해야 한다. 전문가들, 영감을 주는 사람들과 한 팀이 된다면, 당신은 누구도 막을 수 없는 존재가 될 것이다.

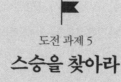

스승을 찾아라

당신의 인생에는 어떤 스승들이 있었는가? 그들은 당신에게 어떤 도움을 줬는가? 반대로, 그들은 어떻게 당신을 방해했는가? 지금 당장 인생의 가장 큰 목표를 생각해 봐라. 가장 배우고 싶은 것을 3가지 이상 적어 봐라. 그다음에는 시간을 내서 이 분야에서 주목할 만한(즉, 업계에서 저명한) 선생님을 찾아라. 그들의 책을 읽고, 팟캐스트를 듣고, 온라인 강좌를 통해 배워라. 당신이 하고 싶은 일을 이미 하고 있는 사람 3명을 소셜 미디어에서 찾아서, 댓글이나 DM으로 가장 중요한 질문을 해 봐라. 주변에 있는 사람들에게도 물어봐라. "이 목표를 성공적으로 달성한 사람을 알고 있나요?" 반드시 업계 최고일 필요는 없다. 그저 당신보다 한두 단계 앞서 있는 사람이면 충분하다. 그런 사람을 찾았다면, 소개를 부탁하라. 점심을 사겠다고 제안하거나 30분 동안 전화 상담을 요청하라. 이때, 심사숙고해서 정리한 질문으로 상대방의 생각을 물어봐라. 그렇게 해서 배운 지식을 활용하라. 그리고 성공하라. 그러면 언젠가 다른 사람들이 당신에게 어떻게 성공했는지 물어보는 날이 올 것이다.

6장
가난하게 태어난 건 당신 잘못이 아니지만
가난하게 죽는 건 당신 책임이다

◆

◆

이제, 가난하게 태어났다면 평생 가난하게 살 것이라는 파괴적인 신념을 깨뜨려야 한다.

더 멀리 갈 필요도 없다. 바로 에이드리안의 가족 이야기를 살펴보자.

에이드리안 15살에 아버지는 돈 한 푼 없이 미국으로 왔다. 영어도 제대로 하지 못했고 가진 것이라곤 몸에 걸친 옷 한 벌뿐이었다. 그는 도요타 대리점에서 세차하는 일부터 시작해 부품 관리자의 자리까지 올라갔다.

몇 년 동안 가족사진을 찍을 때마다 아버지는 도요타에서 제공한 작업복인 폴로셔츠를 입었다. 아버지는 1만 달러를 모을 때까지 새 옷을 사지 않았다. 부모님은 열심히 일하고 희생하며 어리석은 행동을 하지 않았다. 그 덕분에 아버지는 56세에 은퇴할 수 있었다. 부모님은 돈보다 훨씬 더 중요한 것을 갖고 있었다. 바로 부자의 사고방식이었다. 우리가 지금 가르치고 있는 그 사고방식 말이다. 부모님은 부자가 되기 위해 기꺼이 희생을 감수했다. 여기에 대단한 비밀은 없다. 그다지 심오한 것도 아니다. 그들은 가난한 동네에서 살았고, 옷을 사지 않았으며, 외식을 하거나 술을 마시지 않았다. 친구들에게 과시하려고 비싼 차를 리스하지도 않았다. 하지만 그들은 여전히 즐거운 시간을 보냈다. 단, 돈이 많이 들지 않는 방식으로 즐겼다. 예를 들어, 멕시코 축구 리그에 가입해 축구를 하면서 즐거운 시간을 보냈다. 부모님은 열심히 일하고 축구를 즐기며 우리를 키웠다. 처음에는 1만 달러를 모았다. 그다음 목표는 5만 달러, 그다음은 10만 달러였고, 마침내 백만장자가 됐다. 오랜 시간이 걸렸지만 결국 해냈다.

최근 나는 가족과 함께 캘리포니아 주의 오션사이드Oceanside에서 지냈다. 해변가 집을 빌려 온 가족이 모여서 내 생일을 축하했다. 나는 부모님께 어린 시절에 살던 집으로 데려가 달라고 부탁했다. 우리가 자랐던 동네는 믿기 힘들 정도로 가난했고 거리는 지저분했다. 나는 그곳으로 다시 돌아가고 싶지 않았다. 하지만 부모님은 경제적으로 앞서 나가기 위해 필요 이상으로 오랜 시간 그 동네에 살았고 덕분에 동생과 나는 지금의 기회를 누릴 수 있었다. 부모님의 궁극적인 목표는 동생과 내가 자신들보다 더 나은 삶을 사는 것이었다. 부모님은 자신이 아는 모든 것을 가르쳐 줬고 나는 저축의 중요성을 배웠다. 그 교훈을 실천하며 저축에 박차를 가했다. 이제 나는 수백만장자가 됐고 은퇴한 부모님을 고용할 여유까지 생겼다. 부모님은 믿기 힘든 어려움과 상상할 수 없는 역경을 겪었지만 우리에게 더 나은 삶을 물려주기 위해 모든 노력을 다했다. 때로는 부자가 되는 방법을 터득하고 실행하여 가족의 번영을 이루고 대를 이어 부를 축적하기까지 한두 세대가 걸리기도 한다.

무일푼에서 부자가 된 에이드리안 가족의 성공 신화는 수많은 사례 중 하나일 뿐이다. 그리고 이것이 바로 이민자들과 경쟁하기 어렵다고 말하는 이유다. 많은 이민자들은 일반적인 미국인은 상상조차 할 수 없는 극심한 빈곤에서 삶을 시작했으며, 평범한 미국인은 엄두조차 내지 못할 정도로 더 열심히 일하고 더 많은 희생을 감수할 각오가 되어 있다. 하지만 그들의 사고방식과 습관은 우리에게 잠재된 가능성을 일깨워 준다. 가문의 부의 흐름을 바꾸기 위해서 수십 년간의 노력이 필요하며, 오직 강한 동기를 가진 사람만이 그 모든 과정을 감내할 수 있다. 대부분의 미국인은 '절대' 그 일을 하지 않을 것이다. 대부분은 사회경제적 사다리에 오르는 데 필요한 일을 하기보다는, 편안하고 평범한 삶을 살기를 바란다. 사실 그런 삶도 나쁘지 않다. 그렇지 않은가? 집에는 난방이 되고, 차도 있으며, 아이폰이나 넷플릭스를 즐길 수 있다. 이런 상황에서 왜 그 많은 시간과 노력을 들여야 할까? 사실, 그렇게 하고 싶지 않다고 해서 당신을 비난할 생각은 없다. 어쩌면 '돈에 미친' 사람만이 그렇게 살 수 있을지도 모른다. 그렇지 않은가? 가족의 삶을 극적으로 변화시키기 위해 강박적으로 헌신하는 사람만이 기꺼이 한 세대를 바쳐 그렇게 할 수 있다. 우리는 단지 말하고 싶다. 부자가 되는 것을 간절히 원하지 않아도 괜찮다. 그것이 당신이 하려는 일이 아니라 해도 괜찮다. 우리는 그 선택도 존중한다.

수입 기술 vs 자산 기술

부자가 되는 기술은 크게 2가지로 나눌 수 있다. '수입 기술earner skills' 과 '자산 기술wealth skills'이다. 수입 기술은 돈을 벌어들이는 데 사용된다. 수입은 부를 쌓는 가장 좋은 도구다. 반면, 자산 기술은 벌어들인 돈을 관리하고 활용하는 방법을 말한다. 복권에 당첨된 많은 사람들이 결국 그 돈을 모두 잃는 이유는 무엇일까? 부자로 태어난 많은 사람들이 자산을 탕진하고 빈털터리 신세로 전락하는 이유가 무엇일까? 바로 자산 기술이 부족하기 때문이다.

"셔츠 바람으로 시작해서 3대 만에 다시 셔츠 바람으로."라는 오래된 속담이 있다. 20세기 초에 나온 이 말은, 종종 앤드류 카네기Andrew Carnegie가 한 말로 여겨진다. 이는 한 세대가 쌓아 올린 부는 3대째에 이르러 사라질 운명이라는 경고를 담고 있다. 자녀와 손주에게 돈을 벌고 부를 관리하는 방법을 가르치지 않으면 그들은 돈을 낭비하고 결국 우리가 시작한 곳, 즉 '셔츠 바람으로 힘들게 돈을 벌어야 하는 상황'으로 돌아갈 거라는 경고다. 가혹한 진실은 이렇다. 당신이 브래드와 에이드리안의 부모처럼 가난하게 태어난 것은 당신 잘못이 아니지만, 가난하게 죽는 것은 당신 잘못이라는 사실이다.

가난은 당신 탓이다

2장에서 줄리안 로터 박사의 통제 위치에 관한 연구를 설명했다. 이 개념은 부의 축적과 자산 관리에도 적용된다.

만약 수입의 30%를 저축할 방법을 최대한으로 찾지 못한다면, 누구의 탓일까?

바로 당신이다.

고소득 기술을 개발하지 못했다면, 누구의 잘못일까?

바로 당신이다.

가난한 부모가 건전한 경제 습관을 가르치지 않았더라도 성인이 되어 스스로 배우려는 노력을 하지 않는다면, 누구의 책임일까?

맞다. 모두 '당신' 책임이다.

다소 가혹하게 들릴 수 있지만, 이는 사실 매우 '좋은' 소식이다. 한번 상상해 보라. 만약 자신이 정말 무력하고, 더 나은 삶을 꿈꿀 희망조차 없는 세상에 살고 있다면 어떨까? 태어난 신분 때문에 학교에 다닐 수도 없다면? 얼마나 절망적일까! 전 세계 곳곳에서, 그리고 역사적으로 이런 경우는 많았다. 하지만 다행히도, 지금 이곳에서 당신은 그런 상황이 아니다.

이 책을 읽고 있다면, 당신은 이미 재정적으로 건강한 삶을 책임지기 위한 첫발을 내디딘 것이다. 잘했다! 사고방식의 전환, 동기부여, 절제, 교육만 더해지면 빈털터리에서 벗어나 부자가 될 수 있다. 이를 위해서는 먼저 돈에 대한 확고한 신념이 필요하다. 그리고 돈에 관한 엄격한 절제력으로 이를 관철해야 한다. 또한 자신을 방해하는 행동을 멈추고 성공 습관을 계속 유지할 수 있는 지혜가 필요하다. 마지막으로, 고수익 기술이나 투자와 같은 부를 쌓는 전략을 배울 수 있는 교육이 필요하다.

돈에 대한 절제력을 키워라

절제력을 키우려면 일관성이 필요하다. 몇 가지 간단한 규칙을 정하고 이를 지킴으로써 절제력을 강화할 수 있다. 부자가 되고 싶다면 누구나 따라야 할 돈에 대한 절제의 규칙은 다음과 같다.

1. 매달 신용카드 대금을 전액 상환하라. 이를 할 수 없다면 신용카드를 없애라.
2. 매년 퇴직연금계좌(Roth IRA(세후 수입으로 적립하는 개인 퇴직연금계좌이다. - 옮긴이 주), 401(k) 등)에 최대한 저축하라. 지금 저축하고 있지 않다면, 엄격한 예산을 세우고 이를 철저히 지켜야 한다.
3. 매달 재정 상태를 정직하게 점검하라. 어디에서 과소비했는지, 어떻게 하면 더 절약할 수 있을지 검토해야 한다.
4. 재정 목표를 매일 기록하라. 진행 상황을 점검하라. 필요에 따라 목표를 재검토하고 수정하라. 목표를 매일 생각하고 의식적으로 계속 떠올려라. 연구에 따르면, 목표를 마음속에 계속 떠올리고 스스로 책임감을 느끼는 사람은 더 강력한 동기부여를 얻는다. 이들은 학교와 직장에서 더 나은 성과를 내며, 더 많은 돈을 벌고, 더 높은 순자산을 갖는다.

학습된 무기력을 극복하라

학습된 무기력의 개념은 어떤 상황에서든 자신의 힘을 인정하고 사용하는 것이 얼마나 중요한지를 보여 준다. 1960년대에 심리학자 마틴 셀리그만Martin Seligman은 개를 대상으로 다소 끔찍한 실험을 진행했다. 개들은 두 집단으로 나뉘어서, 한 집단의 개들은 탈출할 수 없는 철창에 갇힌 채 전기 충격을 받았다. 반면 다른 집단의 개들도 철창에 갇혀 전기 충격을 받았지만, 코로 버튼을 누르면 탈출할 수 있다는 것을 배웠다. 다음 실험 단계에서는 두 집단의 개들을 한 방에 가뒀다. 이 방에는 중앙에 칸막이가 있었고, 칸막이를 기준으로 한쪽에만 개들을 가둔 다음 간 헐적으로 전기 충격을 줬다. 대신 중앙 칸막이를 뛰어넘어 다른 쪽으로 가면 전기 충격을 피할 수 있었다. 이전에 탈출 방법을 배운 개들은 칸 막이를 뛰어넘어 전기 충격을 피했다. 하지만 이 실험에서 충격적인 점 이 바로 이 부분이다. 이전 실험에서 탈출할 방법이 없었던 개들은 달랐 다. 바닥에 누워 낑낑거리며 고통을 참을 뿐, 칸막이를 넘어 탈출하려는 시도조차 하지 않았다. 연구진은 이 개들이 탈출이 불가능하다는 믿음 탓에 무기력해져서 탈출을 완전히 포기한 것이라고 결론지었다.

셀리그만이 진행한 이 불편한 실험들은, 특히 개를 사랑하는 사람들에 게 더 충격적일 수 있지만, 중요한 사실을 보여 준다. 바로 연속적인 부정 적 경험을 통해 자신이 상황을 통제할 수 없다고 여길 때, 학습된 무기력 이 발생한다는 사실이다. 이 불쌍한 개들은 자신이 무슨 짓을 해도 전기 충격을 피할 수 없다는 것을 학습했다. 그래서 탈출이 가능한 상황에서 도 시도를 멈췄다. 이런 일이 수백만 명의 사람들에게도 발생한다. 특히 무력하고 절망적인 환경에서 자란 사람들에게 더욱 그렇다. 문제는 나이 가 들면서 점점 더 삶의 넓은 영역을 통제할 수 있게 되었는데도, 개와 마찬가지로 스스로가 무력하고 상황이 절망적이라는 사고방식에 빠질 수 있다는 것이다. 그러나 상황을 이해하는 사람들에게는 분명히 보인 다. 당신이 현재 상황에서 벗어나려면 단지 한두 걸음만 옮기면 된다는 사실이.

학습된 무기력을 극복하는 한 가지 방법은, 자신에게 일어나는 일을 어느 정도 통제할 수 있다는 사실을 스스로 상기하는 것이다. 셀리그만 은 무기력한 사람이 스스로 자신에게 힘을 실어 주는 경험을 만들어냄 으로써 학습된 무기력을 극복할 수 있다는 사실을 발견했다. 이러한 경 험은 새로운 기술을 배우고, 새로운 기회를 찾으며, 자신의 상황을 통제

하는 능력을 키우는 것이 될 수 있다. 역경을 극복하는 능력을 더 많이 경험할수록, 내적 통제 위치가 더 강화된다.

돈과 관련하여, 많은 사람들은 가난과 절망이라는 철창에서 태어났다. 그 철창에서 벗어날 명확하고 간단한 탈출구가 있음에도, 우리는 탈출을 시도하는 것은 소용없다고 배운다. 우리 내면의 강아지는 낙담하고 누워서 포기할 준비를 할지도 모른다. 하지만 우리에게는 가난과 불공정이라는 끔찍한 전기 충격에서 스스로를 구할 기회가 있다. 전기 철창에서 태어난 것은 당신 잘못이 아니다. 그러나 그곳에 머물기로 결정한 것은 당신 잘못이다. 그러니 최대한 빨리 그 철창에서 나와라.

불평과 변명으로 시간을 낭비하지 마라

소셜 미디어는 시간과 에너지를 가장 많이 소모하는 곳이다. 사람들은 스크롤을 내리며 다른 사람들이 돈으로 무엇을 하는지 보거나 유명인들에게 집착하고, 사소한 일로 논쟁하며 시간을 낭비한다. 이 모든 시간을 온라인에서 논쟁하고 집착하는 것에 쓰는 대신 경제적 자유에 집중하면 그들의 삶이 얼마나 달라질지 상상해 봐라. 시간은 하나의 화폐와 같다. 당신이 시간을 어떻게 사용하는지 보여 주면 우리는 당신이 무엇을 중요하게 여기는지, 그리고 10년 후 어떤 모습일지 알려 줄 수 있다. 사실, 당신이 시간과 돈을 사용할 때마다 당신은 자신에게 가장 중요한 선택을 내리고 있는 것이다.

뉴욕에 고수요·고소득 기술을 가진 한 남자가 있다. 그는 프로그래머로 누구보다 열심히 일하며 4개의 직업을 모두 원격으로 수행한다. 그는 4개의 풀타임 직업의 요구사항을 충족하면서도 아무 문제 없이 업무를 수행하며 연간 약 50만 달러를 벌고 있다. 이는 대부분의 미국인이 얼마나 게으른지, 미국의 업무 생산성이 얼마나 낮은지를 보여 준다. 하지만 그는 매 주말마다 그 모든 돈을 탕진한다. 그의 인스타그램을 보면 그가 스트립 클럽에서 돈을 뿌려대는 모습을 볼 수 있다. 그는 금요일 밤에 스트립 클럽에 있다. 토요일 밤에도 스트립 클럽에서 칵테일을 마시고 뉴욕의 화려한 파티에 참석한다. 일요일 밤에는 "내 돈이 다 어디로 갔는지 모르겠어."라고 불평하는 게시물을 올린다. 하지만 지난 48시간의 게시물만 봐도 돈이 다 어디로 갔는지 쉽게 알 수 있다. 그는 우리가 아는 가장 열심히 일하는 사람 중 한 명이지만, 고소득·저자산이라는 함정에 빠진 대표적인 예다.

그에게는 돈에 대한 부정적인 믿음이 깊이 뿌리박혀 있을 가능성이 크다. 그러니 돈을 벌자마자 빨리 다 써버리는 것이다. 이런 부정적인 믿음을 해결하지 않으면, 이는 어떤 식으로든 그의 재정 상황을 계속해서 망칠 것이다. 사실, 돈이 나쁘다고 믿는다면 절대 돈을 오래 붙들고 있을 수 없다.

돈은 나쁘고 돈을 가진 사람은 악하다는 일반적인 믿음 외에도, 많은 사람들이 엄청난 '질투심'에 시달린다. 특히, 많은 백만장자들이 자수성가했다는 진실을 듣기 싫어하는 경우가 많다. 이는 자신들도 부자가 되는 것이 가능하지만, 그 방법을 모르거나 필요한 노력을 기울이고 싶지 않다는 것을 의미하기도 한다. 우리는 종종 질투심에 빠지곤 한다. 이는 자신이 원하는 것을 가진 사람이 그것을 가질 자격이 없다고 여기고, 자신이 그들보다 가질 자격이 더 있다고 믿기 때문이다. 이러한 믿음은 부자는 악하고 그들이 가진 것을 누릴 자격이 없다는 생각과도 관련이 있다.

사실, 아무리 변명하고 불평하고 부러워해도 우리의 재정 상황은 변하지 않는다. 우리는 역경과 어려움에 어떻게 반응할지 스스로 통제할 수 있다. 학습된 무기력 실험에 등장하는 개들처럼 그 자리에 누워서 계속 전기 충격을 받는 것을 선택할 수도 있다. 아니면 힘들더라도 일어나서 재정적 악순환에서 벗어날 수도 있다.

무력감, 불평, 변명을 버릴 준비가 된 독자들을 위해, 가난하게 태어났지만 가난하게 죽지 않는 확실한 방법을 소개한다.

부자로 가는 초간단 가이드

누군가 내게 '가난에서 벗어나 부자가 될 수 있는 방법'을 묻는다면 뭐라고 대답할까? 먼저 빈곤층에서 중산층으로 가는 기본 원칙을 가르친 후, 중산층에서 부자로 가는 방법을 설명할 것이다. 사실 원칙은 아주 간단하다.

1. 고등학교를 졸업하라.
2. 직장을 구하라.
3. 가능한 한 많은 교육을 받아라(통계적으로 더 많은 교육이 더 높은 소득으로 이어진다).
4. 수입을 초과하여 지출하지 마라. 수입 범위 내에서 생활하라.
5. 수입의 일정 비율을 투자하라. 대부분의 전문가는 10%를 추천하지만, 이는 어느 정도의 부자가 되고 싶은지, 얼마나 빨리 부자가 되고 싶은지에 따라 다르다. 브레드는 번 돈의 30%를 투자했다. 성인이 된 이후로는 직업이 3개 미만이었던 적이 없다. 에이드리안은 밴에서 살 때 수입의 95%를 저축했다. S&P 500지수는 지난 100년 동안 연평균 10%

가 넘는 수익률을 기록했다. 따라서 매일 5달러씩 시장의 평균 수익률로 투자한다면, 42년 안에 백만 달러가 넘는 돈을 모을 수 있다.

6. 일확천금을 노리는 어리석은 짓을 하지 마라. 사실 이게 가장 어려운 일이다.

7. 첫 직장에 들어가면 바로 투자 시스템을 구축하라. 고등학교나 대학 졸업 후 사회로 나가 돈을 벌기 시작하면 자신이 마치 부자가 된 것처럼 느낄 수 있다. 브래드가 대학원 졸업 후 첫 직장에서 연봉 3만 2천 달러를 받았을 때 그는, '와, 이제 부자다!'라고 생각했다. 그러나 그것은 착각이다. 수입보다 적은 돈으로 생활하고, 나머지는 투자하는 습관을 들여라.

8. 퇴직 기금이 아닌 '경제적 자유 기금'에 투자하라(퇴직 기금보다 더 동기부여가 되는 명칭을 사용하라). 젊은 시절에는 은퇴가 멀게 느껴질 수 있지만, 경제적 자유는 더 현실적이고 가까운 목표로 느껴져, 더 많은 관심을 끌어낼 수 있다.

9. 물건을 많이 사지 마라. 물질주의를 피하고 미니멀리즘을 수용하라.

10. 더 열심히, 더 현명하게 일할수록 더 많은 돈을 벌 수 있다. 자신이 원하는 분야에서 성공한 사람들을 찾아 그들의 성공 비결을 연구하라.

11. 돈에 대한 사고방식을 보완해 줄 파트너를 찾아라.

경제적 자유를 실현하라

① 당신의 경제적 자유를 가로막는 장벽을 모두 적어 봐라.

② 당신의 경제적 자유를 방해하는 돈에 대한 부정적인 믿음, 행동, 변명을 모두 적어 봐라.

③ 당신과 비슷한 장벽이 있었지만 그 장벽을 극복하고 성공한 롤모델을 찾아라. 외모, 역경, 고향, 배경이 비슷한 롤모델을 찾으면 변명 대신 성공할 수 있다는 확신을 가질 수 있다.

④ 롤모델의 사고방식과 습관을 조사하여 그들이 그 장벽을 어떻게 극복했는지 배워라.

⑤ 성공하기 위해 그들이 실행했던 실질적인 단계를 조사하라. 예를 들어 그들은 어떤 전문 기술이나 지식을 갖고 있는가? 그러한 기술과 지식을 어떻게 얻었는가?

⑥ 변명, 돈에 대한 부정적인 믿음, 잘못된 재정 습관을 모두 버리고, 경제적 자유를 얻기 위한 성공적인 계획을 세워라.

7장

당신은 더 받을 자격이 없다.
받는 만큼의 가치를 제공하고 있을 뿐이다

◆

◆

이 말이 조금 따갑게 들릴 수도 있다. 하지만 시장에서 자신의 경제적 가치를 높이려는 노력을 하지 않는다면, 그 결과는 은행 계좌 잔고에 고스란히 반영된다. 여기서 말하는 가치는 인간적 가치가 아니라, 경제적 가치를 뜻한다. 직장에서 급여를 주는 이유가 무엇일까? 당신이 마음에 들어서? 아니면 당신이 돈이 필요할 거라 생각해서? 아니다. 당신이 회사에 가치 있는 기술, 재능, 그리고 노동을 제공하기 때문이다.

사회에 진출하는 상황을 한번 생각해 보자. 학위나 직무 관련 자격증이 없다면, 이는 고용주에게 제공할 만한 뚜렷한 기술이 없다는 뜻이다. 이런 경우, 초급 단계인 말단 직급부터 시작해야 한다. 고용주는 당신이 필요한 업무를 수행할 수 있도록 시간과 에너지, 노력을 들여 훈련시킨다. 이 과정은 비용이 든다. 처음에는 시간제로 급여를 받겠지만, 성과와 기술의 확장 가능성에 따라 급여 인상이 이뤄진다. 하지만 시간제 급여의 인상에는 상한선이 있다. 따라서 고액 연봉을 받고 싶다면 뛰어난 기술, 재능, 전문 지식을 갖춰야 한다.

대학이나 직업학교에 진학해 기술을 배웠다면, 학위나 자격증이 없는 사람보다 자동적으로 더 높은 급여를 받고 노동 시장에 진입한다. 모든 일이 초보 수준에서 시작할 수 있는 것은 아니다. 예를 들어, 일반 고등학교 졸업생이 아무런 준비 없이 무작정 전기 기술자로 일을 시작할 수는 없다. 자격증이 필요하다. 그래야 건물을 통째로 태워 먹지 않고 현장에서 일을 배울 수 있다. 고용주는 중요하고 위험성이 높은 작업을 전문가가 수행하도록 충분한 돈을 지불한다. 한번 생각해 봐라. 지나가던 18살짜리 아이가 엄마의 수술복을 빌려 입고 수술을 하겠다고 나선다면, 믿고 맡길 수 있겠는가? 아니면 자신의 업무를 잘 알고 교육과 경험이 풍부한 전문의를 찾겠는가? 전문가는 자신의 가치에 상응하는 보수를 받는다. 시간을 투자해 특정 직업이나 기술을 습득한 사람은 더 많은 보수를 받을 수밖에 없다. 만약 지금 충분한 보수를 받지 못한다고 느낀다면, 스스로에게 물어봐야 한다. '나는 나의 가치를 높이기 위해 무엇을 하고 있는가?'

에이드리안 대학을 졸업한 후, 연봉 2만 7천 달러를 받는 직장에 취업했다. 프루덴셜 퇴직연금 콜센터에서 근무했는데, 매일같이 401(k) 문제로 잔뜩 화가 난 고객들을 응대하는 것이 일상이었다. 그 일을 하면서 더 많은 급여를 받는 것을 기대한다면, 그야말로 순진한 생각이다. 나는 초급 직급에서 비교적 단순한 업무를 맡고 있었으니까. 그렇다고 내가 평생 최저 임금을 받는 삶에 굴복했을까? 아니! 나는 부단히 노력했다. 매주 새로운 비즈니스 책을 읽으며 지식을 넓히고 온라인으로 돈을 버는 법을 배웠다. 2010년에 유튜브가 온라인 비즈니스를 구축할 수 있는 새로운 플랫폼이라는 소식을 듣고 유튜브 영상을 올리기 시작했다. 그때는 유튜버라는 개념조차 생소하던 시절이었다. 하필 아이오와주의 작은 도시, 더뷰크Dubuque의 한적한 곳에서 그런 일을 하고 있었으니, 내가 유튜버라고 말하면 종종 이런 반응이 돌아왔다. "그래서 뭘 올리는 거예요? 혹시 고양이 영상 같은 건가요?" 나는 시간을 투자해서 배워야 했고, 내 경제적 가치를 키워나가기 위해 끊임없이 훈련하고 노력해야 했다. 그 누구도 나를 대신해 줄 수 없었고, 주변에는 내가 하는 일을 도와줄 방법을 아는 사람도 전혀 없었기 때문이다.

2010년, 유튜브를 통해 티페인의 백업 댄서 오디션을 보게 됐고, 운 좋게 합격까지 했다. 하지만 콘서트 투어가 끝나자 그 기회는 찾아온 만큼이나 빠르게 사라졌다. 당시 더뷰크에서 대학 4학년을 마치고 있었는데, 더뷰크는 물론이고 전 세계적으로도 내 경험에 공감할 만한 사람은 많지 않았다. 댄서로 활동한 경험은 경이로웠지만, 아이오와 사람들은 별다른 감흥을 보이지 않았다. 언젠가 보험회사 인턴 면접에서 티페인의 프로 댄서로 활동한 경험을 말했을 때, 면접관은 그 내용을 적어두더니 이렇게 되물었다. "티페인과 춤을 췄다니… 멋지네요. 그런데 그게 트럭 운전자 보험 판매랑 무슨 상관이 있죠?"

그래서 나는 유튜브에서 새로운 전문 기술, 로봇춤을 가르치기 시작했다. 하지만 나는 온라인 콘텐츠를 꾸준히 올리는 일과 온라인 비즈니스를 시작하는 데 필요한 모든 일을 직접 배워야 했다. 처음에는 영상을 몇 개 만들어 올리면 금방 많은 돈을 벌 수 있을 거라 생각했다. 하지만 회사에서 일하는 것과 마찬가지로, 벌어들이는 수입은 투자한 시간과 에너지, 기술에 비례했다. 이 부업에서 수입을 늘리려면 디지털 마케팅 기술을 먼저 개발해야 했다. 매일 꾸준히 노력하고 배우며 시행착오를 거쳤고, 결국 온라인에서 첫 수익을 얻기까지는 무려 2년이 걸렸다.

어떤 사람들은 내가 2년 동안 공짜로 일하며 시간을 허비했다고 말할지도 모른다. 하지만 나는 그 시간 동안 나의 경제적 가치를 높이고, 스스로 공부하며, 더 높은 가치를 지닌 기술을 배웠다. 처음 2년 동안 내 영상을 시청한 유일한 사람은 어머니뿐이었다. 이 자리를 빌려 자녀의 꿈을 응원하는 세상의 멋진 어머니들에게 존경을 표한다!

나는 원래 마케팅 분야에서 일하고 싶었기에, 대학교 졸업 후 50곳의 마케팅 회사에 지원서를 냈다. 그중 면접 기회가 주어진 것은 3곳에 불과했고, 결과는 모두 불합격이었다. 하지만 2년 동안 부업을 하며 검색엔진 최적화(SEO)를 배우고 블로그를 만들어 월 방문자 1,000명을 달성하면서, 비로소 마케팅 회사에 내세울 만한 실력을 갖추게 됐다. 몇 년 후, 아이오와주 시더래피즈에 있는 모든 마케팅 대행사에 지원했을 때, 나는 이미 인터넷 마케팅 경험, 훌륭한 포트폴리오와 프로필, 상당한 트래픽과 수익이 발생하는 웹사이트를 갖춘 상태였다. 마케팅 대행사는 그대로였지만, 내가 제공할 수 있는 가치는 달라졌다. 직장에 다닐 때도 나는 아무리 열심히 일해도 월급만으로는 원하는 수입을 얻을 수 없다고 생각했다. 그래서 사업가로서의 가치를 높이는 데 집중했고, 6년 동안 꾸준히 부업 활동을 한 끝에 마침내 직장을 그만둘 수 있었다. 현재 내 수입은 오롯이 나의 능력에 따라 결정된다.

브래드 내가 시장에서 더 가치 있는 인재가 되는 가장 확실한 길은 교육이었다. 학위를 가진 사람이 더 많은 돈을 벌고, 일도 상대적으로 힘들지 않다는 것을 직접 확인했다. 그래서 나도 도전하여 최종적으로 박사 학위까지 받고 싶었다. 하지만 단순히 아무 박사 학위나 받고 싶진 않았다. 학자금 대출을 받고, 그만큼의 노력을 들여야 한다면, 가장 높은 보수를 받을 수 있는 박사 학위를 따고 싶었다. 그래서 도서관에 가서 노동부가 발행한 《직업 전망 핸드북Occupational Outlook Handbook》 (현재는 온라인에서 무료로 볼 수 있다)을 집어 들었다. 어떤 학위가 가장 높은 보수를 받는지 찾아봤다. 나는 이미 정신 건강 분야에서 일하고 싶었기 때문에 내 질문은 명확했다. '이 분야에서 가장 많은 보수를 받을 수 있는 방법은 무엇일까?' 그러던 중 핸드북에서 임상 심리학을 찾아냈다.

당시에는 그것이 가장 좋은 선택이었다. 하지만 그것은 여러 선택지 중 하나일 뿐이다. 현재는 임상심리학자로서, 과거 학교에 다니며 묘지 관리사로 일하던 시절보다 더 가치 있는 기술을 갖고 있다. 하지만 임상 심리학 박사 학위를 받았어도 벌어들일 수 있는 수입에는 한계가 있었다. 물론 내 일을 좋아했지만, 시간제 급여를 받았고, 주당 70시간씩 일했기 때문에, 그 사업 모델로는 더 이상 수입을 늘릴 수 없는 지경에 이르렀다. 내 가치에 걸맞은 보수를 받고 있었지만, 더 많이 벌 수 있도록 내 가치를 더 끌어올리고 싶었다. 그래서 다시 학교로 돌아가 재무 설계 분야에서 석사 학위를 취득했다. 재무 설계사가 됨으로써 완전히 새로운 기술을 갖추게 됐고, 그 2가지 기술을 결합하여 확장 가능한 새로운 비즈니스 모델을 만들었다.

서로 다른 2가지 기술을 결합하는 것은 차원이 다른 도약을 의미한다. 만약 현재 수입이 정체되어 자신의 가치를 높이고 싶다면, 새로운 기술을 배워서 기존 기술과 결합하여 높은 수요를 창출할 수 있는 독창적인 방법을 찾아봐라. 높은 수요는 곧 높은 경제적 가치를 의미한다. 자신의 경제적 한계에 안주하지 말고, 성장하고, 기술을 다양화할 방법을 모색하라.

당신의 수입을 결정하는 것은 상사가 아니다. 그 권한은 바로 당신에게 있다. 상사나 낮은 급여의 직장은 단지 당신의 사고방식을 반영한 결과일 뿐이다. 더 많은 급여를 받을 수 있을지는 전적으로 당신이 통제할 수 있다. 고소득 사고방식을 가진 사람들은 다양한 수입원을 확보할 방법을 끊임없이 찾아낸다.

온라인에는 유리 천장이 없다

평범한 직장 생활의 냉혹한 현실은 자신의 '가치'가 주관적일 수 있다는 점이다. 충분한 자격을 갖추고, 자격증이나 고등교육으로 자신의 가치를 높인 사람이라도, 약속된 급여 인상이나 승진을 얻지 못하는 경우가 있다. 이럴 때 노동 시장의 구조적인 문제가 종종 드러난다. 때로는 개인의 잘못일 수도 있지만, 명백한 차별이 원인인 경우도 있다. 마땅히 합당한 대우를 받아야 할 사람들이 약속된 기회를 얻지 못하는 이유를 여러 가지로 설명할 수도 있다. 하지만 조직이 항상 약속을 이행하는 건 아니라는 것이 조직의 현실이다. 아무리 노력해도 더 이상 승진할 수 없는 유리 천장에 부딪히면, 선택지는 2가지다.

A. 다른 직장을 찾는다.
B. 온라인으로 눈을 돌린다.

두 번째 선택지인 온라인 프리랜서e-lancer는 점점 더 널리 받아들여지고 있다. 특히 Upwork.com과 Fiverr.com 같은 마켓플레이스 웹사이트를 통해 원격으로 일할 수 있는 기회가 크게 열려 있다. 기술이나 전문적인 경험을 제공할 수 있다면, 온라인 시장에서 프리랜서로 자신의 서비스를 제공할 수 있다. 팬데믹으로 인해 강제적 원격 근무가 활발해진 덕분에 온라인 프리랜서를 고용하는 것이 훨씬 더 보편화됐다. 인터넷의 매력은 유리 천장이 없다는 점이다. 인터넷은 외모나 경험, 배경, 심지어 전과 여부에도 관심이 없다. 수입은 오로지 당신이 시장에 제공하는 가치에 따라 100% 결정된다. 보유한 기술을 조금만 응용하고 이를 효과적으로 마케팅할 수 있다면, 온라인에서 무한한 수입원을 창출할 능력이 갖춰진 셈이다.

스테파니 K에 대하여

스테파니는 한국에서 고아로 태어나 미국 중서부에 사는 한 농부 가정에 입양됐다. 근면한 가정에서 자란 그녀는 어릴 때부터 강한 직업윤리와 근면함의 가치를 몸소 체득했다. ADHD 같은 장애를 겪으면서도, 그녀는 독립과 부를 향한 갈망을 놓지 않았다. 14살 때부터 자신만의 길을 개척하기로 결심했다. 하지만 그 여정은 결코 순탄치 않았다. 성인이 되자 스테파니는 수많은 난관에 부딪혔고, 집을 떠난 뒤 생계를 유지하기 위해 스트리퍼로 일하는 등 힘든 상황에 처하기도 했다.

　그런 어려움에도 불구하고 그녀는 더 나은 삶을 살겠다는 결의를 굽히지 않았다. 여러 대기업의 브랜드 앰배서더로 일할 기회를 얻은 후, 그녀는 마케팅 직무에서 열정을 발견했다. 마침내 그녀는 유명 대행사의 이벤트와 프로모션을 기획하며 업계에서 확고한 입지를 다졌다. 하지만 이후 그녀의 삶은 격동적인 전환을 맞이했다. 결혼과 함께 남편에게 경제적으로 의존하고 학대까지 당하는 관계로 접어들면서, 독립성을 잃었을 뿐만 아니라, 자신의 목소리조차 낼 수 없게 됐다.

스테파니의 꿈은 전통적인 성공의 개념을 넘어 자유와 회복을 향한 열망으로 진화했다. 안정적인 직장과 은퇴 계획에 안주하는 대신, 세상을 탐험하며 잊을 수 없는 경험을 쌓고 싶었다. 격렬한 이혼 후 그녀는 5명의 자녀를 둔 싱글 맘이 됐고, 그중 한 아이는 특별한 도움이 필요한 상황이었다. 그녀의 목표는 무슨 일이 있어도 반드시 아이들에게 풍요롭고 든든한 삶을 제공하는 것으로 바뀌었다. 수많은 시련 속에서도 그녀의 꿈은 흔들리지 않았다. 진정한 독립과 경제적 안정을 이루고, 가족을 부양하며, 다른 사람들, 특히 비슷한 어려움을 겪는 여성과 소수자들에게 힘을 실어 줄 비즈니스를 구축하기를 열망했다. 여러 차례 좌절을 겪었지만 그녀는 자신의 굳은 의지와 회복력을 통해 꿈을 실현할 수 있다는 믿음을 잃지 않았다.

이러한 결의 덕분에 스테파니는 에이드리안의 온라인 강좌를 듣게 됐고, 이는 그녀의 인생을 완전히 바꿔 놓았다. 밤과 주말에 공부하며 온라인으로 돈을 버는 방법을 배웠다. 과정을 마친 지 몇 달 만에 매달 2만 달러가 넘는 수익을 올리는 놀라운 성공을 거뒀다. 새롭게 얻은 지식과 자신감 덕분에 그녀는 회사를 그만두고 가족을 우선시하는 삶을 살 수 있었다. 더불어 여행을 즐기며 자신만의 방식으로 삶을 살아가는 것을 추구하고 있다.

온갖 역경을 겪었지만, 스테파니는 가만히 앉아서 자신의 처지를 불평하며 운명을 받아들이지 않았다. 부자의 방식을 따르고, 삶을 주도적으로 이끌며, 새로운 기술을 배우고, 자신의 경제적 가치를 높였다.

아무도 당신에게 투자하지 않는다

가난한 사고방식을 가진 사람들에게는 불편한 진실일 수 있지만, 스스로 투자하지 않는 이상 아무도 당신에게 투자하지 않을 것이다. 다시 말해, 투자자는 단순히 돈이 '필요한' 사람이나 프로젝트에 돈을 대지 않는다. 스스로를 입증하고, 자신의 시간과 에너지, 돈을 들여 행동으로 결과를 보여 주기 전에는 어떤 자금 지원 요청도 신뢰를 얻기 어렵다. 아무런 준비 없이 자금 지원을 요청하는 사람은 나태한 사람, 권리만 주장하는 사람, 심지어 불쾌감을 주는 사람으로 비춰진다.

우리는 '사업 아이디어'를 논의하고 싶다는 DM을 끊임없이 받는다. 하지만 대부분 완성되지 않은 사업 제안서나 단순한 아이디어에 수준에 불과하다. 심지어 새로운 사업이나 제품을 개발하는 동안 생활비를 대달라는 요청을 받기도 한다. 그럴 때마다 우리 답변은 항상 똑같다. "스스로 투자하세요."

이 사람들이 깨닫지 못하는 건, 투자자들은 성공 가능성을 보고 투자한다는 사실이다. 새로운 사업 아이디어에 투자를 받는 사람들은 이미 수백만 달러짜리 사업을 성공적으로 개발하고 판매한 실적을 보유한 사람들이다. 투자자들은 바로 이런 사람들에게 투자한다. 그렇다면 투자자들은 왜 스타트업에 투자할까? 돈이 '필요'하다고 하니까 그냥 투자해 주는 걸까? 아니다. 그들이 자신을 부자로 만들어 줄 것이라 기대하기 때문이다. 첫 번째 벤처 사업에서 자금을 투자받는 것은 굉장히 어렵다. 대부분의 기업가는 친구의 소파에서 자고 차고에서 일하며 스스로 자금을 마련한다. 좋은 테스트 방법으로, 은행에 한번 가 봐라. 은행에 가서 자신이 사업 자금을 대출받을 수 있는지 확인하는 것이다. 은행이 대출을 거절한다면, 은행이 위험한 베팅으로 간주한다는 뜻이다. 이런 위험성 있는 사업에 엔젤 투자자angel investor가 갑자기 나타나서 선뜻 돈을 기부할까? 그런 기대는 하지 마라.

물론 어떤 기업가는 부모가 초기 창업 자금을 지원해 준 경우도 있다. 부끄러운 일은 아니다. 사실 우리도 언젠가 자녀를 지원해 줄 수 있기를 바라고 있지 않은가. 하지만 그조차도 자녀가 뛰어난 직업윤리를 보여주고 철저한 사업 계획을 제시해야 가능하다. 대부분의 기업가는 낮에는 직장을 다니고 늦은 밤과 주말을 반납하며 스타트업을 시작했다. 그들은 저축하고 희생하여 사업을 현실로 만들었다. 투자자들은 대부분의 사업이 약 7년 이내 실패한다는 사실을 잘 알고 있다. 게다가 당신은 아무런 경험 없이 첫 사업을 시도하는 초보 사업가다. 투자자들이 그런 당신에게 1년 동안 어디 해 보라며 힘들게 번 돈을 투자할 이유가 있을까? 미디어는 자금 조달에 능한 기업가를 마치 사업을 성공적으로 운영하는 것과 동일시하며 미화하곤 한다. 우리는 미디어의 이런 태도를 아주 싫어한다. 자금 조달은 사업을 운영하거나 확장하는 것만큼 강력한 기술이 아니다. 우리는 수백만 달러짜리 기업을 여러 개 설립했지만, 외부에 투자를 요청한 적은 한 번도 없다. 우리는 스스로 자금을 마련했고, 한 번에 한 가지를 판매하는 것에 집중하여 벌어들인 돈으로 사업을 성장시켰다.

사업 아이디어 하나만으로 투자자의 자금을 받을 수 있다면 어떨까? 상상만으로도 정말 멋진 일이겠지만, 현실은 다르다. 에이드리안의 한 오랜 친구는 대학 도시의 저명한 가문으로부터 비디오 앱 아이디어 하나로 6만 달러를 투자받았다. 그는 '투자받은 스타트업'이라는 타이틀로 얻은 관심과 지위에 취해 있었다. 하지만 금융이나 사업 경험이 전혀 없던 그는, 자금을 모두 소진하고 추가 자금을 요청해야 했다. 놀랍게도 그 부유한 투자자는 추가 자금을 승인했다. 단, 한 가지 조건을 제시했다.

전환 사채(채권을 발행한 회사의 주식으로 전환할 수 있는 권리가 부여된 채권으로서, 전환 전에는 사채로서 확정 이자를 받을 수 있는 사채와 주식의 중간 형태를 취한 채권이다. - 옮긴이 주)라는 형식으로 빌려주는 것이었다. 이는 사실상 투자자에게 빚을 지는 것이었다. 결국 그는 자금을 잘못 관리하여 개발팀과 프로그래머에게 과도한 비용을 지출했다. 그의 '성공적인' 자금 조달 능력은 결국 그에게 10만 달러가 넘는 빚만 남겼다. 이것이 바로 사업을 성장시키거나 운영하는 법을 배우기 전에, 아이디어만으로 자금을 조달하려는 사람들이 직면하는 냉혹한 현실이다.

에이드리안 내게 돈이나 때로는 기회를 달라고 부탁하는 친구들이 있다. 그들이 돈을 요청하면 나는 이렇게 제안한다. "우리 대화를 영상으로 촬영해서 내 유튜브 채널에 올리는 조건으로 500달러를 줄게요." 그 대화에서 나는 그들의 재정 상태를 깊이 들여다보고 까다로운 질문을 던진다. 이는 누군가의 재정 행동을 바꾸는 데 도움을 주고, 나의 팔로워들이 배울 수 있는 재정 워크숍과 같은 콘텐츠를 만드는 기회가 된다. 그런데 놀랍게도 지금까지 돈을 요청했던 사람들 중에서 이 제안을 받아들인 사람은 딱 한 명이었다. 나는 영상 촬영을 허락했던 그 한 사람을 프로젝트에 채용했다. 그녀 역시 도움을 필요로 했지만, 다른 사람들과는 달랐다. 그녀는 이를 위해 일할 의지를 갖고 있었다. 반면, 다른 사람들은 단지 돈만 원했을 뿐, 그 대가로 뭔가를 하려는 의지는 전혀 없었다.

스스로 노력해서 얻을 의지도 없이 다른 사람에게 뭔가를 요청하는 것은 아주 나쁜 인상을 남긴다. 이런 행동은 당신의 평판을 깎아내리고, 미래에 함께 일할 기회를 스스로 차 버리는 거나 마찬가지다. 물론 완벽한 사람은 아무도 없고, 많은 실수는 시간이 지나면 용서받을 수도 있다. 하지만 그저 '빌붙어 사는 사람'이라는 평판은 한번 생기면 좀처럼 지워지지 않는 법이다. 남을 이용하려는 행동은 결국 관계가 끊어지는 결과를 낳는다. 손을 벌리거나 남을 이용하려는 태도는 가난한 사고방식의 전형이다. 반대로, 부자가 되는 사람들은 다른 사람들을 이용하지 않는다. 이런 행동이 자신의 평판을 망치고 기회를 앗아 간다는 사실을 잘 알기 때문이다. 부유한 사람들은 멀리서도 빌붙는 사람을 알아볼 수 있고, 그런 사람들과 어떤 관계도 맺으려 하지 않는다.

자신의 가치를 높이는 방법

자신의 가치를 높이려면 스스로에게 투자해야 한다. 가치를 높이는 몇 가지 방법은 다음과 같다.

- 매주 책을 읽어라. 《해리 포터》 같은 소설이 아니다. 기술을 배우거나 비즈니스 지식을 확장할 수 있는 책을 읽어야 한다.
- 당신이 원하는 경제적 가치를 이미 가진 사람들의 팟캐스트를 들어라.
- 온라인 강의를 수강하라.
- 학교로 돌아가 현재 보유한 기술을 보완할 수 있는 기술을 배워라.
- 기꺼이 당신에게 지식을 나누고 가르쳐 줄 멘토를 찾아라.
- 보유한 기술을 창의적으로 결합하여 고부가가치 제품이나 서비스를 만들어 봐라.
- 현재 직장에서 없어서는 안 될 존재가 되어 더 높은 보수를 받아라.

- 새로운 길을 찾고, 시간을 더 투자하고, 부업을 하고, 기업가가 돼라.
- 다른 사람을 탓하지 말고, 자신의 재정 상황을 바꿀 힘이 스스로에게 있다는 사실을 기억하라.
- 금융 전문가들이 무료로 제공하는 마스터클래스를 수강하라.

자신의 가치를 높여라

이제, 새로운 기술을 배우거나 스스로에게 투자하여 자신의 가치를 높이는 방법을 실천해야 한다.

① 맨 먼저 현재 상황에서 느끼는 모든 불만을 적어 봐라. 꼼꼼하게 작성하라!

② 각 불만 사항 옆에 그 상황을 바꾸기 위해 할 수 있는 것을 적어라. 예를 들어, 현재 직장에서 충분한 급여를 받지 못한다면 직장에서 자신의 가치를 높이기 위해 배울만한 새로운 기술이 무엇인지 생각해 봐라.

③ 구체적인 기한이 있는 계획을 작성하라. 예를 들어, "6개월 안에 이 새로운 기술을 마스터할 것이다."

④ 잘 보이는 곳에 목표를 붙여 놔라. 불평하고 싶은 순간마다 목표를 확인하고, 상황을 개선하기 위해 실천할 수 있는 행동을 떠올려 봐라.

8장

자신의 직업을 사랑한다는 사람은
거짓말쟁이일 뿐이다

◆

◆

무언가를 사랑하는 마음을 가장 빠르게 죽이는 방법은 무엇일까? 바로 직업으로 삼는 것이다. 미국의 대다수 노동자는 생계를 위해 자신의 노동력을 판매하고, 종종 시간 단위로 거래하기도 한다. 노동의 대가로 받은 임금으로 생활비를 충당하고, 운이 좋으면 약간의 여윳돈으로 여가나 여행을 즐길 수도 있다. 우리는 시간과 기술을 고용주에게 팔아 우리의 삶이 아닌, 그들과 그들의 사업을 위해 일한다. 마음에 들지 않는 상사, 참기 힘든 동료들과 싫어하는 직장에서 꼼짝없이 일하는 성실한 사람들이 너무 많다. 심지어 자신의 직업을 사랑한다고 말하는 사람들조차도 평생 경제적 자유와 안정이 보장된다면 내일 당장 일을 그만둘 것이다. 당신이 현재 그런 상황에 있다고 해도, 앞으로도 그런 삶을 살아야 하는 건 아니다. 지금 이 순간부터 진정으로 좋아하는 일을 찾기 위한 노력을 시작하면 된다.

직업은 소명과 다르다. 소명은 자신을 넘어 더 큰 목적을 위해 헌신하는 것이다. 소명에 따라 일하는 사람은 자신의 일이 세상을 변화시킬 수 있다고 믿는다. 하지만 직업은? 직업은 단순히 급여를 받기 위해, 타인을 위해 하는 일일 뿐이다. 그것이 당신의 신념과 일치하든 그렇지 않든 상관없다. 물론, 운이 좋은 일부 사람들은 자신에게 영감을 주는 일과 생계를 결합하는 방법을 찾기도 한다. 그들은 자신이 하는 일을 진정으로 사랑한다. 하지만 우리가 발견한 사실에 따르면, 이들조차도 선택의 여지가 있다면 경제적 자유를 선택하고 월급을 받기 위해 더 이상 시간과 노동력을 팔지 않을 것이다. 대부분의 사람들이 휴일에 무엇을 하는지 봐라. 직장으로 돌아갈 수도 있지만, 대신 늦잠을 자거나 여행을 떠나지 않는가? 혹은 골프를 치거나, 가족과 함께 시간을 보내고, 시를 쓰거나, 정원을 가꾸거나, 목공을 하는 등 자신이 원하는 일을 선택한다.

경제적 자유의 궁극적인 정의는 원하는 일을, 원하는 때에, 원하는 곳 어디에서나 할 수 있다는 뜻이다. 여기에는 일을 하는 것도 포함된다. 지금 하는 일을 사랑할 수 있지만, 그 일을 생존이 걸린 직업으로 바꾸면 그 일의 즐거움은 가장 빠르게 사라진다. 물론, 모든 사람이 기업가가 되고 싶어 하는 것은 아니다. 어떤 사람은 평범한 직장에서 안정감을 찾는다. 사실, 이런 직장도 훌륭할 수 있다. 특히 일이 보람 있고 상사도 마음에 들며, 회사가 은퇴할 때까지 당신을 잘 챙겨 준다면 더욱 그렇다. 하지만 안타깝게도 타인을 위해 일하면 안정성이 보장되지 않는다. 평생을 회사에 헌신하지만 퇴직을 불과 몇 년 앞두고 해고당하거나, 연금 혜택이 사라지기도 하며, 수십 년 동안 회사에 바친 노력에 상응하는 성과를 얻지 못하는 일이 비일비재하다.

어느 정도는 직업을 사랑할 수 있다. 하지만 직업에 평생을 바친다면 결국 실망할 가능성이 크다. 세계를 여행한다면, 일이 자신의 정체성의 일부일 필요가 없다는 글로벌한 관점을 얻을 수 있다. 미국에 살지 않는 사람에게 "오늘 일은 어땠어요?"라고 물어봐라. 그들이 CEO든 의사든 상관없이 아마 이렇게 대답할 것이다. "이미 지나간 일인데요." 미국에서는 '일을 위해 사는' 사고방식이 더 두드러지게 나타나지만, 이는 전 세계적으로 보편적인 관점은 아니다. 에이드리안의 아내가 이전에 근무했던 딜로이트Deloitte(세계 4대 회계법인 가운데 하나인 대형 회계법인으로, 영국과 뉴욕에 본사를 두고 있다. - 옮긴이 주)에서 아일랜드 출신 매니저는 미국 동료들에 대해 농담조로 이렇게 말했다. "아일랜드에서는 주당 80시간 이상 일하지 않아요. 그렇다고 미국인들이 우리보다 더 열심히 일한다는 건 아니죠. 우리는 단지 시간을 더 효율적으로 쓰고 있을 뿐이에요!"

반대로, 사람들이 정말 끔찍하게 싫어하는 직업이 있다. 소위 완전 재수 없는 상사 밑에서 일하는 경우다. 그런 직장에서 일하면 기쁨과 에너지를 빼앗겨 만족스러운 삶을 살기 어렵다. 이런 환경은 동기부여를 없애고 당신을 냉소적이고 불만 가득한 게으름뱅이로 바꿔놓을 수 있다. 주변에서 다들 본 적 있지 않은가? 최소한의 노력으로 월급을 챙기는 데 익숙한 사람들 말이다. 당신은 그보다 더 나은 존재이며, 더 나은 대우를 받을 자격이 있다. 물론 대부분의 사람들이 생존을 위해 일해야 하는 건 부정할 수 없다. 하지만 보수가 좋더라도 자신의 영혼을 갉아먹는 상사를 위해 일하기엔 인생이 너무 짧지 않은가. 이런 상황에서는 평판과 재정 상태에 큰 타격을 주지 않으면서, 나쁜 상황에서 가능한 한 빨리 벗어날 수 있는 출구 계획을 세우는 것이 중요하다.

당신을 묶어둘 만큼 완벽한 직업은 없다

아무리 많은 즐거움을 주는 가장 이상적인 직업이라도, 일을 오래 하다 보면 결국 즐거움은 사라지고 더 많은 것을 원하게 된다. 예를 들어, 강아지를 쓰다듬는 직업을 구했다고 상상해 보자. 이보다 더 좋은 일이 있을까? 부드러운 털을 쓰다듬고 그 귀여운 녀석들과 노는 것을 싫어할 사람이 어디 있을까? 대다수 사람들은 처음 잠깐 동안은 이 일을 사랑할 것이다. 하지만 시간이 지나면 강아지에게서 나쁜 냄새도 나고, 손이라도 한번 물리면 이빨이 얼마나 날카로운지 알아차릴 것이다. 더 나아가, 강아지를 쓰다듬는 일조차 시간이 지나면 조금 지루해질 수 있다. 도전할 새로운 과제나 해결해야 할 문제도 없고, 그저 매일 강아지를 쓰다듬고 또 쓰다듬는 일만 반복되기 때문이다. 게다가 강아지를 쓰다듬는 다른 직장 동료들은 어떨까? 동료 한 명이 직장 분위기를 망치는 못된 사람이라면? 춥고 비 내리는 월요일 아침, 침대에서 나오기 싫은 날은 어떻게 하지? 화창한 금요일 오후, 친구가 땡땡이치고 골프나 치러 가자고 한다면? 원할 때만 혼자서 강아지와 노는 것은 좋겠지만, 매일 하루 8시간씩 강아지를 쓰다듬는 일을 '해야 한다'면 재미도 없고 보람도 느끼지 못할 것이다.

결론적으로 완벽하게 사랑스러운 직업은 없다. 어느 직업이든 출퇴근 시간, 직장 내 복잡한 인간관계, 불평 많은 고객, 까다로운 상사 등이 존재한다. 사랑하는 일을 보장받는 유일한 방법은 경제적 자유를 얻어, 원하는 시간에, 원하는 곳에서, 원하는 방법으로 일을 하는 것이다. 이는 강아지를 쓰다듬는 일일 수도 있고, 배고픈 사람들에게 음식을 나눠 주는 일일 수도 있으며, 목공 일일 수도 있다. 자신의 일을 진정으로 사랑하려면, '직업'이라는 틀에서 벗어나야 한다.

브래드 나는 테니스를 정말 좋아했다. 그래서 대학에서 테니스 장학금을 받았을 때 너무 기뻐 어쩔 줄을 몰랐다. 테니스를 하면서 돈까지 받는다니, 말도 안 돼?! 하지만 그 기쁨은 오래가지 않았다. 점점 지치고 테니스가 힘든 일처럼 느껴지기 시작했다. 우승해야 한다는 엄청난 압박감이 나를 짓눌렀다. 이기지 못하면 장학금을 잃고 학교를 그만둬야 할 위험에 처할 수도 있었다. 팀원들끼리 더 높은 순위를 두고 서로 경쟁하며 극심한 질투심과 경쟁에 시달렸다. 시간이 지나면서 테니스는 매력을 잃기 시작했다. 대학 졸업 후, 테니스 코치로 일하면 훌륭한 부업이 될 거라 생각했다. 좋아하는 일을 하면서 돈도 벌 수 있을 테니까. 하지만 곧 깨달았다. 내가 정말로 사랑하는 것은 원할 때 좋아하는 사람들과 '재미'로 테니스를 치는 것이었다는 사실을. 대학 장학금을 받기 위해 우승해야 했던 시절이나 매주 토요일 아침 일찍 리조트에 나와 성가신 관광객들에게 테니스를 가르쳐야 했을 때, 테니스에 대한 사랑은 시들해지기 시작했다. 사랑하는 일을 직업으로 바꾼 탓에 그 즐거움이 사라지고 있었다.

취미나 좋아하는 활동을 생계가 달린 제약적인 직업으로 바꾸면 그 일에 대한 애정이 빠르게 사라진다. 한때 정말 좋아했던 일도 직업으로 삼으면 출근하기 싫은 날이 생기기 마련이다. 물론 대체로 긍정적인 태도로 버티려고 노력하지만, 직업 만족도는 급격히 떨어지고, 결국 전반적인 삶의 만족도도 낮아진다. 여기서 얻을 수 있는 중요한 교훈은, 아무리 사랑하는 일이라도 선택권이 있다면 하고 싶지 않은 날이 올 수도 있다는 점이다. 그러니 취미를 보호하라. 즐기는 일을 하더라도, 가장 사랑하는 취미와 활동은 순수한 기쁨을 유지할 수 있도록 신성하게 지켜야 한다.

에이드리안 직업에 대한 아버지의 가장 큰 불만은 출퇴근이었다. 매일 출퇴근에 각각 1시간 30분씩 걸렸고, 그 일을 무려 13년 동안 반복했다. 스트레스가 많은 직업이었지만, 정작 일에 대해선 크게 불평하지 않았다. 힘든 것은 출퇴근이었다. 아버지가 정말로 사랑하는 일을 했더라도 마찬가지였을 거다. 일반적인 직장에서는 근무시간, 출퇴근 시간, 상사나 동료, 근무지를 선택할 수 없다. 이런 제약이 싫어서 기업가가 되는 사람들도 있다.

오스틴으로 이사했을 때, 인터넷 마케팅 파티 행사에서 연사로 나선 적이 있었다. 그곳에서 여러 기업가를 만났고, 우리는 모두 한 가지 공통점을 가지고 있었다. 바로 원하는 일을 할 수 있는 자유가 있다는 점이다. 우리는 더 이상 사무실이나 공장에 얽매여 매일 낯선 사람들과 일할 필요가 없다. 나는 기업가로서 선택의 자유를 만끽하고 있으며, 다른 기업가들도 공통적으로 이 자유를 소중히 여긴다.

분명히 말하지만, 모든 기업가가 시간적 자유의 특권을 누리는 것은 아니다. 대부분의 기업가가 주당 80시간 넘게 일하는 현실을 보면, 오히려 그와 정반대라고 생각한다. 심지어 이런 현실을 자랑스럽게 여기는 기업가들 사이에서는 이런 유명한 밈이 돌기도 한다. "남을 위해 40시간 일하느니, 차라리 나를 위해 80시간 일하겠다. 왜냐하면 그건 내 시간이니까." 대부분의 기업가들이 이 말에 주먹을 불끈 쥐며 깊이 공감할지 모르지만, 나는 항상 이 생각이 터무니없다고 여겼다. 이런 자부심 강한 워커홀릭들은 종종 자신들의 입장을 정당화하기 위해 월급쟁이들을 깎아내리곤 한다. 사실, 주당 80시간씩 일하는 기업가는 직장보다 더 큰 상자에 갇혀 있는 것뿐이다. 얽매여 있는 건 월급쟁이와 다르지 않다. 나는 개인적으로 사업을 시간에 맞게 최적화한다. 수익이 줄더라도 자동화, 인공지능(AI), 아웃소싱을 활용하여 사업을 간

소화하고, 내가 없어도 회사가 운영될 수 있는 방법을 항상 모색한다. 억만장자가 되겠다는 목표는 없다. 내가 원할 때 자유롭게 일하고 놀 수 있는 수백만장자가 되는 것만으로도 만족한다.

지금 하는 일이 당신의 정체성은 아니다

누군가 "당신은 누구인가요?"라고 묻는다면 대게 이름과 몇 가지 신상 정보를 나열한다. 예를 들어 "제 이름은 토드입니다. 아이 셋을 둔 아빠 이고 건설업에 종사하고 있어요."라고 대답한다. 직업이 꼭 자신이 어떤 사람인지 나타내는 것은 아니다. 단지 직업은 당신이 하는 일을 의미할 뿐이다. 하지만 사람들이 특정 경력에 교육과 시간을 더 많이 투자할 때 흥미로운 일이 일어난다. 바로 직업을 자신의 정체성의 핵심으로 여긴다 는 점이다. 퓨 리서치 센터Pew Research Center에 따르면, 대졸 이하의 사 람들 중 34%만이 자신의 직업이 정체성에 중요하다고 답했다. 학사 학 위 소지자의 경우 이 수치는 39%로 올라가고, 석사 학위 소지자의 경우 53%까지 급증한다. 하지만 10년 동안이나 학교에 다니며 특정 직업을 준비했다고 해도 직업이 곧 자기 자신은 아니다. 이러한 깨달음은 해방 감을 주지만, 동시에 두려움을 안겨주기도 한다.

자신의 정체성과 직업을 명확히 구분하는 것은 중요하다. 이렇게 해야 비로소 자유롭게 변화하고 성장할 수 있기 때문이다. 예를 들어 수년간 공부하고 인턴 과정을 거쳐 의사가 됐지만, 실제 현장에서 5년을 보낸 후 완전히 지쳐 다른 분야로 전환하고 싶다고 가정해 보자. 자신의 정체 성이 오로지 의사라는 직업에 얽매여 있다면, 다른 방향으로 전환하는 것이 훨씬 어렵지 않을까? 그렇다고 해서 모든 기술이나 경력을 내던져야 한다는 말은 아니다. 오히려 배운 것을 활용해 원하는 일을 자유롭게 선택할 수 있는 상황을 만들어야 한다. 예를 들어, 브래드는 임상심리학자로 일을 시작했다. 하지만 청구 가능한 시간당 급여의 한계에 도달하자, 방향을 전환해야 한다는 사실을 깨달았다. 그래서 그는 자신의 전문 분야에 재무 설계를 추가했고, 두 분야를 결합하여 완전히 새로운 영역인 '금융 심리학'을 만들어 냈다. 심리학 지식을 재무 설계에 적용함으로써, 수입의 한계를 깨고, 더 많은 기회와 경제적 자유를 창출한 것이다. 그는 자신의 교육과 기술을 활용해 한계가 뚜렷했던 직업의 틀을 벗어났다. 더 나아가, 만족감과 흥미를 느끼는 일로 전환하며 누구에게도 얽매이지 않는 새로운 길을 개척했다.

에이드리안은 인터넷에서 춤을 가르치며 자신의 이름을 알렸다. 하지만 원하는 만큼의 수입과 만족감을 더 이상 얻지 못하자, 인터넷 마케팅으로 방향을 전환했다. 인터넷 마케팅을 마스터한 후에는 또 다른 방향으로 전환하여 사람들에게 온라인 비즈니스를 성장시키는 방법을 가르쳤다. 더 이상 만족하지 못하게 된다면, 에이드리안은 언제든지 다시 자유롭게 방향을 전환할 수 있다.

안타깝게도 많은 젊은이들이 현재 직업에서 만족감을 느끼지 못하는 편이다. 특히 기성세대와 비교하면 더욱 그렇다. 퓨의 연구에 따르면, 18~29세 연령층의 44%만이 현재 직업이 '즐겁다'고 답한 반면, 65세가 넘는 사람들은 65%가 현재 직업이 '즐겁다'고 답했다. 또한 젊은 층(18~29세)의 39%만이 현재 직업이 '만족스럽다'고 답변했다. 당연히 혜택과 소득이 적은 직군에서 전반적인 직업 만족도가 더 낮게 나타난다. 하지만 안타깝게도 많은 저소득 근로자들이 과소비와 신용카드 빚 때문에 재정 상황이 악화되고, 그 결과 마음에 들지 않는 일자리에 더 오래 갇혀 있게 된다. 따라서 일시적인 직업 만족도보다 가능한 빨리 경제적 자유를 얻는 것이 최우선 순위가 돼야 한다.

직장은 친구를 사귀는 곳이 아니다

직장이 마음에 들지 않는데도 계속 다니는 사람들이 있다. 동료들과 정이 들었기 때문이다. 결혼식의 신랑 들러리를 직장에서 만났을 수도 있고, 대학 졸업 후 첫 저임금 직장에서 20년 지기 절친을 만났을 수도 있다. 하지만 함께 일하는 친구들 때문에 직장에 애착을 갖는 것은 함정이다. 결국 친구도 당신도 언젠가는 이직하는 날이 온다. 또한 인생은 변하기 마련이다. 사람들은 가정을 꾸리거나 도시를 떠나고, 또는 승진하거나 새로운 회사에서 일자리를 찾는다. 게다가 경쟁이 치열한 직장이라면 결혼식 들러리를 섰던 사람이 다음 날에는 뒤통수를 치고 고객을 모두 빼앗아 갈 수도 있다. 일부 직장은 그야말로 경쟁이 아주 치열하고 냉혹하다. 직장에서만 우정을 쌓고 유지하다 보면, 어느 날 사교 일정과 은행계좌가 모두 텅 비어 있는 날이 올지도 모른다.

　재정, 인간관계, 삶의 만족도를 직장에 지나치게 얽매지 마라. 자유롭게 움직이고 성장할 수 있도록 삶과 직장을 분리하는 것이 중요하다. 식료품점이나 피클볼 코트처럼, 어디에서든 친구를 사귈 수 있는 사람이 돼라. 환경과 활동, 시간을 보내는 장소를 자유롭게 선택할 때, 더 깊고 의미 있는 우정을 쌓을 수 있다. 비슷한 관심사와 라이프스타일을 공유하는 사람들과 자연스럽게 어울릴 수 있기 때문이다. 반면, 직장 동료는 대체로 직업 외에는 공통점이 없으며, 그들과 함께 보내는 시간도 직접 선택할 수 없는 경우가 많다. 직장은 친구를 사귀기에 가장 나쁜 장소 중 하나일 수 있다.

직장은 당신의 선택을 제한한다

직장은 우리의 선택을 제한한다. 시간과 노동력을 직장에 팔면 그것은
더 이상 당신의 것이 아니다. 그뿐만이 아니다. 휴가나 병가조차 마음대
로 쓸 수 없다. 당신은 고용주에게 주당 40시간 이상의 근로를 제공하고
연간 2주의 휴가와 약간의 병가를 받기로 동의했다. 이는 실제로 원하거
나 필요로 하는 휴가 일수와 무관하게 강제된다. 바로 이 때문에 경제적
자유가 아주 중요하다. 경제적 자유가 있으면 잃어버린 시간을 되찾을
수 있다.

브래드 시간당 청구 모델에 얽매여 있을 때 겪었던 가장 큰 어려움 중
하나는, 경제적 타격 없이 자유롭게 휴가를 쓸 수 없다는 점이었다. 휴
가를 가려면 항공권, 렌터카, 숙박비뿐만 아니라, 휴가로 인한 수입 손
실이 훨씬 컸다. 일주일 동안 아프면 밤과 주말에 부족한 시간을 보충
해야 했다. 그렇지 않으면 생계를 유지하기에 수입이 부족해질 수밖에
없었다. 이런 삶은 자유가 아니다. 경제적 불안과 두려움이 지속되는
생활방식이다. 나는 기업가가 되고 나서야 원하는 수익 모델을 만들었
고, 이를 통해 경제적 스트레스 없이 원할 때 일주일이나 한 달을 자
유롭게 쉴 수 있게 됐다.

현재 갖고 있는 직업이 마음에 든다면, 정말 다행이다. 하지만 선택의
여지가 있다면, 틀림없이 내일은 골프, 낚시, 하이킹 또는 자신이 가장
사랑하는 다른 활동을 하고 싶을 것이다. 바로 이런 이유로 직업을 사랑

한다고 말하는 사람은 거짓말쟁이라고 주장한다. 자유를 포기하는 것을 즐기지 않는 이상, 직업을 진정으로 사랑할 수 없다. 하지만 여기에 중요한 비밀이 있다. 자신의 생계를 책임지고 사회에 의미 있는 기여를 하기 위해 반드시 '직업'이 필요한 것은 아니라는 점이다. 경제적 자유를 얻으면, 언제 어디서나 사랑하는 일을 하며, 시간과 돈을 아낌없이 사용할 수 있다. 상사의 지시가 아니라, 자신이 진심으로 원하기 때문이다. 물론 모든 직업이 나쁘다는 건 아니다. 우리 둘 다 즐겁고 의미 있는 직업을 경험한 적이 있다. 실제로 브래드는 벤처 기업가로 활동하면서 여전히 교수라는 '직업'을 갖고 있다. 에이드리안은 3개월간 아시아를 여행하며 아침마다 카페에서 이 책의 최종 편집 작업을 했다. 우리는 프로젝트를 선택하지만, 결국에는 진심으로 좋아하는 프로젝트만 맡는다. 앞서 우리는 이전 세대가 현재 세대보다 직업에 더 큰 만족을 느끼고 직업에 더 많은 정체성을 부여했다고 언급했다. 바로 이 점 때문에 많은 사람들에게 은퇴가 어려운 전환점이 된다. 직업이 정체성의 중심이었던 사람들은 은퇴 후에 종종 자신의 일부를 잃어버린 것처럼 느낀다. 특히 사회적 관계를 직업에 의존했던 경우 이러한 상황은 더욱 심각해진다. 이런 사람들은 은퇴라는 전환점을 맞이하면 이제 자유를 만끽하며 인생의 황금기를 누려야 할 시기에 오히려 우울증과 건강 문제를 겪는다.

이번 장에 대해 반론을 제기하는 사람들이 있을 거라 예상한다. 하지만 반발하는 사람들에게 이렇게 묻고 싶다. 대가를 받지 못하더라도 여전히 지금 하는 일을 계속하겠는가? 이 일을 하기 위해 수년간의 소중한 인생을 판매하는 것에 만족하는가? 은퇴하면 당신은 어떤 사람이 될 것인가? 아무리 지금의 일을 사랑하더라도 경제적 자유를 얻으면 상사가 아닌 '당신'이 인생이 주인이 된다. 이제 당신의 안전을 언제 당신을 해고할지 모르는 익명의 기업이 아닌, 자신의 손에 맡기게 된다. 많은 사람들은 직장을 계속 다니는 것이 안전한 선택이라고 생각한다. 그들은 고용 안정이라는 환상을 좇아 단순히 일하고 세금을 납부하는 삶에 순응한다. 하지만 기업은 망하기도 하고, 직원을 해고하기도 하며, 세상에 영원히 보장된 직장은 없다. 역설적이게도, 회사에서 직급이 올라갈수록 더 많은 급여를 받지만, 비용 절감을 위해 해고될 가능성도 더 커진다. 따라서 아무리 좋은 직장도 보이는 것처럼 안전하지 않다. 훨씬 어렵지만 그만큼 만족감을 느끼는 선택은 당신이 주도권을 쥘 수 있는 삶을 사는 것이다. 이 과정에는 많은 시행착오가 따르겠지만, 분명 그만한 가치가 있다. 투자를 우선시하든, 직접 사업을 하든, 혹은 이 둘을 결합하든, 진정으로 원하는 일을 자유롭게 할 수 있을 때 삶이 훨씬 풍요로워진다. 현재 우리는 일에 대한 관점을 재정립할 수 있는 기회를 그 어느 때보다 많이 가지고 있다. 그건 당신도 마찬가지다. 그렇다면 왜 자신의 꿈이 아닌 타인의 꿈을 위해 수년간 일하며 안주하려고 하는가?

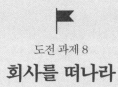

회사를 떠나라

이번 도전 과제는 이상적인 삶을 구체적으로 그려 보는 것이다. 다음 질문들을 깊이 생각해 보고, 흥미로운 비전을 만들어 봐라. 가능한 한 구체적인 내용을 최대한 많이 작성해야 한다.

- 당신이 이 세상에 존재하는 이유는 무엇인가?
- 인생의 진정한 목적은 무엇인가?
- 직업이 없다면 당신은 어떤 사람인가?
- 매일 출근하지 않아도 된다면 무엇을 하고 싶은가?
- 시간을 '자유롭게' 쓸 수 있다면, 무엇을 하겠는가?

이 질문들을 성찰해 보고, 직접 답을 작성해 봐라.

9장

복권은 게으른 사람들을 위한 것이다

◆

◆

헨리는 어릴 때부터 아버지가 자신의 문제를 남 탓으로 돌리는 모습을 보며 자랐다. 아버지의 피해의식은 그를 옭아매어 변화의 가능성을 차단했다. 아버지는 직장을 잃었을 때도 사장의 탓으로 돌렸다. 헨리의 아버지는 소파에 앉아 TV를 보며 이렇게 중얼거렸다. "그 사람은 항상 나를 못 잡아먹어서 안달이었어."

헨리는 유소년 야구팀에 소속되어 있었다. 그가 타석에 들어설 때마다 아버지의 말이 귓가에 맴돌았다. "이번엔 심판들이 공정해야 할 텐데. 볼넷이라도 얻어 봐." 헨리의 아버지는 그에게 타석에 서서 스윙을 적극적으로 시도하라고 격려하는 대신 인생과 야구에서 모두 수동적인 태도를 심어 줬다. 아버지 자신처럼 운명을 다른 사람의 손에 맡기라고 가르쳤던 것이다.

헨리의 아버지는 매주 주류 판매점에 가서 복권을 샀다. 직장이 없었지만 매주 어떻게든 30달러를 마련해 꽝이 뻔한 복권 몇 장에 쏟아 부었다. 그는 일주일에 30달러씩 42년 동안 총 65,520달러를 복권에 썼다. 복권을 사지 않고 그 돈을 투자했다면 어땠을까? 시장 평균 수익률(S&P 500은 100년 이상 연평균 10%가 넘는 수익률을 기록했다)만으로도 65,520달러는 백만 달러가 넘는 자산으로 불어났을 것이다. 하지만 그의 아버지는 백만장자가 되기 위해 투자하는 대신, 소파에 앉아 자신의 상황을 한탄하며 빈털터리 신세로 남았다.

헨리는 대학을 다니기 위해 학자금 대출을 받았고, 학업과 일을 병행해야 했다. 헨리가 성인이 되자 아버지는 헨리에게 돈을 요구하기까지 했다. 시간이 흐르면서 헨리는 아버지를 원망하게 됐다. 결국 저축이 전혀 없었던 헨리의 아버지는 양로원에 들어가 쓸쓸한 노년을 보냈다.

안타깝게도 헨리의 아버지처럼 생각하는 사람들이 수천 명이나 된다. 이들은 삶을 주도적으로 통제하지 않고, 수동적인 관찰자로 머물며, 피해의식에 젖어 살아간다. 그래서 이들은 복권, 다단계 사기, 암호화폐 사기, 주식 단타 매매 같은 한탕주의 수법의 희생양이 되기 쉽다. 이제는 이러한 달콤한 유혹의 실체를 명확히 밝혀야 한다. 이는 가난한 사람들의 돈을 빼앗기 위한 더러운 속임수일 뿐이다. 절망감에 빠져 있거나 실제로 부자가 되기 위해 필요한 노력을 감내할 절제력이 부족하다면 이런 오래된 사기 수법에 쉽게 넘어갈 수 있다.

복권은 3억분의 1의 확률로 당첨될 기회를 제공한다. 그것도 단돈 2달러라는 아주 저렴한 가격으로. 한번 냉정하게 생각해 보자. 길거리에서 누군가가 "2달러를 줘보세요. 그럼 백만 달러로 돌려드리죠."라고 말을 걸었다고 치자. 그런데 돌아오는 것은 하나도 없고 또다시 손만 내민다면 어떡하겠는가? 매주 그 사람에게 돈을 줘도 되는지, 다시 한번 생각하지 않을까? 하지만 사람들은 월급을 받으면 바로 복권 판매점으로 달려가, 길거리의 그 사기꾼이 한 것과 별반 다르지 않은 허황된 약속을 믿고 돈을 낭비한다.

그렇다면 사람들은 왜 이런 행동을 할까? '일확천금'의 유혹은 왜 그토록 매력적일까? 일하지 않고도 인생에서 원하는 것을 쉽게 얻고 싶은 걸까? 아니면 금융 지식이 부족하고 가난에서 벗어나 부자가 되는 방법을 몰라서일까? 어쩌면 헨리의 아버지처럼 자신의 상황을 남 탓으로 돌리는 것이 더 쉬워서일지도 모른다. 아니면 너무 게을러서 노력하지 않거나 더 나은 내일을 위해 오늘을 희생할 만큼의 자제력이 없는 걸까? 진실은 이렇다. 복권에 당첨된다 해도(당첨될 일은 없겠지만), 그것은 어떤 문제도 해결하지 못한다.

일반적인 복권 당첨자들은 당첨 후 몇 년이 지나면 빈털터리가 되어 홀로 남는다. 왜 그럴까? 그들은 여전히 가난한 사고방식을 갖고 있고, 가난한 사고방식은 부의 적이기 때문이다. 생각해 봐라. 복권에 돈을 쏟아붓는 사람들은 대부분 경제적으로 가장 힘든 사람들이다. 복권은 종종 가난한 사람들에게 부과되는 세금이라고 불리며, 실제로도 그렇다. 복권이 진짜 좋은 투자라면, 부자들이 너도나도 복권을 사려고 하지 않았을까?

브래드 나는 일확천금을 꿈꾸며 단타 매매의 함정에 빠져든 적이 있다. 저소득층 가정에서 자란 나는 부자가 되는 공상을 종종 했다. 나는 당초 올바른 길을 가고 있었다. 고소득 직업을 얻기 위해 학위를 취득하고 전문 지식을 쌓아 갔다. 문제는 10만 달러가 넘는 학자금 대출이었다. 빚 때문에 사람이, 특히 가난한 사람이 얼마나 짓눌리는지 알고 있었지만, 어쩔 수 없었다. 학자금 대출이 무서웠지만, 그 대출 없이는 학교에 다닐 수도 없었다. 그래서 처음에는 학자금 대출을 받을 수 있다는 사실에 감사하기까지 했다. 그럼에도 가능한 빨리 그 대출을 갚고 싶은 마음이 간절했고, 이 때문에 쉬운 표적이 됐다.

어느 날, 내 멘토가 주식 마진거래로 1년 만에 10만 달러를 벌어들인 방법을 알려 줬다. 나는 멘토에게 방금 투자한 회사 중 하나가 무슨 일을 하는 곳인지 물었다. 그는 나를 보고 어깨를 으쓱하더니 "모르겠는데."라고 대답했다. 그래도 그는 돈을 벌고 있었고, 나는 그 모습에 경탄을 금치 못했다. 그리 쉽게 돈을 벌 수 있다는 사실이 믿기지 않았다. 나는 속으로 생각했다. '사람들이 이런 식으로 부자가 됐다고? 그럼 나도 할 수 있지!' 나는 학자금 대출 10만 달러를 몇 달 만에 갚을 수 있다는 생각에 가슴이 벅차올랐다. 그래서 트럭을 만 달러에 팔고, 지붕이 새는 20년 된 도요타 테셀을 500달러에 구입하고, 남은 돈으로 주식 거래를 시작했다. 참고로, 그 당시에 나는 하와이의 카우아이에 살고 있었는데, 비만 오면 차 내부 바닥에 물이 넘쳤다. 바닥에서 물이 철벅거리고 좌석까지 물이 튀곤 했다. 작업화가 젖지 않도록 맨발로 운전했는데, 엑셀을 밟으면 운전석 아래로 물이 밀려들고 브레이크를 밟으면 물이 앞으로 쏟아져 들어와 발을 들어야 했다. 결국 차바닥에 커다란 구멍을 뚫어 물이 빠져나가게 했다.

그렇게 나의 짧은 단타 매매의 모험이 시작됐다. 몇 달이 지나자 상황은 좋아졌다. 돈은 두 배로 불어났고, 나는 빚에서 벗어날 날을 상상하기 시작했다.

매일 나는 무슨 회사인지도 모르는 곳들의 주식들을 사들이며 생각했다. '와, 부자가 되는 건 정말 쉽구나. 뭘 해야 할지만 알면 돼!' 멘토는 나보다 20살 많았고, 좋은 집을 갖고 있었으며, 나보다 더 많은 돈을 벌었다. 그래서 나는 그가 모든 걸 꿰뚫어 보고 있다고 생각했다. 그의 말을 그대로 따랐고, 결과도 아주 좋았다. 나는 순식간에 1만 달러를 2만 달러로 불렀다.

하지만 내가 몰랐던 것이 있었다. 주식 거래를 시작한 시점이, 주식 시장 역사상 아주 큰 거품이 정점에 달했던 때였다는 사실이다. 불행히도 주식 거래에 발을 들인 지 몇 달 후, 악명 높은 닷컴 버블이 터지고 말았다. 몇 달 동안 그동안 벌어들인 돈이 대부분 사라지는 것을 그저 멍하니 지켜볼 수밖에 없었다. 전 세계 사람들과 함께 시장이 다시 '제자리'로 돌아오길 간절히 기다렸다. 내 멘토의 상황은 훨씬 끔찍했다. 그가 이용한 온라인 증권사가 마진 콜margin call(선물 계약 당시 계약 이행을 보증하고 채권을 담보하기 위해 고객에게서 받은 증거금에 선물 가격 하락이나 담보 가치의 하락, 또는 주식 가치의 하락 등으로 인해 손실이 발생한 경우 개시증거금 수준의 추가 담보를 요구하는 것이다. - 옮긴이 주)을 발동시켜, 최악의 시기에 추가 현금을 계좌에 예치해야 했다. 나는 도저히 믿기지 않았다. 내가 이런 함정에 빠지다니. 나는 심리학자가 아닌가. 분명히 더 잘 알았어야 했다. 하지만 인간 행동에 대한 지식이 있었음에도 불구하고, 빨리 부자가 되고 싶은 마음에 일확천금의 함정에 빠지고 말았다. 이 일을 계기로 나는 더욱 겸손해졌고, 다시는 이런 실수를 반복하지 않기 위해 투자 심리학을 배우기로 결심했다.

왜 그렇게 똑똑한 사람들이 돈으로 그런 어리석은 행동을 하는지, 왜 그렇게 많은 사람들이 똑같은 실수를 쉽게 저지르는지 이해하고 싶었다. 시간이 지나면서 중요한 사실을 깨달았다. 많은 똑똑한 사람들이 자신과 가족을 위해 더 나은 삶을 만들려다가 이런 가난한 사고방식과 자기 파괴의 함정에 빠진다는 점이었다. 나처럼 가난하게 자란 사람은 부자가 되는 방법은커녕 부자가 된 사람도 알지 못한다. 이렇게 금융 지식이 부족하면 결국 실패할 수밖에 없다. 그래서 나도 실패를 겪은 것이었다.

저소득층은 일확천금의 환상에 쉽게 빠져든다. 단숨에 부자가 될 수 있다는 환상은 그만큼 유혹적이다. 소셜 미디어에서 자신의 '부'를 과시하며 어려운 형편에서 벗어나고 싶은 절박한 사람들에게 단타 매매와 암호화폐 거래 강좌를 팔아넘기는 이들을 자주 볼 수 있다. 하지만 그들의 실체는 다르다. 그들은 남의 차에 기대서서 사진을 찍고, 가짜 보석을 걸치며, 부자처럼 행세할 뿐이다. 이 모든 것은 우리의 최악의 본능과 가장 고통스러운 취약점을 이용하기 위해 설계된 것이다. 가난한 사람들에게는 가난에서 벗어나고 싶은 간절함이 있기 때문이다.

그렇다면 최소한의 노력으로 가장 짧은 시간 안에 가장 많은 돈을 벌고 싶은 심리는 어디에서 비롯된 것일까? 그 답은 고대 인류의 본능에서 찾을 수 있다. 원시인 시절, 인간은 최대한 많은 에너지를 보존해야 했다. 희박한 자원을 차지하려고 싸울 때나 검치호랑이 같은 포식자를 피해 도망쳐야 할 때 필요한 에너지를 최대한 비축해야 했다. 문제는 우리 뇌에는 여전히 에너지를 보존하려는 본능이 남아있지만, 더 이상 포식자를 피해 도망치거나 물웅덩이를 차지하려고 싸울 필요가 없다는 것이다. 그렇다 보니 이 본능은 오늘날 다른 양상으로 나타난다. 즉, 인내심을 갖고 부자가 되려는 노력을 하는 게 아니라, 복권이나 단타 매매 같은 손쉬운 방법을 통해 에너지를 보존하려는 경향을 보인다.

이렇게 우리 뇌는 신경학적으로 가장 쉬운 해결책을 선택하도록 조건화되어 있다. 이 외에도 이번 장의 서두에서 언급한 헨리의 아버지처럼, 많은 복권 구매자가 학습된 무기력에서 비롯된 행동을 한다. 2장에서 언급했듯이, 외적 통제 위치에 있는 사람은 가난한 사고방식을 갖고 있다. 이 사고방식은 어린 시절에 형성되며, 종종 피해의식과 맞물려 있다. 6장에서 배웠듯이, 학습된 무기력은 사람이(또는 트라우마를 입은 개가) 통제할 수 없는 부정적인 상황에 반복적으로 노출될 때 형성된다. 그 상황에서 벗어날 방법을 찾을 수 없기 때문에 그들은 결국 포기하고 더 이상 노력하지 않는다. 이러한 사고방식은 동기부여를 마비시키는 진정제와 같다. 이 때문에 사람들은 고통스러운 상황에 갇히게 된다. 즉, 탈출구를 찾을 능력이 있어도 아무런 행동을 하지 않는다. 전기가 흐르는 바닥, 학대받거나 방치된 어린 시절, 극심한 가난 등 장기간의 스트레스와 절망감 때문에 뇌에 변화가 일어나 능동적으로 행동하기 어렵게 된다.

학습된 무기력은 시간이 지나 성인이 된 후에도 다양한 방식으로 표출된다. 브래드는 동료들과 함께 연구를 진행하여 《재무 치료 저널Journal of Financial Therapy》에 논문을 발표했다. 이는 학습된 무기력으로 인한 영향을 논의하는 연구였다. 이 연구에 따르면, 학습된 무기력은 목표 달성의 실패로 나타난다. 이로 인해 미래에 대한 기대치가 하락하고, 동기부여 수준이 낮아지며, 어떤 행동을 해도 자신의 운명을 통제할 수 없다는 느낌을 갖게 된다. 학습된 무기력 수준이 높은 사람은 어려운 과제를 처음부터 끝까지 완수하는 데 어려움을 겪는다. 또한 이들은 우울증과 불안, 공포증에 시달리는 경향이 있다. 하지만 중요한 점은 바로 이거다. 이런 사고방식을 갖게 된 것은 그들의 잘못이 아니라는 사실이다. 특히, 어린 시절 벗어날 수 없는 상황에 꼼짝없이 갇혀 무력감을 느껴야 했다면 더욱 그렇다. 하지만 성인이 된 후에 그 무기력을 극복하는 것은 그들의 책임이다. 성공은 종종 몇 걸음만 나아가면 눈앞에 있다.

학습된 무기력을 어떻게 극복할 수 있을까? 실패하라!

어떤 형태로든 학습된 무기력을 경험한 적이 있다면, 걱정하지 마라. 그

심리적 함정에서 벗어날 방법이 있다. 심리학자 캐롤 드웩Carol Dweck이 수행한 연구에 따르면, 학습된 무기력을 극복하는 가장 좋은 방법은 실패를 경험하고 그 실패를 전적으로 책임지는 것이다. 그녀는 참가자를 두 그룹으로 나눠 연구를 진행했다. 첫 번째 그룹은 엄격한 훈련을 받는 동안 다양한 과제에서 실패를 경험했다. 그들은 실패를 전적으로 책임지며, 실패가 노력 부족 때문임을 인정하고, 더 잘할 수 있는 방법을 배웠다. 두 번째 그룹은 훈련을 받는 동안 모든 과제를 성공적으로 수행했다. 그리고 실패에 직면했을 때의 반응을 살펴보면, 두 번째 그룹의 참가자들은 전혀 나아진 점이 없었지만, 실패를 경험하고 책임을 진 그룹은 눈에 띄는 변화를 보여 줬다.

학습된 무기력을 극복하는 또 다른 방법은 심리학에서 말하는 '학습된 희망감learned hopefulness'이라는 사고방식을 받아들이는 것이다. 기술을 배우고 내적 통제 위치를 확보할 수 있는 능동적 환경을 경험함으로써, 학습된 무기력에서 벗어나 더 의욕적이고 희망적인 태도를 갖고 우울감에서도 벗어나게 된다.

사고방식은 전염된다. 따라서 학습된 무기력을 극복하려면 피해의식을 가진 사람들을 멀리하고 삶의 결과에 전적으로 책임지는 사람들과 어울려야 한다. 이 모든 방법에서 실패하면 가능한 빨리 치료를 받아 무기력에서 벗어나는 게 좋다.

시간을 들여 차근차근 건전한 재정 습관을 기르는 것과 매달 몇백 달러를 복권에 쓰는 것, 이런 2가지 선택지가 있다고 치자. 어느 쪽이 학습된 희망감과 부자의 사고방식을 키우는 데 도움이 될까?

일확천금의 수법은 학습된 무기력에 빠진 사람들을 겨냥한다. 가난은 한 사람의 삶에 연속적인 충격과 고통을 안겨 준다. 이런 상황을 겪은 사람들은 마치 잔인한 실험에서 탈출구 없는 철창에 갇혀 전기 충격을 받는 개처럼 무력감을 느끼게 된다. 하지만 탈출구는 항상 존재한다. 그리고 이 탈출구는 '한탕주의'식 사기에 있지 않다. 이런 사기는 오히려 더 심각한 경제적 충격과 극심한 스트레스를 안겨 줄 뿐이다.

에이드리안 브람빌라 방법Brambila Method(에이드리안이 개발한 교육 프로그램으로, 돈이 들어가지 않는 여덟 가지 온라인 비즈니스 모델을 배운다. - 옮긴이 주)을 가르치기 시작했을 때, 내가 가장 조심한 것은 사기꾼들이었다. '온라인에서 돈 버는 법' 강좌 시장은 한탕주의 수법이 기승을 부리는 곳이다. 처음에 나는 내게 효과가 있었던 경험을 바탕으로 소셜 미디어를 통해 학습 도구와 무료 조언만 제공했다. 강좌를 만들 생각까진 전혀 없었다. 그러던 중 소셜 미디어에서 사기로 악명을 떨치던 다른 강좌를 우연히 발견했다. '백만장자가 되는 법'이라는 온라인 강좌를 7달러에 판매했는데, 내용이 터무니없었다. 강좌에 실질적인 내용이 전혀 없었다. 그들은 사람들에게 강좌를 구매하도록 설득한 뒤, '제휴사'가 되어 이 강좌를 다른 사람들에게 재판매하는 식으로 돈을 벌라고 부추겼다.

문제는 이 사기꾼들이 나의 교육 영상을 이용해 자신들을 홍보하기 시작한 것이다. "에이드리안처럼 하고 싶다면 이 7달러짜리 강좌를 구매하세요." 나는 이 프로그램과 전혀 관련이 없었는데도, 속아 넘어간 사람들은 내게 DM을 보내 사기꾼이라며 비난했다. 바로 그때 사람들이 엉터리 강좌에 속아 넘어가지 않도록 직접 강좌를 만들어야겠다고 결심했다. 그렇게 강좌를 만들었다. 내 강좌를 구매한 사람이라면 알겠지만, 나는 한탕주의와 상반되는 방법을 가르친다. 학생들에게 자신의 기술을 개발하는 방법과 가치를 창출하는 플랫폼을 구축하는 방법을 가르친다. 이를 통해 그들의 잠재 고객에게 실질적인 가치를 제공할 수 있도록 돕는다. 나는 강좌를 홍보하기 시작한 날부터 기대치를 설정했다. 학생들에게 이렇게 말했다. "이 강좌로 백만장자가 되고 싶다면, 이 강좌는 여러분에게 맞지 않습니다. 다른 강좌를 찾아보세요. 하지만 온라인에서 처음으로 1달러를 버는 방법은 가르쳐 줄 수 있습니다."

일확천금 사기는 힘들게 번 돈을 쉽게 내놓도록 사람들을 현혹한다. 사기꾼들은 명품 브랜드(이것이 얼마나 어리석은 행동인지 나중에 자세히 설명하겠다)를 과시하고, 구매를 유도하기 위해 '부'를 자랑한다. 모르는 사람의 눈에는 아주 매력적으로 보인다. 게다가 돈을 버는 것이 얼마나 쉬운지 거듭 강조하면, 원시인의 뇌는 흥분하기 시작한다. 그들은 학습된 무기력에 빠진 사람들을 먹잇감으로 노린다. 허황된 방법에 현혹된 대부분의 사람들은 실패하게 되더라도 그 방법 자체에 의문을 제기하거나 그것이 사기라는 사실을 깨닫지 못한 채 쉽게 포기한다는 사실을 잘 알고 있기 때문이다. 결국 사람들은 실패한 후 자신을 책망하고, 가진 돈을 잃고 더 깊은 절망감에 빠져든다. 이들은 스스로 파 놓은 구덩이에서 빠져나오기 위해 더 필사적으로 노력하고, 결국 얼마 안 되는 남은 돈마저 사기꾼들에게 내주게 된다. 온라인에서는 반짝이고 매력적으로 보일지 몰라도, 그 속에서는 탐욕과 거짓 약속의 냄새가 물씬 풍긴다.

진정한 부를 쌓는 과정은 매력적이거나 화려하지 않다. 소파에서 자고, 패스트푸드점에서 추가 근무를 하며, 한 푼이라도 아끼려고 새 옷을 사지 않고, 외식도 하지 않는다. 조금씩 배우면서 나아지고 성장하는 과정이다. 재정 상황을 개선하는 가장 좋은 방법은 사고방식을 바꾸고, 꾸준히 일해서 안정적인 수입 흐름을 조성하며, 돈이 우리를 위해 일하게 만드는 것이다. 따라서 한탕주의적 사고방식에 빠지고 싶은 유혹이 들 수 있지만, 진정한 승자는 성공이 '천천히 부자가 되는' 접근 방식에 있다는 사실을 잘 알고 있다.

속아 넘어가지 마라

이번 도전에는 용기가 필요하다. 불편한 감정을 느낄 수 있지만, 충분히 그만한 가치가 있다. 과거의 실수와 실패를 초래했던 가난한 사고방식을 정직하게 마주해야 한다. 빈털터리에서 부자가 된 대부분의 사람들은 경제적 자유를 얻는 과정에서 비슷한 사기에 넘어간 경험이 있다. 당신만 그런 것이 아니다.

① 과거에 속아 넘어갔던 '일확천금 수법'의 목록을 작성하라.
② 승산이 거의 없었음에도 당신이 뛰어들게 만든 생각, 감정, 희망, 그리고 꿈을 되짚어 봐라.
③ 그로써 얼마나 많은 시간과 노력, 돈을 낭비했는지 적어서 보관하라. 그리고 다음에 암호화폐 친구가 일확천금을 벌게 해 주겠다며 잡코인 투자에 끌어들이려 할 때, 이 기록을 참고하라.
④ 천천히, 현명하게, 지속가능한 방식으로 부자가 될 수 있는 모든 방법을 새로운 종이에 적어 봐라. 학교로 돌아가 기술을 연마하기, 새로운 부업을 배울 수 있는 온라인 강좌를 수강하기, 수입의 30% 이상 저축하기, 타겟데이트펀드에 투자하거나 (제대로 된 지식 없이 단타 매매만 하는 친구가 아닌) 공인재무설계사Certified Financial Planner(CFP)와 상담하여 투자하기, 지출을 줄일 방법 찾기 등, 가장 화려하지 않은 접근 방식을 취하라.

10장

부자가 되고 싶다면 가난한 친구들을 멀리하라

◆

◆

잠깐! 이 말에 기분이 상해 책을 덮기 전에, 이번 장의 핵심을 들어 보자. 우리가 말하는 '가난한 친구'란 당신이 생각하는 것과 다르다. 가난한 것과 빈털터리는 엄연히 다른 개념이다. 가난한 친구는 가난한 사고방식에 갇혀 있는 사람이다. 이들은 학습된 무기력에 시달리며, 과소비를 부추기고, 자기 연민에 빠져 있다. 가난한 사고방식은 수입이나 순자산과는 전혀 관련이 없다. 반대로 빈털터리는 단순히 현재 돈이 없는 상태를 뜻한다. 빈털터리는 일시적일 수 있다. 하지만 가난한 사고방식은 영구적이며, 기회 상실, 경제적인 어려움, 후회, 괴로움으로 점철된 삶으로 이어진다.

"우리는 가장 많은 시간을 함께 보내는 다섯 사람의 평균이다."(미국의 유명한 사업가이자 동기부여 연설가 짐 론Jim Rohn의 말이다. - 옮긴이 주)라는 말을 들어봤을 것이다. 인간은 사회적 동물이라 주변 사람들의 영향을 받고, 그들에게 동화되려는 경향이 있다. 부자의 사고방식을 가진 친구, 즉 열심히 일하고 돈을 잘 관리하며 더 나은 삶을 만들기 위해 노력하는 친구들이 있다면 참으로 잘된 일이다! 그들의 사고방식과 동기부여는 당신에게도 긍정적인 영향을 미친다. 하지만 수입은 많아도 가난한 사고방식을 가진 친구, 즉 자신의 수입 이상으로 생활하고 호화로운 라이프스타일을 과시하는 친구들이 있다면 당신에게 정신적으로 부정적 영향을 끼치고 당신의 자원을 소진시켜 결국 경제적 파탄을 초래할 것이다. 냉정하게 말해서, 그런 친구를 잃든지 아니면 돈을 잃든지, 둘 중 하나를 선택해야 한다.

유치원 때부터 알고 지낸 평생 친구, 고등학교 친구, 대학 친구, 심지어 가족 중에서 절대 잃고 싶지 않은 사람이 있을 것이다. 부자의 사고방식을 갖지 못한 사람과의 관계를 모두 끊어야 한다는 말은 아니다. 그런 행동은 지나치게 극단적이다. 하지만 경제적으로 도약하고 싶다면 그런 관계에 투자하는 시간과 에너지를 제한하거나, 재정 생활의 세부 사항을 얼마나 그들과 공유할지 신중히 생각해야 한다.

직장에서 큰 승진과 함께 큰 폭으로 급여가 인상됐다고 상상해 보자. 이 놀라운 소식을 가장 먼저 알리고 싶은 사람은 누구인가? 그 사람의 반응은 어떨까? 그들은 부자의 사고방식을 가졌는가? 그래서 당신의 승리를 자신의 일처럼 기뻐하며 진심으로 축하해 줄 수 있는가? 아니면, 자신은 여전히 고등학교 때와 같은 자리에 머물러 있다는 이유로 당신의 성과를 깎아내리고 당신을 죄책감에 빠지게 할까? 첫 번째 친구는 부자의 사고방식을 가진 사람이다. 두 번째 친구는 가난한 사고방식을 가진 사람으로, 당신을 자신의 수준으로 끌어내리려 한다. 당장은 이를 눈치채지 못할 수도 있다. 하지만 너무 가까이 지내다 보면 가난한 사고방식을 가진 사람들은 당신의 삶과 선택에 부정적인 영향을 미치기 마련이다. 그러나 좋지 않은 관계라도 그 관계에서 벗어나는 것은 쉽지 않다. 이유가 무엇일까? 답은, 인간의 심리 때문이다.

인류 역사가 시작된 이래로 우리는 대부분의 시간을 사냥과 채집을 하는 부족사회에서 보냈다. 이런 부족은 100~200명으로 이뤄진 친밀한 공동체였으며, 생존을 위해 서로에게 의존했다. 그들은 새로운 것을 발견하고, 자원을 공유하며, 불가에 앉아 이야기를 나누고, 같은 신을 숭배하고, 외부의 위협으로부터 서로를 보호했다. 주변 사람과의 관계를 유지하려는 욕구는 우리 정신의 가장 깊은 곳에 본능적으로 새겨져 있다. 만약 우리 조상들이 이러한 관계를 유지하지 못했다면 추방당하거나 굶주리고, 포식자에게 잡아먹히거나 경쟁 부족에게 살해당했을 것이다. 오늘날에도 부족에 소속돼야 한다는 욕구는 우리 삶의 모든 측면에 깊이 내재해 있다. 자신이 속한 부족을 떠나는 것은 엄청난 스트레스와 불안을 유발한다. 그 관계가 아무리 제한적이거나 해롭다고 해도, 우리 뇌는 부족을 떠나면 죽음을 맞이할 것이라고 믿기 때문이다.

우리는 소속감을 간절히 원한다. 하지만 이 욕구가 때로는 성공을 방해하기도 한다. 우리가 성공을 이루고 꽤 많은 돈을 벌기 시작하더라도 친구와 가족이 여전히 가난한 사고방식에 머물러 있다면, 그들과의 관계는 점차 소원해질 가능성이 크다. 부자의 사고방식을 채택한 사람은 가난한 사고방식을 가진 사람의 생각에 공감하기 어렵고, 이는 양쪽 모두에게 소외감을 안겨 준다. 소속감에 대한 욕구는 삶에서 매우 강력한 원동력이다. 이로 인해 우리는 가족이나 친구와의 관계에서 소속감을 잃을까 두려워하며, 사회경제적 사다리를 올라가는 것을 주저하기도 한다.

가난한 사고방식을 가진 사람들이 당신의 성공을 방해하는 3가지 방법

가난한 사고방식을 가진 친구와 가족은 결국 당신을 억누르려고 한다. 그들이 당신을 아끼지 않아서가 아니라, 당신을 잃고 싶지 않기 때문이다. 당신의 성공은 비유적으로나 실제로 당신이 그들을 떠나는 것을 의미한다. 예를 들어, 그동안 함께 일했던 직장이나 같이 살던 동네를 떠나는 상황이 발생할 수 있다. 이럴 때 그들의 반응은 주로 3가지 방식으로 나타난다.

1. **죄책감을 유발하는 행위.** 주변 사람들이 당신의 행동을 통제하기 위해 흔히 사용하는 방법이 죄책감이다. 이런 행위는 종종 무의식적으로 이뤄지며, 지적을 받아도 이를 쉽게 인정하지 않는다. 부끄러움이나 후회, 의무감을 느끼게 함으로써, 당신을 계속 곁에 두려고 하는 것이다. 다음과 같은 말을 주의해야 한다.

"저렇게 좋은 집을 살 수 있다니 정말 좋겠다. 그치?"

"여동생은 이번 달에 월세 낼 돈도 없는데 어떻게 혼자만 노후 자금을 모을 생각을 해?"

"아, 이제 우리랑은 수준이 안 맞는다고 생각하잖아?"

2. **깎아내리려는 시도.** 당신은 성공 가도를 달리고 있는데 친구는 여전히 미래가 보이지 않는 직장에 머물러 있다면, 그들은 자연스레 열등감을 느낀다. 이 불편한 감정을 해소하기 위해 친구는 당신의 자존감을 깎아내리는 행동을 할 수 있다. 이런 행동은 대게 의도적으로 이뤄지지 않는다. 무의식적으로 자신의 열등감을 방어하려는 심리적 기제, 즉 심리학에서 말하는 '투사projection'의 형태로 나타난다. 그들은 성공 부족으로 비롯된 열등감을 느끼고, 다음과 같은 말을 하며 당신도 스스

로를 부정적으로 느끼게 만든다.

"오, 잘나신 분이 새 직장을 자랑하러 납셨나 보네."

"윗사람이 너랑 잘해보려고 승진시켜 준 거라던데?"

"와, 정말 운이 좋네. 나도 연봉 올려 주고 원하는 건 다 들어주는 상사가 있으면 좋겠다. 나는 아직도 진짜 힘들게 일해야 겨우 먹고 살수 있는데 넌 편한 사무실에서 일하면서 온갖 혜택은 다 받고 있으니, 정말 좋겠다."

"아하, 이제 돈 좀 벌었다고 부자 행세를 하는 건가?"

3. **과소비를 부추기는 행위.** 가난한 사고방식을 가진 사람은 미래를 위한 저축을 생각하지 않는다. 그들은 당장 오늘 돈을 쓸 궁리만 한다. 그들은 금융 지식이 부족하고, 실제로 어떻게 가난을 벗어나 부자가 되는지 전혀 알지 못한다. 그들이 아는 거라곤 소셜 미디어에서 본 것뿐이다. 돈이 있으면 마땅히 과시해야 한다고 생각하며, 바로 이런 사고방식 때문에 가난에서 벗어나지 못한다. 가난한 사고방식을 가진 친구는 당신이 더 많은 돈을 번다는 낌새를 느끼면 돈을 쓰도록 당신을 부추긴다. 심지어 그 돈을 자신들에게 쓰라고 할 때도 종종 있다!

"야, 연봉도 올랐다면서 왜 아직도 그딴 고물차를 몰고 다니냐?"

"승진했으면 옷도 제대로 갖춰 입어야지. 쇼핑하러 가자!"

"자기야, 라스베이거스에 가서 신나게 놀자!"

"연봉 올랐어? 잘됐다! 그런데 나 돈 좀 빌려줄 수 있어?"

앞서 언급된 말들 가운데 하나라도 들어본 적이 있다면, 인간관계를 다시 생각해 봐야 한다는 신호다. 그렇지 않으면 그동안 열심히 일해서 이룬 모든 것을 잃을 위험이 있다. 가난한 사고방식을 가진 친구는 당신이 성공에 불편한 감정을 느끼게 할 뿐만 아니라, 가난한 사고방식을 전염시키기도 한다. 이 사고방식은 전염성이 매우 강하다!

다른 사람들과 상호작용할 때 뇌파가 동기화된다는 과학적 증거가 있다. 이를 '집단 신경과학'이라 부른다. 서로 대화하거나 경험을 공유하면, 뇌파가 동기화되어 패턴이 서로 일치하게 된다. 그래서 긍정적인 태도를 갖고 희망적인 시각으로 세상을 바라보는 사람들과 어울린다면 좋은 영향을 받을 수 있다. 부자의 사고방식을 가진 든든한 멘토들과 함께 한다면 부자가 되는 데 도움이 된다. 하지만 불안에 떨거나 당신을 잃을까 두려워하고, 부정적이고, 불평을 일삼으며, 또는 남 탓만 하거나 희망이 없는 사람들과 어울린다면 당신의 신경 세포도 그들의 사고방식에 동조하기 시작한다.

이런 동조 현상은 생각뿐만 아니라 행동에도 영향을 미친다. 누군가와 충분히 오랜 시간을 보내면 자연스럽게 그들의 습관을 따라 하게 된다. 예를 들어, 당신의 가장 친한 친구가 10km 마라톤을 좋아한다면 그는 다음번 마라톤을 위해 함께 훈련하자고 당신을 설득할 것이다. 마찬가지로, 친구가 근사한 저녁 식사를 하며 과소비를 하거나 10달러짜리 라떼를 마시거나 비싼 클럽에서 술을 마시는 것을 좋아한다면 당신도 과소비에 빠질 가능성이 크다. 하지만 친구가 저축을 잘하고 투자에 우선순위를 둔다면 각자의 목표를 달성하도록 서로 도우며 힘들 때 서로 지지하고 격려할 것이다.

빌붙는 친구 대처법

때때로 가난한 사고방식을 가진 친구들은 당신의 성공과 자신감에 상처를 줄 뿐만 아니라, 당신을 이용하려 들기도 한다. 소위 '빌붙는 친구'는 항상 경제적으로 어려운 상황에 처해 있다. 이들은 돈 문제를 해결하려는 노력은 하지 않고, 그저 당신을 포함한 주변 사람들에게 돈을 빌리려고 한다. 그들에게 돈을 빌려주면 갚는 법이 없고, 함께 어울리기라도 하면 모든 계산은 당신 몫이 되기 십상이다. 이런 사람들은 돈을 벌기 위해 굳이 힘들게 일할 필요가 없다고 배웠다. 대신, 돈 있는 사람들과 친분을 쌓아 그들이 노동으로 얻은 결실을 손쉽게 누리려고 한다. 일하느라 손을 더럽히지 않고도 모든 혜택을 즐기는 것이다. 혹은, 열심히 일해도 늘 경제적으로 어려움을 겪는 것처럼 보이는 사람들도 있다. 이들은 돈 관리에 서툴고 절제력도 없다. 그래서 그들은 (마치 매달 월세를 내는 것을 전혀 예상하지 못했다는 듯이) 또다시 월세가 밀렸다는 딱한 사정을 이야기하며 도와 달라고 애원한다.

빌붙는 친구를 도와주는 가장 좋은 방법은 돈을 주지 않는 것이다. 대신에, 그들에게 기회를 주는 것이 당신에게도 좋고 그들에게도 훨씬 큰 힘이 된다. 그들이 할 만한 유연한 일자리나 수강할 수 있는 강좌, 도움이 될 만한 무료 금융교육 프로그램을 추천할 수 있다. 금전적인 지원이 아닌 다른 형태의 도움을 거절한다면 그들은 애초에 당신의 돈만을 원했을 뿐, 빚을 갚거나 다시 돈을 빌리지 않아도 될 정도로 자신의 상황을 개선하려는 의지는 없었을 가능성이 크다. 누군가에게 아무 대가 없이 돈을 주는 행위는 그들이 계속 아무것도 하지 않도록 부추기는 거나 같다. 결국 이는 실제로 그들을 돕는 것이 아니라, 오히려 해를 끼치는 행동이다. 그러니 주의하라!

에이드리안 경제적인 어려움과 신용카드 빚에 허덕이는 친한 친구가 있었다. 워낙 가까운 사이였고, 나는 돈 관리에 나름 능숙했기에 그 친구를 도와주고 싶었다. 그래서 친구에게 좋은 기회를 만들어 줬다. 내가 운영하는 제휴 캠페인 중 하나의 수익금을 관리하는 일을 그에게 맡겼다. 당시 나는 제휴 수입원을 다각화하고 싶었다. 특정 사업체가 갑자기 수수료를 줄이거나 제휴 프로그램을 종료할 위험이 항상 존재했기 때문이다. 이를 대비해 나는 백업 제휴 수입원을 만들기로 결심하고, 그 계정을 친구의 이름으로 등록했다. 친구가 할 일은 단순했다. 수수료를 받아 그중 20%는 자신이 갖고, 나머지 80%를 내게 보내기만 하면 되는 일이었다.

처음에는 모든 것이 순조로웠다. 그는 제때 돈을 보냈고, 자신의 몫도 벌어 갔다. 하지만 얼마 지나지 않아 송금이 조금씩 늦어지기 시작하더니, 어느 순간부터는 몇 달이 지나도록 돈이 들어오지 않았다. 나는 친구가 내게 빚진 돈이 몇천 달러나 된다는 사실을 알게 되었다. 결국 우리는 어렵고 불편한 대화를 나눌 수밖에 없었다. 나는 내가 제공한 기회가 친구에게 조금 더 쉽게 경제적인 어려움을 해결할 수 있는 방법이 될 거라고 생각했다. 친구는 부수입을 얻고 나도 돈을 버는, 모두에게 이익이 되는 상황이었다. 하지만 그는 금융 지식이 부족했고, 경제적으로 심각한 압박에 시달리고 있었다. 이런 상황 때문에 그는 약속된 수익 분배 방식을 조작했고, 결국 나머지 돈에 손을 대는 상황까지 가게 된 것이다.

이제 나는 책임을 져야 한다. 우리 사이에 돈 문제를 개입시켜 단순한 우정을 비즈니스 관계로 변질시킨 장본인이 바로 나였기 때문이다. 만약 우리의 경제 습관과 가치관이 일치했다면 문제가 없었겠지만, 그렇지 못했다. 그 친구와 주고받은 마지막 문자를 다시 읽으면서 분명히 깨닫게 됐다. 나는 나의 야망과 풍요로운 사고방식이 그에게 영감을 주어 함께 성장하기를 바랐다. 하지만 내 바람과는 달리, 오히려 그의 자존심을 자극해 적대감을 불러일으켰다. 이 책을 집필하며 6년 전 그와 나눴던 마지막 문자를 다시 읽어 보니, 당시 상황을 처리했던 방식이 현명했다고 생각한다. 물론 그 과정에서 친한 친구를 잃은 것은 여전히 마음 아프다. 하지만 나는 그가 자신의 가난한 사고방식 때문에 우리 우정을 포기한 사람이라는 사실을 인정해야 했다.

이제 소중한 사람이 돈을 부탁하면 나는 이렇게 말한다. "내가 돈을 어떻게 버는지 가르쳐 줄게요. 당신도 똑같이 할 수 있도록 내 강의를 무료로 제공할게요." 만약 그들이 제안을 거절한다면, 그들은 스스로 어려움에서 벗어나려는 의지가 전혀 없다는 의미다. 그들은 단지 누군가 자신을 구제해 주기를 바랄 뿐이다. 하지만 이런 사람들은 결국 스스로 밑바닥까지 내려가 깨달음을 얻을 때까지 절대 변하지 않을 것이다.

브래드 금융 상담을 할 때마다 친구나 가족에게 돈을 빌려주는 문제에 신중하라고 조언한다. 관계에 돈이 개입되는 순간 친구, 형제자매, 사촌 사이의 관계는 채무자와 채권자 관계로 바뀐다. 만약 소중한 관계를 잃고 싶지 않다면 은행처럼 그들에게 철저히 책임을 묻는 것은 사실상 불가능하다. 은행은 구매 증빙 서류, 사업 계획서, 담보를 요구하고 계약서도 작성한다. 상환이 지연되면 연체료를 부과하고 심지어 대출금으로 구매한 물건을 압류해 손실을 보전하기도 한다. 하지만 사촌에게 이런 방식을 적용한다면? 온 가족이 불같이 화를 낼 것이다.

그래서 나는 친구나 가족에게 돈을 빌려주려는 사람들에게 빌려준 돈을 그들이 어떻게 사용할지 신경 쓰지 말라고 한다. 즉, 돈의 사용 용도에 관한 모든 기대를 완전히 내려놓아야 한다. 공과금을 내지 못해 전기나 수도가 끊길 상황이라며 빌려 간 200달러로 새 신발을 샀다고 해도, 당신이 왈가왈부할 일이 아니다. 월세를 못 냈다며 울먹이며 돈을 빌려 갔던 사람이 며칠 뒤 술집에서 다른 사람들에게 술을 쏘는 모습을 봤다 해도, 당신은 받아들여야 한다. 그들이 돈을 제대로 관리하지 못한다 해도 딱히 놀랄 일은 아니다. 애초에 돈을 빌린다는 사실 자체가 이를 입증했으니까. 그 돈을 어떻게 쓸지 걱정된다면, 아예 빌려주지 마라. 그렇지 않으면 관계를 망칠 게 뻔하다. 그간의 경험으로 보아, 못 받을 돈이라고 생각해도 괜찮을 때만 빌려줘라. 어쨌든 돈을 빌려줄 땐 조심해야 한다. 누군가에게 돈을 빌려주는 순간 관계가 변질되고, 위태로워질 수 있다. 특히, 경제적으로 어려운 누군가에게 돈을 빌려주면 아마 그들은 다른 채권자들에게 하듯 당신을 피하기 시작할 가능성이 크다.

때로는 정말로 운이 나빠 누군가의 도움이 절실한 경우도 있다. 어려움을 겪고 있다며 우리에게 돈을 달라고 요청하는 DM이 끊이지 않는다. 물론 슬프고 마음 아픈 사연도 있다. 하지만 돈을 요청하는 모든 사람에게 돈을 준다면, 그들에게 잘못된 교훈을 주는 동시에 우리도 빈털터리가 될 것이다. 우리는 모두 때때로 도움이 필요하며, 어려움에 처한 사람에게 도움을 주는 것은 좋은 일이다. 하지만 늘 경제적으로 어렵고 돈을 빌려달라고(또는 달라고) 요청하는 사람은 돈을 제대로 관리하지 못하는 경우다. 더 심각한 문제는, 그들이 자신의 문제를 책임지지 않으면서 어려운 결정을 미루고 있다는 점이다. 당신은 그들을 일시적으로 지원함으로써 그들의 고통을 더 길게 연장시키고 있을 뿐이다.

경제적으로 힘든 시기를 겪을 때 그들은 상황을 해결하기 위해 과감한 조치를 취해야 한다. 이를테면 부모님 집으로 다시 들어가거나 룸메이트를 구하고, 더 저렴한 차량으로 갈아타거나 부업을 시작해야 한다.

열심히 일하지만 돈 관리에 서툰 경우도 있다. 어려울 때마다 친구와 가족에게 항상 구제받기 때문에, 사고방식과 행동을 바꿀 만큼의 불편함을 느끼지 않는 것이다. 이러면 그들은 영원히 스스로 부를 쌓는 법을 배우지 못한다.

불행은 동반자를 원한다. 한 사람이 건강하지 못한 악순환에서 벗어나면, 가난한 사고방식을 가진 집단의 불행은 더욱 도드라져 보인다. 마치 통 속의 게들처럼 건강하지 못한 집단은 탈출하려는 사람을 다시 통 속으로 끌어당기려 한다. 하지만 좋은 친구는 서로를 끌어내리지 않는다. 그들은 통에서 탈출해서 다른 사람들에게 자신이 어떻게 탈출했는지 보여 준다.

가난한 사고방식을 가진 친구와 거리를 두는 방법

완전히 고립되지 않으면서도 가난한 사고방식을 가진 사람들과 거리를 두는 방법은 무엇일까? 굳이 인연을 완전히 끊을 필요는 없다. 대신, 그들과 공유하는 정보를 제한하고, 그들이 당신 삶에 미치는 영향을 최소화하면 된다. 예를 들어 경제적 목표, 사업의 어려움과 성공, 재정 상태 등 민감한 주제는 공유하지 않는 것이다. 스포츠나 취미 같은 공통 관심사를 중심으로 대화를 제한하고, 불편한 상황이 생기지 않도록 세부적인 경제 상황은 언급하지 않는 것이 좋다.

사회경제적 다리를 올라가다 보면 자연스럽게 관계가 소원해지고 함께 보내는 시간이 줄어들 것이다. 그럼에도 여전히 그들을 사랑하고 멀리서 응원할 수 있다. 이러한 변화는 돈을 더 많이 벌고 사회경제적 위치가 상승하면서 사람들이 흔히 겪는 일이다. 사람들이 거만해졌기 때문이 아니라, 단지 그들의 사고방식이 변하고 관심사와 습관이 달라지면서 오는 자연스러운 결과다. 연봉 인상이나 학업 재개와 같은 특정 사안은 친구나 가족과 공유하지 않을 수 있다. 목표와 성취를 공유할 사람을 신중하게 선택하라. 승진 소식이 모두에게 반가운 일은 아닐 수 있으니까. 안타깝지만 때로는 경제적 또는 개인적인 이유로 누군가와의 관계를 정리해야 할 때도 있다. 이는 결코 쉬운 일이 아니지만, 악의적일 필요는 없다. 그들을 사랑하는 마음으로 놓아주고, 그들의 앞날에 좋은 일이 있기를 진심으로 바라면 된다. 당신을 끌어내리는 관계를 정리하고 나면 당신에게 영감을 주고, 책임감을 부여하며, 성공을 함께 축하하고, 당신의 성장을 돕는 '파워 그룹power group'을 위한 자리가 마련될 것이다.

부자의 사고방식을 가진 친구를 찾아라

경제적 목표와 직업적 목표를 달성하려면 가치관과 관심사가 일치하는 사람들과 함께하는 것이 중요하다. 앞서 언급했듯이, 직장에서만 친구를 사귈 수 있는 건 아니다. 스포츠팀에 가입하거나 부자의 사고방식을 실천하는 사람을 온라인에서 찾아 배우고, 기회가 있을 때마다 그들과 자주 교류하라. 마스터마인드 그룹mastermind group처럼, 자기 계발을 위해 적극적으로 노력하는 사람들이 모인 클럽이나 모임에 참여하라. 부자들이 가장 좋아하는 스포츠인 골프를 시작하는 것도 좋다. 자선단체에서 자원봉사를 해 보는 것도 추천한다. 이는 자산가들이 지역사회에 환원하기 위해 참여하는 활동이다. 가난한 사고방식을 가진 친구들과 술집에 가거나 직장 상사에 대한 불평을 늘어놓으며 보내던 시간을 줄이면, 인생에서 새롭고 유익한 관계를 쌓을 기회가 생긴다. 심지어 주변에 부자가 전혀 없어도, 부자가 되기 위해 노력하는 사람들을 만나 서로를 지지하고 응원하며 함께 성장할 수 있다.

우리 둘은 선의의 경쟁을 벌이며 서로 발전한다. 함께 피클볼, 탁구, 스키트 사격을 하거나, 소셜 미디어 팔로워 수를 비교하기도 한다. 이 책의 최종 편집을 마무리하며 누구의 선주문량이 많을지 경쟁하고 있다(현재는 에이드리안이 앞서고 있지만, 브래드가 그 뒤를 바짝 뒤쫓고 있다). 이런 선의의 경쟁 덕분에 우리는 각자의 기술을 발전시키고, 코트 안에서는 물론 재정적인 세계에서도 더 나은 결과를 내도록 서로 돕는다. 우리가 항상 돈에 대해서만 이야기하는 건 아니다. 우리는 서로 긍정적인 자극을 주며, 더 나은 성과를 낼 수 있도록 밀어준다. 서로가 서로에게 성장의 원동력이 된다. 우리가 피클볼 코트에서 만난 사이는 아니다. 처음엔 온라인에서 만났다. 콘텐츠를 통해 서로의 가치관이 일치한다는 사실을 알게 됐고, 상대방의 영상을 시청하며 소통하기 시작했다. 얼마 지나지 않아 메시지를 주고받으며 아이디어를 공유하게 됐고, 지금은 피클볼 코트에서 서로를 이기려고 노력하면서 재정에 관한 책을 함께 쓰고 있다.

브래드 한번은 함께 시간을 보내던 중, 내가 에이드리안에게 어떤 성과를 공유한 적이 있다. 그리고 바로 이 말을 덧붙였다. "자랑하려는 건 아니고…" 그러자 에이드리안이 내 말을 끊으며 이렇게 말했다. "이봐, 자랑해도 돼! 나한테는 마음껏 자랑하라고. 네가 잘되는 이야기를 듣는 게 얼마나 좋은데." 이런 우정을 나눌 수 있다는 것은 정말 멋진 일이다. 서로의 성공을 진심으로 축하하고, 서로를 북돋아 주는 관계야말로 진정한 우정이 아니겠는가.

인간관계에서 다른 사람의 가난한 사고방식이라는 짐에 질질 끌려다니기에는 인생이 너무 짧다. 부자의 사고방식을 발전시키고 유지하려면, 가장 가까운 사람들이 그 사고방식을 유지해야 한다. 성공과 경제적 안정은 가장 가까운 친구와 가족에게 달려 있다. 좋든 싫든 우리는 가까운 사람들에게 큰 영향을 받을 수밖에 없다. 따라서 경제적 목표와 성공을 공유할 수 있는 사람, 그리고 가장 소중한 자산인 시간을 투자할 대상을 신중하게 선택해야 한다.

좋은 친구를 사귀어라

이제 이너 서클inner circle, 즉 가까운 주변 사람들에 대해 솔직하게 돌아볼 시간이다. 당신이 가장 많은 시간을 함께 보내고 있는 5명의 목록을 작성해 봐라. 이들과 어떤 이야기를 나누는가? 돈과 성공에 대한 이야기를 꺼내면 대화 분위기가 고무되는가 아니면 침체되는가? 그들과 대화를 하면 동기부여가 되는가 아니면 의욕이 꺾이는가? 이들의 사고방식을 1점에서 10점까지(1에 가까울수록 가난한 사고방식, 10에 가까울수록 부자의 사고방식이다.) 각각 평가해 봐라. 각 사람에 대해 깊이 생각해 봐라. 점수가 7점 이하인 사람들에게 부자의 사고방식을 갖도록 독려할 수 있을 것 같은가? 한 가지 방법으로, 이 책을 읽어 보라고 권하는 것도 좋다. 당신과 이 여정을 함께 할 의향이 있는지 물어봐라. 거절한다면 앞으로 그들과 보내는 시간을 어떻게 조정할지, 대화 주제를 어떻게 제한할지 신중하게 결정해야 할 때다.

이제 두 번째로, 더 가까워지고 싶은 사람들의 목록을 작성해 봐라. 당신이 배울 수 있고, 당신이 성장하도록 도울 수 있는 사람들이다. 떠오르는 사람이 아무도 없다면 책이나 팟캐스트를 통해 부자의 사고방식을 가진 사람들을 만날 수 있을지 생각해 봐라. 당신이 갖고 싶은 사고방식을 가진 사람들과 교류하려면 어떤 모임, 스포츠 클럽, 자선단체에 참가하는 것이 좋을까? 그런 사람들이 활동하는 공간에 초점을 맞추고 관계를 형성하기 시작하라.

11장

가난한 사람은 물건을 사고 부자는 시간을 소유한다

◆

◆

진정으로 성공한 사람에게 세상에서 가장 소중한 것이 무엇인지 물어봐라. 답은 늘 같다. 바로 '시간'이다. 시간은 가장 소중하고 귀중한 자원이다. 한번 쓰면 다시 되돌릴 수 없다. 호화 요트, 최신형 스포츠카, 명품 옷과 액세서리, 언덕 위의 대저택을 가질 수 있다 해도, 시간이 없다면 그 어떤 것도 즐길 수 없다. 진정한 부의 척도는 물건이나 지위가 아니라 시간이다.

시간당 20달러를 번다고 가정해 보자. 카페에서 파는 비싼 머핀 한 개의 가격은 단순히 10달러가 아니라, 인생의 30분이다. 주말에 술집에서 지출한 100달러는 그냥 100달러가 아니라, 5시간의 인생이다. 매달 납부하는 새 차 할부금은 500달러가 아니라, 매달 25시간의 인생에 해당한다. 지출을 '인생의 시간'으로 환산해보면 시간이 얼마나 소중한지, 그리고 소비하는 물건이 실제로 얼마나 많은 삶의 비용을 요구하는지 명확해진다.

부자는 돈을 가장 귀중한 자산인 '시간'을 더 많이 구매할 수 있도록 도와주는 도구로 이해한다. 열심히 번 돈으로 휴가를 가거나 고급 레스토랑에서 저녁 식사를 즐기는 것처럼, 진정한 부는 가장 큰 자유와 기쁨을 선사하는 경험을 얻는 데 있다. 따라서 부자가 되는 핵심 전략 중 하나는 궁극적으로 매일 소중한 시간을 더 많이 되찾아 주는 구매에 투자하는 방법을 배우는 것이다.

치열한 생존 경쟁을 피하는 유일한 방법은 잠자는 동안에도 돈을 버는 법을 배우는 것이다. 그래야만 시간과 돈을 맞바꾸는 삶에서 자유로워질 수 있다. 돈은 언제든 더 벌 수 있지만, 시간은 결코 되돌릴 수 없다. 부자들이 알고 있는 비밀이 바로 이것이다. 즉, '시간'을 소유하지 못하면, '가난'에서 벗어날 수 없다.

생각보다 시간은 많지 않다

4,000주. 이것이 현대인의 평균 수명이다. 반복되는 일상에서 소셜 미디어를 하염없이 스크롤하거나, 의미 없는 TV 프로그램을 보며 소중한 시간을 낭비하곤 한다. 하지만 시간을 점점 줄어드는 소중한 자원으로 인식하는 순간, 그렇게 함부로 흘려보내기 어려워진다. 4,000주. 이것이 당신이 누릴 수 있는 전부다! 그것도 '운이 좋다면' 말이다.

많은 사람들이 자신의 노동과 시간을 팔아 싫어하는 일을 하며 시간당 임금을 받는다. 그러나 그렇게 번 돈으로 생계조차 제대로 꾸릴 수 없는 경우가 많다. 그들은 하루하루 출근 도장을 찍으며 일주일, 한 달, 몇 년, 그리고 결국 평생을 허비한다. 반면, 부자들은 골프를 치고 낚시를 하며, 여행을 떠나고, 사랑하는 사람들과 시간을 보내며 이탈리아 리비에라 근처에서 일광욕을 즐긴다. 그들은 주어진 시간을 최대한 활용하는 방법을 알고 있다. 그리고 당신도 그렇게 할 수 있다.

　부자들은 시간을 만족스럽게 사용하는 데 능숙하다. 연구에 따르면, 부자들도 일반 사람들과 비슷한 시간을 일한다. 하지만 그들의 여가는 다르다. TV를 보고 집에서 쉬는 수동적인 여가보다는, 운동이나 자원봉사 같은 능동적인 여가에 더 많은 시간을 보낸다. 이로써 부유층의 삶의 만족도는 더 높아진다. 그렇다면 부자들은 어떻게 자신이 사랑하는 일을 위해 그렇게 많은 시간을 확보할 수 있을까?

패시브 인컴을 구축하라

시간을 돈과 맞바꾸지 않아도 된다면 어떨까? 에이드리안을 비롯한 많은 프리랜서와 온라인 마케터들은 잠자는 동안에도 돈을 버는 방법, 즉 '패시브 인컴passive income'을 만들어 냈다. 하지만 패시브 인컴에 대한 기존 통념을 먼저 바로 잡아야 한다. 패시브 인컴은 '일하지 않고도 돈을 번다'는 뜻이 아니다. 이러한 수입원과 시스템을 구축하고 유지하는 데는 상당한 노력이 필요하다. 단순히 스위치를 켠다고 해서 바로 돈이 들어오기 시작하는 것은 아니다.

에이드리안 엉터리 온라인 마케팅은 '패시브 인컴'이란 용어의 본래 의미를 왜곡시키고 있다. 원래 이 용어는 주식 배당금처럼 단순히 '돈이 돈을 버는' 기회를 뜻했다. 그런데 온라인 비즈니스 세계에서, 인터넷이 '항상 켜져 있는' 매체라는 점 때문에 패시브 인컴의 개념이 점차 확대되기 시작했다. 이론적으로는 웹사이트가 24시간 내내 작동하기 때문에 노트북 앞에 있지 않아도 돈을 벌 수 있다는 것이다. 실제 사례를 통해 이것이 정말 패시브 인컴인지 살펴보자. 2022년에 500개의 제품 리뷰 영상을 제작했다. 100시간이 넘는 시간을 들여 만든 이 영상을 아마존에 업로드했다. 제작 기간은 한 달이 걸렸지만, 이 영상들로 22,233달러의 수익을 올렸다. 이것이 패시브 인컴일까? 2023년에는 추가로 들인 작업 시간이 10시간도 채 되지 않았지만, 이 영상들로 43,614달러를 벌어들였다. 이것도 패시브 인컴이라고 봐야 할까? 2024년 5월 현재 이 책을 쓰는 동안, 완전히 동일한 영상으로 추가 작업 없이 이미 5천 달러 이상의 수익을 올렸다. 이것은 패시브 인컴일까? 인터넷에는 이렇게 한 번의 작업으로도 오랜 시간 동안 수익을 창출할 수 있는 기회가 많다. 나는 이런 기회를 단순히 '패시브 인컴'이라고 하기보다는, '추가적인 시간 투입 없이 지속적인 수익 창출이 가능한 작업'이라고 설명하기 시작했다.

브래드 지난 20년 동안, 나는 최선을 다해 열심히 일하며 바쁘게 살았다. 하지만 항상 '자유'라는 목표를 마음에 품고 있었기에 의욕을 잃지 않았다. '40년, 50년 동안 죽어라 일하고 그걸로 멋진 수영장이 딸린 큰 집에 살고 비싼 차를 몰면서 정작 아이들 얼굴은 제대로 보지도 못하겠지.'라는 생각은 단 한 번도 한 적이 없다. 내 목표는 늘 자유였다. 이제 그 목표를 이뤘고, 한 달 정도 일을 쉬고 싶을 때도 가족의 생계를 걱정하지 않아도 된다는 사실이 정말 행복하다. 아프더라도 유급 병가가 얼마나 남았는지 고민할 필요가 없다. 혹은 열이 나 며칠 동안 누워 있어야 할 때, 그로 인해 얼마나 많은 손해를 보게 될지 전전긍긍하지 않아도 된다. 나는 목표에 집중하며 열심히 일했고, 패시브 인컴을 얻을 수 있는 다양한 수입원을 개발했다. 덕분에 이제는 내 시간을 소유하는 삶에 이르렀다. 물론 앞으로도 계속 일할 것이다. 일을 진심으로 사랑하기 때문이다. 하지만 이제는 언제, 어디서, 어떻게, 누구와 일할지 직접 결정할 수 있다. 지금은 나를 성장시키고 인생의 사명을 실현하는 사업과 활동에 시간을 투자하면서, 동시에 가장 사랑하는 사람들과 함께 시간을 보내는 유연함도 누리고 있다.

시간과 자유를 원한다면 처음에는 자유롭지 못하고 힘든 일도 감수해야 한다. 에이드리안은 온라인 사업 전문가들의 성공 사례를 연구하며 많은 시간을 보냈다. 또한 온라인 비즈니스와 플랫폼을 구축하는 방법, 경제적 자유를 얻는 방법에 관한 책을 수십 권 읽었다. 브래드는 열심히 공부하여 심리학 박사 학위를 취득했고, 이후 재무 설계 전문가가 되어 두 분야를 결합해 새로운 길을 개척했다. 우리는 친구들이 파티를 즐길 때 밤낮없이 주말까지 일했다. 친구들은 리스한 고급 차를 몰며 매월 높은 리스료를 떠안았지만, 우리는 더 많은 돈을 투자하기 위해 중고차를 몰았다. 명품으로 옷장을 채우는 대신, 그 쓸모없는 옷을 친구들에게 팔아 이익을 내는 기업의 주식으로 401(k) 계좌를 채웠다. 친구들이 소셜 미디어에서 콘텐츠를 소비하는 동안 우리는 콘텐츠를 제작했다. 더 나아가 온라인 플랫폼을 구축했고, 경제적 자유를 달성하는 방법에 대한 동기부여 콘텐츠를 수백만 명의 팔로워에게 열정적으로 제공했다. 대부분의 사람들은 인플루언서를 단순히 공공장소에서 셀카를 찍는 사람으로 생각한다. 하지만 진정한 '인플루언서'는 그 이상의 가치를 창출한다. 에이드리안은 틱톡을 시작한 첫해에 1,000개가 넘는 영상을 제작했다. 친구들이 넷플릭스를 보며 시간을 낭비하는 동안 우리는 책을 읽고 부를 쌓는 시스템을 실행했다. 또한 언젠가 사랑하는 일을 하는 동안에도 패시브 인컴을 얻을 수 있도록 수입원을 다양화했다. 부업은 결코 쉬운 일이 아니며, 적극적인 노력hustle이 필요한 까닭에 '사이드 허슬side hustle'이라고 불린다. 수동적으로 일하면서는 결코 패시브 인컴을 얻을 수 없다. 우리는 19장, '부업 없이 넷플릭스를 몰아 보는 사람은 평생 가난할 것이다'에서 부업에 대한 내용을 더 자세히 다룰 예정이다.

경제적 자유는 꿈이 아니다

경제적 자유는 먼 미래의 막연한 꿈이 아니다. 또한 한 번에 이뤄야 하는 것도 아니다. 중요한 것은 언제, 어떻게 경제적 자유를 달성하고 싶은지 구체적인 목표를 설정하는 것이다. 예를 들어, 몇 살쯤에 일주일 중 하루를 자유롭게 보내고 싶은가? 일주일 중 이틀은? 생계를 유지하기 위해 매주 50시간씩 일하는 대신 경제적 목표를 달성해 나가면서 매주 20시간만 일하는 삶을 누리고 싶은 시점은 언제인가? 패시브 인컴만으로 원하는 라이프스타일을 온전히 누릴 수 있는, 완전한 경제적 자유는 앞으로 몇 년 후에 이루고 싶은가?

지금부터 10년 후든 20년 후든, 경제적 자유 목표를 설정해 봐라. 그리고 그 목표를 이루기 위해 지금부터 앞으로 몇 년 동안 얼마나 많은 돈을 벌어야 하는지 역산해 봐라. 목표를 설정했다면, 이제 구체적인 계획을 세워야 한다. 현재 직업에서 벌어들일 수 있는 최대 수입은 얼마인가? 그 정도면 목표에 도달할 수 있는가? 그렇지 않다면, 미래의 수입을 늘리기 위해 기술을 확장해야 한다. 부업을 한두 개 더 해야 하는지, 목표를 달성하려면 그 부업에서 얼마를 벌어야 하는지 계산해 봐라. 목표에 더 빨리 도달하려면 종잣돈을 마련하거나, 사업이나 부업에 투자해야 한다. 이를 위해서 지금 당장 비용을 줄일 수 있는 곳은 어디일까? 브래드는 지난 20년간 낮에는 본업을 하고, 동시에 3개 이상의 부업을 했으며, 이렇게 벌어들인 돈의 30%를 투자했다. 에이드리안은 1년 동안 밴에 살면서 수입의 95%를 투자했다. 흥미로운 목표가 있으면, 큰 의미가 없는 지출은 쉽게 줄일 수 있다.

경제적 자유는 단순히 걱정이 없고 경제적으로 안정적인 상태를 넘어서 더 많은 것을 의미한다. 경제적 자유란 가족과의 시간, 긴 휴가, 무제한 유급휴가, 새로운 취미, 자기 계발, 즐거운 모험을 누릴 수 있는 삶을 뜻한다. 자녀의 리틀 리그 코치를 자처하거나 학교에서 봉사활동을 하고, 평일에 아이들을 동물원에 데려갈 수 있는 여유를 의미한다. 또한 딸의 결혼식을 같이 계획하거나 손주와 함께 시간을 보낼 수 있고, 남은 휴가 일수를 걱정하지 않고 친구와 새로운 곳으로 여행을 떠날 수 있다는 뜻이다. 쉴 틈 없이 매주 80시간씩 일해야 한다면, 순자산이 얼마인지는 중요하지 않다. 이는 가난한 삶이다.

투자 수익은 종잣돈이다

아침에 일어나 투자한 돈이 불어나 있는지 확인하는 것만큼 짜릿한 일은 없다. 경제적 자유를 이룬 가장 부유한 사람들은 투자로 벌어들이는 수익이 본업에서 버는 돈을 능가한다. 이것이야말로 진정한 패시브 인컴이다. 앞서 말했듯이, 대부분의 백만장자들은 자수성가한 사람들이다. 그들은 처음부터 거액을 투자한 것이 아니라, 적은 금액이라도 할 수 있는 한 많은 돈을 투자하기 시작했다. 하루에 단돈 5달러라도 투자를 멈추지 않았다. 하지만 결국 5달러가 복리 효과로 인해 눈덩이처럼 불어나 당신을 위해 일하게 된다. 투자를 지속할수록 자산은 더 빠르게 성장한다. 돈이 스스로 돈을 벌기 시작하는 순간, 엄청난 희열을 느낄 수 있다.

결국 이 모든 것은 매일 꾸준히 내리는 작은 결정에 달려 있다. 미루지 마라. 하루 5달러로도 부를 쌓을 수 있다. 꾸준히 투자하다 보면, 언젠가 시간을 되찾을 수 있는 지점에 도달한다.

진정한 부는 물건으로 측정되지 않는다. 현명하게 돈을 사용하여 만들어낸 '소중한 순간'들로 측정된다. 진정한 부는 물건이 아닌, 경험에 투자하는 것이다. 경험을 통해 우리는 배우고 성장하며 주변 사람들과 더 깊이 연결될 많은 기회를 얻는다. 바로 이것이 진정한 삶이다!

종잣돈은 경제적 자유를 위한 모든 투자 계좌의 총합을 말한다. 여기에는 401(k), Roth IRA(세후 수입으로 적립하는 개인 퇴직연금계좌이다. - 옮긴이 주), Traditional IRA(세전 수입으로 적립하는 개인 퇴직연금계좌이다. - 옮긴이 주), 증권 계좌, 신탁 계좌 등이 포함되며, 이에 한정되는 것은 아니다. 종잣돈 수익은 이러한 계좌에서 발생하는 현금을 말한다. 이 계좌를 현명하게 운용하면, 영구적으로 수익을 창출할 수 있다. 많은 은퇴자들은 원금을 건드리지 않고 종잣돈에서 나오는 분배금만으로 안락하게 생활한다. 이 소득이 다른 수입원과 다른 점은, 진정한 의미의 수동적 소득일 수 있다는 점이다. 예를 들어, 임대 부동산에서 발생하는 '패시브 인컴'은 사실상 수동적이지 않다. 이는 하나의 비즈니스다. 세입자를 찾고, 고장 난 가전제품을 수리하거나 교체하며, 회계장부를 작성하고, 퇴거 가능성과 세금 납부 등을 책임져야 하기 때문이다. 이와 대조적으로 종잣돈 수익은 일반적으로 투자에서 발생하며, 초부유층은 이를 재무 자문가가 관리하는 경우가 많다. 많은 재무 자문가들은 '4% 법칙'을 추천한다. 이 규칙의 핵심은 매년 종잣돈의 4%를 인출하면 원금을 건드리지 않고도 경제적으로 안정적인 은퇴 생활을 유지할 수 있다는 것이다. 예를 들어 백만 달러의 종잣돈이 있다고 가정해 보자. 우선 백만 달러를 모으는 데 성공했다니, 축하한다! 그간의 헌신과 희생, 절제력에 무한한 존경을 표한다. 백만 달러의 종잣돈을 기준으로 4% 법칙을 적용하면, 연간 4만 달러의 소득을 평생 동안 얻을 수 있다. 이는 평균적인 투자 수익률을 가정한 것이다. 적절한 분산 투자를 하지 않고 '시장을 이기려고' 하거나 '단타 매매'를 시도하지 않는 한, 당신(그리고 당신의 자녀, 손주, 증손주)은 영원히 4%의 분배금을 기대할 수 있다. 이것이 바로 세대를 이어 부를 창출하는 방법이다.

아웃소싱으로 시간을 소유할 수 있다

잠자는 동안에도 돈을 버는 기술을 완전히 터득했다고 가정해 보자. 매일 아침 출근하며 주당 40~70시간씩 일하지 않아도 되고, 그동안 미뤄 뒀던 일을 처리할 시간도 생겼다. 이제 기존의 노동이 다른 형태로 전환된다. 심부름을 하고, 집안일을 하며, 대청소를 하고, 약속을 잡고, 어질러진 옷장을 정리하기 시작한다. 그럼 과연 당신은 시간을 통제하는 주인이 됐는가?

에이드리안 대부분의 사람들은 소셜 미디어를 통해 나를 알고 있다. 밴에서 살며 일주일에 하루 와이파이를 사용하면서도, 인터넷 마케팅으로 백만 달러가 넘는 수익을 낸 사람으로 말이다. 어떻게 그게 가능했을까? 바로 아웃소싱, 자동화, 그리고 나 없이도 비즈니스가 성공적으로 운영되는 프로세스에 집착했기 때문이다. 나는 사업 관련 시스템과 업무를 모두 아웃소싱하는 방법을 알고 있었다. 하지만 집으로 이사한 후에도, 여전히 빨래와 집안일은 직접 했다. 뭔가가 고장 나면 직접 철물점에 가서 고치려고 노력했다. 물론 대부분의 시도는 실패로 끝났지만 말이다. 그러다 문득 이런 생각이 들었다. '집안일이나 하려고 경제적 자유를 얻은 게 아니잖아. 내가 사랑하는 일에 시간을 쓰기 위해서였지.'

아내는 집안일을 관리할 개인 비서를 고용하자는 아이디어를 냈다. 번뜩이는 깨달음을 얻은 순간이었다. 부자들처럼 진정으로 시간을 최적화하고 싶다면, 직장 생활뿐만 아니라 개인적인 삶의 업무도 아웃소싱해야 한다는 사실을 깨달았다. 부자들은 수도꼭지를 고치거나 옷을 개지 않는다. 그들은 자신에게 중요한 일을 할 시간을 확보하기 위해 거의 모든 일을 아웃소싱한다. 시간은 곧 자유다. 개인 비서를 고용한 것은 엄청난 변화를 가져왔다. 1년도 채 지나지 않았지만, 첫날부터 아내와 나는 서로를 바라보며 감탄했다. "세상에, 정말 대단하다!" 비서가 투입된 모든 시간은 우리에게 선물 같은 시간이 됐다. 물론 개인 비서를 고용하는 것은 일시적일 가능성이 높다. 우리는 고용한 사람들이 자신의 부업을 시작하고 경제적 자유를 이룰 수 있도록 지원할 계획이기 때문이다. 하지만 최대한 많은 자유를 얻기 위해 가능한 한 일을 계속 아웃소싱할 것이다. 또 다른 아웃소싱은 요리였다. 멕시코 가정에서 자라서 그런지, 요리는 문화의 큰 부분을 차지했다. 그래서 아내와 나는 요리하고 설거지하느라 일주일에 20시간씩 쓰면서도, 쉽게 손에서 놓지 못했다. 고용한 셰프가 만든 첫 식사는 정성이 가득 담겨 있었다. 믿을 수 없을 정도로 맛있는 음식을 먹은 순간, 나는 깨달았다. "내가 좋아하는 건 요리가 아니라 먹는 거였어!"

시간을 온전히 소유하는 것이 부와 성공의 궁극적인 목표다. 시간을 되찾는 경험은 1,000대의 스포츠카를 소유하는 것보다 더 짜릿하고, 100개의 롤렉스를 갖는 것보다 더 화려하며, 세상에서 가장 맛있는 미슐랭 5스타 요리를 즐기는 것보다 더 값지다. 더 이상 시간을 돈과 맞바꾸지 않아도 되는 지점에 도달하면, 가능성의 세계가 열리고, 삶의 만족도는 폭발적으로 증가한다. 가족과 함께 시간을 보내고, 취미를 즐기며, 자신이 원하는 방식으로 삶을 살아갈 수 있다. 이 책을 읽는 모든 사람이 그런 삶을 살길 바란다. 진정한 경제적 자유란 더 이상 출퇴근 시간에 얽매이지 않고 자신의 삶을 되찾는 순간부터 시작된다.

진정한 자유를 소유하라

진정한 부자가 되고 싶다면 시간을 소유해야 한다. 시간을 점점 더 많이 소유하는 것은 하나의 과정이지만, 이는 올바른 사고방식에서 시작된다. 가짜 부의 함정에 빠지지 마라. 자동차, 옷, 시계 등에 돈을 낭비하지 말고, 대신 종잣돈을 모으는 데 집중하라. 그리고 경제적 자유를 '최우선' 재정 목표로 삼아라. 이를 실현하려면 다음과 같은 질문을 스스로에게 던져야 한다.

- 현재 일주일에 몇 시간을 온전히 소유하고 있는가?
- 당신의 보스는 일주일에 몇 시간을 소유하고 있는가?
- 일주일에 몇 시간을 가사 노동에 할애하고 있는가?
- 아웃소싱할 수 있는 작업으로는 어떤 것이 있는가? 참고로, 가장 추천하는 작업은 집 청소다. 시간을 절약할 수 있을 뿐만 아니라 연인이나 부부 관계를 돈독하게 만드는 효과를 얻을 수 있다!
- 경제적 자유의 목표는 무엇인가?
- 경제적 자유를 달성하려면 지금 얼마를 벌어야 하는가?
- 그 목표를 달성하려면 무엇을 해야 하는가? 수입을 늘려야 하는가? 그렇다면, 배우거나 결합할 수 있는 기술은 무엇인가? 목표 지점에 도달하기 위해 할 수 있는 부업은 무엇인가?
- 종잣돈 수익의 목표는 무엇인가? 그 목표를 달성하기 위해 급여를 받을 때마다 얼마를 투자할 수 있는가?

모든 답변을 작성했다면 자신만의 '마스터플랜'을 세우고, 목표를 이루기 위해 매일 꾸준히 노력하라. 지금의 작은 실천이 나중에 큰 변화를 만들어 낸다.

12장

빈털터리에 불과한 사람들만이 명품을 과시한다

◆

◆

"야, 여기 좀 봐! 나 롤렉스 샀어! 내 월세보다 비싼 루이비통 가방 봤냐!
이 람보르기니 소리 죽이지?" 이렇게 명품을 자랑하는 사람들에게 전하
고 싶은 말이 있다. "우리는 당신이 산 물건에는 아무런 감흥이 없다." 사
치품은 불안정한 자아를 반영하는 것일 뿐, 거기에 돈을 쏟아붓는 것은
빈털터리가 되는 가장 빠른 길이다. 또한 연구에 따르면, 실제 자수성가
한 부자들은 그런 식으로 돈을 쓰지 않는다. 설령 좋은 물건을 갖고 있
다고 해도, 진정한 부자들은 자랑하려고 인스타그램에 올리지는 않는
다. 오히려 그 반대다. 대부분의 자수성가한 백만장자들은 자신이 얼마
나 '검소하게' 살고 있는지를 더 자랑한다. 실제 부자들은 새 BMW를 얼
마에 샀는지보다 중고 도요타를 얼마나 싸게 샀는지를 더 자랑한다. 가
난한 친구들 앞에서 명품 자랑을 해 봤자, 진짜 부자들은 당신의 허세를
단번에 알아차린다. 냉정하게 말해서 명품을 자랑하는 사람들 대부분은

스스로 경제적인 어려움을 자초하는 셈이다.

소셜 미디어에 자랑하기 위해 힘들게 번 돈과 소중한 시간을 반짝거리고 요란하며 빠르기만 한 쓸모없는 물건과 맞바꾸려는 사람들이 있다. 그리고 이들을 겨냥한 거대한 산업이 존재한다. 베르나르 아르노Bernard Arnault가 이를 잘 보여 주는 사례다. 그는 루이비통부터 태그호이어까지, 거의 모든 명품 브랜드를 인수하며 현재 세계에서 가장 부유한 사람 중 한 명으로 손꼽힌다. 그는 불안정한 사람들이 돈을 저축하기보다 빚을 내서라도 부자처럼 보이고 싶어 한다는 점을 꿰뚫어 보고 있었다. 그 덕분에 그는 일론 머스크, 제프 베조스와 함께 세계 최고 부자 자리를 두고 경쟁할 수 있었다. 안타깝게도, 가난한 사람들과 중산층은 자신에게 신경도 쓰지 않는 친구나 팔로워들에게 잘 보이기 위해 힘들게 번 시간(시간을 팔아 돈을 버는 사람이라면, 돈이 곧 시간임을 기억하라)을 쉽게 낭비한다. 이는 가난한 환경에서 자란 사람들이 빠지기 쉬운 함정이다. 마치 브래드가 20대에 겪었던 것처럼 말이다.

브래드 대학원을 졸업하고 공립학교 교사로 일하며 3가지 부업까지 병행한 끝에 마침내 연봉이 10만 달러를 넘기 시작했다. 그때 가장 먼저 한 일은 어머니를 위한 선물이었다. 어머니에게 14K 금으로 된 하와이안 전통 팔찌를 맞춤 제작해 선물했다. 내가 2살 때 아버지는 우리 곁을 떠났고, 당시 어머니는 여동생을 임신 중이었다. 특히 어머니가 재혼하기 전까지는 정말 힘든 시기를 보냈다. 나는 어머니가 나와 여동생을 위해 쏟았던 헌신에 대한 사랑과 감사를 표현하고 싶었다. 그래서 어머니에게 줄 팔찌에 수천 달러를 썼다.

그 무렵, 친구를 통해 명품 시계의 세계를 접하게 됐다. 고소득자로서 이제 부유층의 세계로 들어섰으니 나도 하나쯤 장만해야겠고 생각했다. 솔직히 말해서 사람들에게 성공한 모습을 보여 주고 싶었다. 그래서 오메가 스피드마스터Omega Speedmaster를 구입하며 또 몇천 달러를 썼다. 물론, 당시 수입은 꽤 좋았다. 하지만 여전히 학자금 대출이 남아있어서 순자산이 마이너스 10만 달러였다. 당시에는 이런 소비가 빈곤층과 중산층이 하는 행동이며, 대부분의 부자들은 그런 소비를 하지 않는다는 사실을 전혀 몰랐다. 나는 전형적인 가난한 사고방식을 가진 사람들이 하는 실수를 저질렀다. 어머니의 노고와 희생에 감사를 표하고 싶었고, 반짝이는 명품으로 나의 '성공'을 세상에 보여 주고 싶었다. 평생을 뒤처진 느낌과 결핍감에 시달렸기에 스스로에게 보상을 주고 싶었다. 하지만 나중에야 깨달았다. 이런 방식의 소비가 오히려 경제적 자유라는 목표에서 더 멀어지게 만든다는 사실을 말이다.

부자의 사고방식에서 '가장 중요한 2가지 요소'는 미래를 위한 절제와 물질주의의 덫에 빠지지 않는 것이다. 미래를 위한 절제란, 미래의 경제적 자유라는 멋진 비전을 갖고 무의미한 소비 유혹을 쉽게 '거절'하는 능력을 뜻한다. 명확하고 흥미로운 비전이 없다면 지금의 소비 충동을 이겨내지 못하고 평생 가난하게 살게 된다. 물질주의는 더 많은 물건을 소유하는 것이 삶에서 가장 중요하다고 믿는 사고방식이다. 이는 부자의 사고방식과 정반대. 부자의 사고방식은 물건이 아닌 경험을 우선시한다. 이 2가지가 다음의 사항들보다 더 중요하다.

- 적립식 분할 투자Dollar Cost Averaging(DCA)(투자자가 일정 기간 동안 특정 금액을 정기적으로 투자하는 전략이다. - 옮긴이 주)
- 시장을 이기는 것, 또는 복권 당첨
- 억대 연봉을 버는 직업을 구하기

- 초기에 비트코인 구매하기

올바른 사고방식이 없다면, 아무리 빨리 큰돈을 벌더라도 금세 탕진하고 만다. 반짝이는 물건을 향한 끝없는 욕망을 반드시 절제해야 한다. 세상에 그 욕망을 만족시킬 만큼의 돈은 존재하지 않기 때문에, 이를 통제해야 한다.

가난한 사고방식을 가진 사람만이 플렉스 문화flex culture(본인 소유의 명품이나 귀중품 등으로 부를 뽐내는 문화이다. - 옮긴이 주)의 희생양이 되고, 그로 인해 영원히 가난의 굴레에서 벗어나지 못한다. 그렇다면 왜 사람들은 자신에게 해가 될 것을 알면서도 얄팍한 인맥을 만들고, 친구들과 팔로워들에게 과시하기 위해 감당할 수 없는 물건을 사는 것일까? 다시 말하지만, 이유는 모두 심리에 있다.

플렉스의 심리학

부를 겉으로 드러내는 행위, 즉 부의 외적 과시는 오랜 역사를 가지고 있다. 예를 들어, 바이킹은 자신의 부를 몸에 지니고 다녔다. 재물을 숨길 '안전한' 장소가 없었기 때문에, 그들은 종종 보물을 몸에 지니고 다녔다. 성공한 전사들은 값비싼 갑옷을 입고 고가의 검을 사용했으며, 은과 금으로 만든 팔찌를 착용했다. 상류층은 금실로 짠 고급 비단을 걸치고 모피와 보석으로 치장했다. 여성들은 화려한 구슬과 귀금속으로 만든 브로치까지 달았다. 그뿐만이 아니다. 비잔티움Byzantium(동과 서로 분열된 중세 로마제국 중 동로마 제국에 해당한다. - 옮긴이 주) 같은 먼 나라에서 가져온 기념품을 전시하며, 먼 곳까지 여행하는 능력을 과시하기도 했다. 중세 시대의 이들은 오늘날로 치면 마치 카다시안 가족Kardashians(미국의 유명 셀럽 가족이다. - 옮긴이 주) 같았다.

뇌에 깊이 뿌리 내린 고대 부족의 본능 때문에, 우리는 명품 브랜드를 과시하려는 경향이 있다. 과거 부족사회에서 남성은 배우자를 구하고 혈통을 이어가기 위해 가족과 자손을 부양할 능력을 보여줘야 했다. 이를 위해 남성은 자신이 식량을 구할 수 있는 훌륭한 사냥꾼임을 보여 주기 위해 사냥한 모피를 걸쳤다. 오늘날 남성이 여성 파트너를 구하기 위해 고급 자동차와 명품 옷을 과시하는 것도 비슷한 맥락이다. "나와 짝을 맺어주세요! 내가 갖고 있는 귀중한 물건들을 좀 보세요! 나는 당신과 미래의 자손을 충분히 부양할 수 있어요."라는 메시지를 전달하려는 것과 같다. 현재 많은 문화권에서 부의 외적 과시는 지위를 나타낼 뿐만 아니라 낯선 사람의 공격을 피하는 보호 장치로 작용하기도 한다. '값비싼 보석을 착용하고 저런 고급 차를 타고 다니는 걸 보니 분명 중요한 인물이거나 상당한 재력가일 거야. 괜히 건드렸다가 골치 아픈 일이 생길 수도 있어.'라는 생각이 작용하는 것이다.

우리 뇌는 성공, 부, 활력을 과시하도록 유도하는 진화적인 본능을 가지고 있다. 이는 생존 가능성을 높이고 혈통을 이어가기 위한 자연스러운 본능이다. 그러나 현대 사회에서 생존은 더 이상 모피, 스포츠카, 값비싼 시계 같은 물질적인 것에 달려 있지 않다. 이로 인해 고대의 본능적 심리와 현대의 합리적이고 이성적인 사고가 끊임없이 충돌하며, 두 가지 사이에서 줄다리기가 지속된다.

조용한 럭셔리, 부자들의 새로운 플렉스

플렉스 문화와 정반대되는 것이 바로 '돈에 대한 경계심'이다. 이 개념은 브래드가 초부유층에 대한 연구에서 발견한 사고방식이다. 자수성가한 사람들은 돈을 매우 신중하게 다룬다. 그들은 모든 돈이 어디에 있는지, 어떻게 사용되는지, 들어오고 나가는 금액까지 정확히 파악하고 있다. 그들은 신중하게 소비하고, 현명하게 투자하며, 돈을 잃을 만한 상황을 막기 위해 세심한 주의를 기울인다. 돈을 벌기 시작하면 무엇을 살 수 있는지가 아니라, 얼마나 많은 자산을 지킬 수 있는지에 더 집중한다. 브래드의 연구에 따르면, 초부유층은 돈에 대한 경계심이 강한 편이다. 특히 돈을 잃을까 봐 불안해하고, 돈을 쓰기보다 저축해야 한다고 믿는다. 심지어 자신을 위해 돈을 쓰는 것조차 어려워하고, 돈을 자랑하는 것은 물론이고 돈에 대해 이야기하는 것조차 무례하다고 생각한다. 또한 이들은 돈을 회피하지 않으며, 내적 통제 위치가 높은 수준이다. 초부유층 사람들은 자신의 부를 드러낼 필요성을 느끼지 않는다. 부자들은 빈곤층과 중산층에 비해 명품을 착용할 가능성이 훨씬 적다. 세계에서 가장 부유한 사람들 중에도 '조용한 럭셔리quiet luxury' 또는 '은밀한 부stealth wealth'를 선호하는 사람들이 많다. 이는 차분한 색조, 로고가 없는 디자인, 그리고 너무 화려하지 않고 눈에 띄지 않는 고가의 제품을 선호하는 것을 말한다. 이런 제품은 명품에 익숙한 사람들만이 바느질 방식이나 다른 미세한 특징을 통해 알아볼 수 있다.

그래서 대부분의 자수성가형 부자는 소비보다는 저축과 투자를 중시하고, 이를 통해 부를 쌓아간다. 또한 물가 상승과 임금 정체로 많은 사람들이 생계를 유지하기 어려운 상황에서, 일부 부자들은 자신의 재정 상태를 일부러 낮춰 보이려는 경향도 있다. 부의 외적 과시가 때로는 사회적 지위를 높여 줄 수 있지만, 많은 경우 오히려 자신을 위험에 노출시키는 결과를 낳기도 한다. 예를 들어, 부를 과시할 경우 도둑이나 사기꾼의 표적이 될 가능성이 높아진다. 또한 월세를 겨우 내는 사람들 앞에서 명품을 과시하는 것은 눈에 거슬리는 행동으로 보이기도 한다. 게다가 '돈은 나쁘고 부자는 악하다'는, 돈에 대한 회피적 믿음을 가진 사람들에게 부정적 인식을 줄 수도 있다. 그래서 일부 부자들은 자신을 보호하기 위해 부를 드러내지 않고 숨긴다. 따라서 진정한 부자로 보이고 싶다면, 지나치게 화려한 명품백을 들고 파티에 나타나기보다 좀 더 섬세한 접근 방식을 취하는 것이 더 효과적이다. 진실을 아는 사람들에게 그런 행동을 보이면 빈털터리이면서 경제적으로 무리하게 허세를 부린다고 여겨지기 쉽다.

투자는 찬란하지만 명품은 빛나지 않는다

당신은 30달러짜리 운동화를 신고, 대형 할인 마트에서 산 청바지와 티셔츠를 입고, 프리우스를 몰고 다닐 수도 있다. 그렇다 해도 돈을 저축하고 투자해 왔다면, BMW를 몰고 아르마니 정장을 입고 다니는 사람보다 더 부유할 가능성이 크다. 대다수의 '지위 상징' 아이템은 구입하자마자 가치를 잃는다. 정장은 바래고, BMW는 결국 언젠가 고장이 난다. 하지만 현명한 투자는 돈을 불리고 성장시켜, 미래를 가장 반짝이는 롤렉스보다 더욱 찬란하게 만든다. 우리라면 언제나 명품 시계보다 5백만 달러짜리 401(k) 계좌를 선택할 것이다.

어리석은 사람들은 투자를 포기하거나 빚을 내서 값비싼 물건을 산다. 진짜 부자가 되려는 노력을 들이지 않고서 가짜 부자가 누리는 혜택을 얻으려는 것이다.

에이드리안 최근 인터넷 마케팅 모임을 위해 몇몇 사람들을 집에 초대한 적이 있다. 그날을 잊을 수가 없다. 한 여성과 신발에 대해 이야기하다가 그녀가 신고 있는 운동화가 500달러짜리라는 말을 듣고 깜짝 놀랐다. 내 눈에는 그냥 평범한 운동화처럼 보였기 때문이다. 더 놀라운 건, 아직 대학생인데 그런 비싼 신발을 신고 있었다는 사실이었다. 내가 신어 본 신발 중 가장 비싼 것은 반스였다. 나는 명품 브랜드에 별로 끌리지 않는다. 그런 브랜드를 봐도 아무런 감흥이 없다. 루이비통이나 구찌를 입은 나를 볼 일은 아마 없을 것이다. 오히려 나는 수백만 달러가 나를 위해 묵묵히 일한다는 사실을 알고 걸어 다니는 게 더 좋다. 그게 진짜 멋진 모습이다.

브랜드 얼마 전에 올린 영상 하나가 큰 화제가 됐다. 라스베이거스에서 찍은 영상인데, 자신의 8살짜리 아들도 여기서 명품 브랜드를 과시하는 사람들이 사실 빈털터리이거나 정서적으로 불안정한 사람들이라는 사실을 안다는 내용이었다. 그랬더니 댓글란이 폭발했다. "그럼 카다시안 가족들은 뭐냐?" 같은 댓글이 잔뜩 달렸다. 하지만 불안정한 사람들은 항상 이런 예외적인 사례를 들며 자신을 위로하려 한다. 잘 생각해 보면, 카다시안 가족 같은 사람들은 명품 브랜드를 과시함으로써 돈을 번다. 그 브랜드를 부유해 보이길 원하는 빈털터리들에게 팔 수 있기 때문이다. 왜 유명 스타가 가난한 중산층을 겨냥한 촌스러운 브랜드를 무료로 광고해 주겠는가? 당연히 할 리가 없다! 슈퍼스타와 인플루언서에 대한 비밀은, 그들이 브랜드 광고를 공짜로 하지 않는다는 점이다. 그들이 특정 브랜드를 입고 있는 모습을 본다면, 그 브랜드가 돈을 지불하고 홍보를 부탁한 것이 분명하다.

에이드리안과 나는 둘 다 소셜 미디어 인플루언서다. 우리는 영상에 브랜드 로고가 노출되지 않도록 각별히 신경 쓴다. 브랜드에 공짜 광고를 해 줄 이유가 없기 때문이다. 물론 내가 늘 쓰는 디트로이트 타이거즈 모자는 예외다. 그건 내가 언젠가 경기에서 시구를 던질 기회를 노리고 있기 때문이다. 만약 글을 읽는 독자 중에 그쪽 관련 인맥이 있는 분이 있다면, 꼭 좋은 말 한마디 부탁드린다!

추가 수입은 존재하지 않는다

대부분의 사람들은 승진하거나 연봉이 인상되면 생활비도 자연스럽게 늘리는 경향이 있다. 이를 '라이프스타일 인플레이션'이라고 한다. 목표에 집중하며 만족을 미루고 더 많은 시간을 확보하는 대신, 추가로 번 돈을 옷이나 자동차, 더 좋은 집을 마련하는 데 써 버린다. 수입이 늘어나면 더 비싼 장난감이나 화려한 물건을 사들이기 시작한다. 이럴 때 켄드릭 라마Kendrick Lamar(미국 캘리포니아주 출신의 유명 래퍼이다. - 옮긴이 주)의 랩 가사, "앉아라, 겸손하라"는 부자가 되기 위한 최고의 조언 중 하나가 아닌가 싶다.

이 원칙은 아주 간단하고 명확한 '부의 비법'이다. 급여가 올랐다면 인상 전과 동일한 수준으로 생활하고, 추가 수입은 전부 투자하라. 추가 수입이 아예 존재하지 않는 것처럼 행동하라. 허리띠를 졸라매거나 소비를 줄이는 것조차 필요 없다. 단지 기존의 생활 수준을 유지하기만 하면 된다. 만약 진짜로 더 높은 단계로 도약하고 싶다면, 지출을 20% 줄여 그 돈도 투자하라. 수입 중 투자하는 비율이 높아질수록 이전 장에서 설정한 목표 금액과 경제적 자유에 더 가까워질 수 있다. 진정한 부자의 사고방식을 가진 사람들은 수입 이하로 생활하며, 그 여유 자금을 차곡차곡

쌓아간다.

소유는 부담이 된다

25만 달러짜리 풀옵션 럭셔리 차량을 구입했다고 가정해 보자. 이제 재
정 상황에 큰 부채가 생겼을 뿐만 아니라(자동차는 출고되는 순간부터
가치가 떨어진다) 정신적으로도 막대한 부담을 떠안게 된다. 차에 흠집
이라도 날까, 혹은 누가 훔쳐 갈까 걱정하며 안전하게 주차할 장소를 끊
임없이 고민해야 한다. 또한 고속도로에서 너무 바짝 붙는 차량에도 신
경을 곤두세운다. 심지어는 도로의 움푹 패인 곳이나 악천후까지 걱정하
게 된다. 여기에 유지보수 문제는 덤이다.

브래드 친구가 정기 점검을 위해 새 랜드로버를 서비스센터에 맡기면
한 번에 2천 달러가 든다. 반면 나는 중고 도요타를 몰고 있는데 정기
점검 비용으로 지출하는 비용은 단 90달러에 불과하다.

비싼 차는 부품과 보험료가 비싸고, 수리 및 유지보수 비용도 많이 든
다. 결국 차량 구입 시 높은 가격을 지불할 뿐만 아니라, 유지와 수리에도
많은 돈을 지출할 수밖에 없다. 차량을 구입한 첫날 기쁨에 들떴던 마음
은 이내 가라앉고, 막대한 경제적 부담과 차량에 대한 끊임없는 걱정으로
에너지만 소모된다. 오늘날 인기 있는 개념인 미니멀리즘은 이와 같은 소
유물로 인한 걱정에서 벗어나 자유로움을 추구하는 것을 목표로 한다.

에이드리안 나는 소유물이 많아질수록 그것들이 오히려 나를 소유하

게 된다고 믿는다. 이 생각에 공감하는 사람들이 많으며, 전 세계의 미니멀리스트들이 공통적으로 이런 신념을 갖고 있다. 많은 이들이 내가 밴에서 살았다는 이야기를 듣고 미쳤다고 생각할지도 모르겠다. 하지만 미니멀리스트들은 벽장에 물건이 잔뜩 쌓여 있는 어수선한 집에서 살며 여러 대의 차를 소유한 사람들이 더 이상하다고 생각한다. 텍사스주 샌 마르코스San Marcos 출신인 피클볼의 전설 크리스티나Christina와 월터 두어먼Walter Doorman 부부를 만난 적이 있다. 그들은 미니멀리즘을 실천하기 위해 결혼반지마저 없앴다고 한다. 크리스티나는 결혼반지를 잃어버리거나 손상될까 봐 걱정하며 밤잠을 설치던 때가 있었다고 털어놓았다. 결국 그녀와 남편 월터는 결혼반지를 없애기로 했고, 크리스티나는 그 어느 때보다 자유로워졌다고 말했다. 결혼반지는 결혼의 상징이라기보다는, 가장 사적인 영역까지 파고든 소비주의의 단면을 보여 주는 예다. 사랑은 돈으로 살 수 없다. 결혼반지는 사랑을 나타내는 게 아니라, 당신의 소비를 통해 이익을 얻는 사업을 상징할 뿐이다.

설렘이 사라져도 빚은 남는다

어린 시절 생일을 떠올려 봐라. 많은 미국인들이 그렇듯 케이크와 아이스크림, 선물 더미로 가득 찬 하루를 맞이하고, 온갖 새로운 장난감과 전자기기에 대한 설렘으로 서둘러 선물을 뜯어봤을 것이다. 그런데 어린 시절 받았던 선물 중 실제로 기억나는 것이 있는가? 작년 생일에 받았던 선물은 기억나는가?

선물을 주고받는 게 나쁘다는 건 아니다. 스스로에게 멋진 선물을 사주는 것도 충분히 즐거운 일이다. 하지만 자신이나 다른 사람에게 줄 선물을 사느라 신용카드 빚에 허덕이며 연말까지 고생하게 된다면, 그것이 '정말로' 가치 있는 일일까? 우리는 소비하고, 과소비하며, 수입 범위를 넘어 생활하는 삶에 길들여졌다. 또한 새로운 물건이나 상황에도 금세 익숙해져, 어느새 그것들을 일상처럼 받아들인다. 다시 말해, 새로 산 물건에서 느끼는 기쁨은 잠깐이고, 그 뒤에 따라오는 빚을 갚는 고통이 훨씬 더 오래간다. 소비를 부추기는 메시지는 곳곳에 넘쳐난다. TV, 스마트폰 화면, 그리고 거리 광고판까지 끊임없이 우리에게 영향을 미친다. 이 최신 기기를 사면 행복해질 거야! 이 새로운 핸드백으로 우울함을 날려 버려! 이 트럭으로 매력적인 이성을 사로잡아!

하지만 충동구매, 물질주의, 과소비의 진정한 대가를 곰곰이 생각해 보면, 그 어떤 것도 경제적 자유만큼의 가치가 없다는 것을 깨닫게 된다. 연구에 따르면, 새로 산 물건에서 느끼는 행복감은 6주에서 길어야 3개월이면 사라진다. 하지만 갚지 못한 빚은 신용 기록에 7년이나 남는다. 게다가 투자할 돈을 소비해 버리면 가난에서 벗어나지 못할 뿐만 아니라 소중한 시간까지 잃게 된다(11장, '가난한 사람은 물건을 사고 부자는 시간을 소유한다'를 참고하라).

명품은 삶을 외롭게 한다

가령, 당신이 20대 대부분을 낡아빠진 차를 몰고 다닌다고 가정해 보자. 이 차는 출퇴근에는 문제없지만, 사람들의 시선을 끌진 못한다. 시간이 지나면서 이 고물 자동차가 지겨워지자, 회사에서 받은 보너스로 고급 승용차를 장만한다. 갑자기 길거리에서 사람들이 당신을 눈여겨보기 시작한다. 새로 산 멋진 차와 함께 찍은 사진을 올리면, 팔로워 수가 확 늘어난다. 그뿐인가? 몇 년 동안 연락도 없던 친구들이 메시지를 보내 어떻게 그렇게 성공해서 좋은 차를 살 수 있었는지 묻는다. 처음에는 기분이 좋을 것이다. 하지만 여기엔 한 가지 함정이 있다.

당신의 삶이 빛나고 화려해 보일 때 다가오는 사람들이 있다. 이런 사람들은 대개 당신의 성공에 편승하려는 사람들이다. 하지만 삶에는 늘 기복이 있기 마련이다. 삶에 어려움이 닥치면, 그런 사람들은 언제 그랬냐는 듯 순식간에 사라진다. 명품과 고가 브랜드를 과시해서 얻은 관계는 거래와 조건에 기반한 관계일 가능성이 크다. 유명인들이 이런 관계로 인해 모든 것을 잃는 사례는 무수히 많다. 유명인들이 약해지기를 기다렸다가 철저히 착취하려는 교활한 기생충 같은 사람들에게 모든 것을 빼앗기고 만다. 반면 낡은 차를 몰고 다닐 때 맺은 우정과 연애 관계는 지속될 가능성이 크다. 명품을 과시하면 경제적으로만 손해를 보는 게 아니다. 가짜 친구와 기회주의자로 가득한 외로운 삶으로 이어질 수 있다. 일시적인 만족감을 주는 과시적인 물건에 돈을 낭비하지 말고, 그 돈을 현명하게 투자하라. 진심으로 당신의 행복과 재정을 걱정하는 사람들이 그런 당신에게 매력을 느끼고 다가올 것이다.

혹시 지금까지 '이봐, 내 멋진 물건들 좀 봐!'라는 태도로 살아왔다면, 괜찮다. 우리 모두 한 번쯤은 그런 사람이었으니까. 현대 사회는 소비주의와 과시를 부추기도록 설계되어 있다. 하지만 앞으로는 더 넓은 관점으로 바라보기를 바란다. 시간이 지나면 비싼 자동차나 시계로 인해 이자 부담, 투자 손실, 시간 낭비, 스트레스, 심지어 인간관계에서 엄청난 손실을 떠안게 된다. 따라서 물건을 구매할 때는 장기적인 결과를 생각하라. 그래야 진정한 부유함, 조용한 럭셔리, 시간 소유, 경제적 자유를 누리는 삶에 다다를 수 있다.

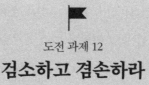

검소하고 겸손하라

이제 왜 그렇게 많은 사람들이 부의 외적 과시를 통해 타인에게 깊은 인상을 남기고 싶어 하는지, 그 진실을 알았을 것이다. 당신도 왜 자신이 이러한 지위 아이템에 끌리는지 솔직하게 인정할 용기가 생겼는가? 다음 예를 한번 살펴보자.

- 가난하게 자라서 한때는 가질 수 없었던 것을 이제 스스로에게 선물하고 싶은가?
- 자신의 성적 매력을 높이고 싶은가?
- 당신이 속한 커뮤니티에서 추앙받고 싶은가?
- 인스타그램에서 더 많은 '좋아요'를 얻고 싶은가?
- 우울하거나 상실감을 느끼기 때문에 물질적 소유가 내면의 공허함을 채우고 원하는 행복을 가져다줄 거라고 믿는가?

대부분의 사람들은 이런 문제를 솔직히 인정할 만큼 자아가 강하지 않다. 그러니 혼자만 그런 게 아니라는 사실을 알아 둬라. 하지만 사회적 지위를 외적으로 과시하려는 본능적인 취약성을 솔직히 받아들인다면, 성공할 가능성은 더 커진다. 대다수 자수성가한 백만장자들은 '검소하고' 실제로 자신의 부를 '과시하지 않는다'는 사실을 이해하면, 더 이상 어리석은 행동을 하지 않을 수 있다. 인정하기 어렵겠지만, 일단 받아들이고 나면 부자의 사고방식을 기반으로 자유롭게 선택할 수 있다.

13장

부자가 되고 싶다면 대학에 가고, 결혼하고,
집을 사라(혹은 사지 마라)

◆

◆

일론 머스크는 거짓말을 했다. 그는 대학에 가지 않아도 된다고 말하며 대학은 더 이상 가치가 없다고 암시했다. 하지만 정작 본인은 아이비리그에서 학위를 2개(물리학과 경제학)나 받았고, 자신의 회사 스페이스X의 고위직에는 대학 학위를 요구한다. 그의 아이들도 언젠가 대학에 진학할 거라 생각해도 무리가 없다. Z세대에게는 받아들이기 어렵겠지만, 부자가 될 가능성을 높이고 싶다면 대학에 가고, 결혼하고, 집을 사는 것(혹은 사지 않는 것)을 진지하게 고려해야 한다.

숫자는 거짓말하지 않는다. 기혼 부부는 독신자보다 약 9배 더 많은 자산을 보유한다. 대학 학위를 가진 사람들은 고등학교 졸업자에 비해 연간 수입이 최소 2배 더 많다. 부유층의 대부분은 집을 소유하고 있으며, 이는 순자산을 크게 증가시킨다. 물론 이에 대한 세부 사항이 중요하며, 이에 대해 논의할 것이다. 이러한 기본적인 사실은 모두 데이터로 뒷받침되며, 이를 여러분과 공유하려고 한다. 재산을 축적하는 데 있어 전통적인 방법이 가장 효과적일 때가 많다. 단, 올바르게 실행했을 경우에 한해서다. 물론 이러한 검증된 부 축적 규칙에도 예외는 있다. 고등학교 졸업장이 전부이거나, 독신이거나, 집을 임차하면서도 부자가 될 수 있는 길은 분명히 있다. 중요한 것은 게임의 규칙을 제대로 아는 것이다.

젊은 세대가 대학, 결혼, 집 구매라는 전통적인 길에 환멸을 느끼는 것도 이해할 만하다. 치솟는 학자금 대출은 대학 졸업자에게 큰 부담이 되고, 이혼은 생각만 해도 끔찍하다. 게다가 끝없이 오르는 집값과 높은 금리 때문에 집 구매는 꿈조차 꾸기 힘들어졌다. 하지만 시스템을 잘 이해하고 활용한다면, 이 모든 선택지는 여전히 자산 증식에 큰 도움이 된다.

대학에 가라

대학이 모든 사람에게 적합한 것은 아니다. 하지만 소셜 미디어에서 대학이 더는 가치가 없다고 말하는 사람은 거짓말을 하고 있거나 무지한 경우가 대부분이다. 하지만 대학이 당신에게 맞는 선택인지 결정하기 전에, 우리는 당신이 2가지 관점을 모두 이해할 수 있도록 돕고 싶다. 먼저 대학에 진학에 박사 학위까지 취득한 브래드와 독학으로 인터넷 마케팅을 배운 에이드리안의 관점을 비교해 보자. 참고로 에이드리안은 학사 학위까지만 마쳤고, 뒤돌아보면 그것조차 필요 없었을지도 모른다.

에이드리안 브래드가 처음 이 장의 제목을 제안했을 때 나는 망설였다. 내 전문 분야인 인터넷 마케팅에서는 변화 속도가 너무 빨라서 대학 교육은 이런 트렌드를 따라가기엔 너무 느리다고 생각했기 때문이다.

제휴 마케팅과 인터넷 마케팅에 대한 책을 쓴다고 해 보자. 책이 완성되어 출판될 즈음이면, 이미 업계는 완전히 달라져 있다. 알고리즘과 기술은 너무 빠르게 변한다. 그래서 브래드가 대학 교육이 소득에 미치는 영향을 보여 주는 놀라운 통계를 갖고 있다는 것을 알면서도, 우리 둘 다 대학이 최선의 선택이 아닌 경우가 많다는 데 동의한다. 내 철학은 이렇다. 영업을 배우고 싶다면 직접 나가서 뭐라도 팔아 봐라. 직접 소셜 미디어의 팔로워 숫자를 늘리는 과정을 통해 배운 것은 소셜 미디어 마케팅에 대해 강의실에서 배우는 모든 내용을 능가한다. 그렇긴 하지만, 나는 회계학 학위를 받고 CPA 자격증을 가진 사람과 결혼했다. 이 덕분에 순자산을 키우고 현명하게 경제적 의사결정을 내리는 데 큰 도움을 받았다.

시대가 변하고 있으며 앞으로는 상황이 달라질 수 있다. 하지만 통계는 거짓말을 하지 않는다. 평균적으로 대졸자는 고등학교 졸업자에 비해 '현재', '훨씬' 더 많은 돈을 번다. 만 명이 넘는 백만장자를 대상으로 한 램지 솔루션즈Ramsey Solutions(미국의 유명한 개인 금융 전문가 데이브 램지Dave Ramsey 가 재무 상담과 교육을 제공하기 위해 설립한 컨설팅 회사이다. - 옮긴이 주)의 조사에 따르면, 88%가 대학을 졸업했다. 그리고 교육 수준이 높을수록 수입이 더 많았다. 즉, 2년제 학위(예를 들어 전문대학)를 가진 사람들은 고등학교 졸업자보다 수입이 더 많고, 4년제 학위를 가진 사람들은 2년제 학위자보다 수입이 더 많다. 석사 학위 소지자는 수입이 한 번 더 증가한다. 4년제 대학 졸업자의 중위소득은 고등학교 졸업자보다 88% 더 높고, 평생 소득이 평균 120만 달러 더 많다. 미국 연방준비제도에 따르면, 대학 교육을 받은 가정의 소득은 그렇지 않은 가정에 비해 3배나 높다. 또한 대졸자는 고졸자에 비해 대공황을 더 잘 견뎌 냈다. 학사 학위를 가진 직원의 실업률은 2% 미만이다. 즉, 대학 졸업자는 소득 잠재력이 더 높고, 경기 침체가 닥쳤을 때도 생존력이 더 높다.

대학에 진학하면 (적어도 이론상으로) 더 똑똑해질 뿐만 아니라, 더 건강해진다. 학사 학위 소지자는 고등학교 졸업자에 비해 건강보험 가입 확률이 47% 더 높으며, 고용주가 더 많은 보험료를 부담하는 경향이 있다. 학자금 대출 금리가 높다고는 하지만, 평균적으로 학위를 취득하는 것은 여전히 가치가 있다. 4년제 대학의 평균 거주민 학비는 연간 11,000달러이며, 4년이면 약 44,000달러가 된다. 평균 학자금 대출은 29,400달러지만, 보조금이나 장학금을 신청하면 대출금을 줄일 수 있다. 따라서 이러한 비용을 감안하더라도 '평균적으로' 대학에 가는 것은 그만한 가치가 있다. 평균적인 관점에서 볼 때, 대학 진학에 반대하는 사람들의 주장에는 합리적인 논거가 없다. 물론, 잘못된 전공을 선택한다면 대학 진학은 끔찍한 선택이 될 수도 있다.

브래드 1980년대, 내가 자랄 때는 인터넷이 없었다. 나는 노동자 계층이 주로 사는 마을에서 자랐고, 경제적으로 가장 안정된 사람들은 대학 졸업자였다. 고등학교와 대학 시절 동안 육체노동 아르바이트를 했는데, 학교를 오래 다닌 사람들이 더 많은 돈을 벌고 하루가 끝나도 덜 지친다는 사실을 금방 깨달았다. 여름방학 동안 했던 아르바이트는 너무 힘들어서 차라리 대학 생활이 훨씬 편하다고 생각할 정도였다. 비록 파트타임 아르바이트를 병행했지만, 늦잠도 자고 학생 식당에서 마음껏 먹을 수 있었으며, 심지어 돈을 받으면서 테니스를 칠 수 있었으니 말이다.

대학에 대해 불평하는 친구들이 이해가 안 갔다. 고등학교 졸업만으로 할 만한 어떤 직업보다 대학 생활이 훨씬 쉬웠기 때문이다. 나는 어떤 전공을 선택해야 할지 전혀 조언을 받지 못했지만 심리학을 선택했다. 무엇보다 우리 가족이 왜 이렇게 엉망이 됐는지 알아내고, 내 삶에서 그 악순환을 끊고 싶었기 때문이다. 하지만 노동자 계층 가정 출신으로서 나는 혼자 힘으로 모든 것을 해결해야 했고, 내가 선택한 학위가 반드시 가치 있어야 한다고 생각했다. 그래서 이전에 언급했듯이, 나는 도서관에 가서 《직업 전망 핸드북》을 보고 심리학 관련 직업을 찾아봤다. 이 책은 노동부에서 발행한 도서로, 각 직업의 소득 현황을 보여 준다. 대학 진학을 고민하고 있다면 '반드시' 이 책을 확인해 봐라. 지금은 온라인에서 무료로 볼 수 있다. 나는 이 책을 보고 심리학에서 높은 수입을 얻으려면 박사 학위가 필요하다는 사실을 알게 됐다. 그래서 나는 박사 학위를 목표로 했다. 대학 진학은 비즈니스적 관점에서 결정해야 한다. 만약 이 점을 고려하지 않고 접근하면, 큰 낭패를 볼 수 있다.

고소득 전공을 선택하라

대학 진학에는 한 가지 함정이 있다. 높은 소득을 기대하려면 높은 수익을 창출하는 전공을 선택해야 한다는 점이다. 예술 및 인문학, 사회복지, 심리학 같은 전공은 학문적으로 흥미롭고 사회에 큰 가치를 제공하지만, 불행히도 취업 시장에서는 그렇지 않은 경우가 많다. 이런 전공 중 상당수는 최저 임금 수준의 일자리만 제공하기 때문에 졸업생들은 종종 전공 선택을 후회한다. 4년제 학위에 등록하고 학자금 대출을 받기 전에 공부하려는 분야의 소득 수준을 조사하는 것이 중요하다. 부모님이 부유해서 돈 걱정을 하지 않아도 되는 경우가 아니라면 대학 진학은 철저히 비즈니스적 관점에서 접근해야 한다. 대학 전공별 소득 정보는《직업 전망 핸드북》에서 확인할 수 있지만, 참고로 졸업 후 5년 이내 소득 기준 상위 10개의 고소득 및 저소득 전공은 다음과 같다.

고소득 전공 TOP 10:

- 컴퓨터 공학: 80,000$
- 화학 공학: 79,000$
- 컴퓨터 과학: 78,000$
- 항공 우주 공학: 74,000$
- 전기 공학: 72,000$
- 산업 공학: 71,000$
- 기계 공학: 70,000$
- 일반/기타 공학: 68,000$
- 금융: 66,000$

저소득 전공 TOP 10:

- 심리학: 40,000$
- 치료 요법 및 영양 과학: 40,000$
- 미술: 40,000$
- 기타 생명 과학: 40,000$
- 역사학: 40,000$
- 일반 사회 과학: 40,000$
- 레저/호텔 경영: 39,700$

- 신학/종교학: 38,000$
- 공연/예술: 38,000$
- 인문학: 38,000$

물론 자신이 흥미를 느끼는 분야를 공부할 수도 있다. 하지만 그런 경우, 저소득 학사 학위를 고소득 대학원 또는 전문 학위 과정으로 가는 디딤돌로 활용해야 한다. 이것이 목표라면, 대학에서 탁월한 성과를 내는 것이 중요하다. 대학원 과정, 특히 최고의 프로그램들은 정원이 제한되어 있어 진학 경쟁이 치열하기 때문이다. 대학에 진학하기로 결정했다면, 어떤 전공을 선택할지 전략적으로 접근해야 한다. 최대한 돈을 많이 벌 수 있도록, 학위를 어떻게 활용할지 명확한 계획을 세워야 한다.

결혼하라

기혼자는 미혼자보다 '훨씬' 더 부유하다. 미국 인구조사국US Census Bureau에 따르면, 2022년 기준 기혼 가구의 중위소득은 110,800달러인 반면, 배우자가 없는 여성 가구는 56,000달러, 배우자가 없는 남성 가구는 73,600달러였다. 이는 결혼이 경제적으로 큰 이점이 있다는 것을 보여 준다. 결혼을 통해 가계 지출을 분담하고, 배우자의 건강보험에 가입하며, 반대로 자신의 건강보험에 배우자를 추가할 수 있다. 또한 함께 성장하면서 저축 습관과 소비 습관을 개선해 나가기도 한다. 미국 연방준비은행의 보고에 따르면, 25~34세 사이의 결혼한 부부는 미혼인 동년배들에 비해 순자산이 9배나 더 많다. 인플레이션이 상승하면 그 경제적 격차는 더욱 벌어진다. 경제적 안정성 측면에서, 자녀가 있는 경우 결혼은 더욱 중요하다.

결혼은 더 높은 소득 및 순자산과 관련 있을 뿐만 아니라, 브래드의 연구에 따르면 기혼자가 돈에 대해 더 건강한 신념을 가지는 경향이 있다.

브래드 일부 사람들이 왜 결혼에 대해 두려움을 느끼는지 이해한다. 나도 이혼한 부모님 밑에서 자라며, 결혼이 잘못됐을 때 어떤 일이 벌어지는지 직접 목격했다. 한동안 싱글 맘 밑에서 자랐던 터라, 혼자서 아이를 키우고 생계를 유지하는 일이 얼마나 힘든지도 잘 알고 있다. 우리는 본래 이 모든 일을 혼자 감당할 수 있는 존재가 아니었다. 하지만 가치 있는 일이 모두 그렇듯, 결혼도 노력 없이는 유지되지 않는다. 결혼은 관계 자체에 대한 깊은 헌신, 서로 타협하려는 의지, 관계가 흔들릴 때 부부 상담을 받는 용기에서 시작한다. 특히 이혼의 주요 원인 중 하나인 돈 문제를 해결하는 데도 이러한 노력이 절실하다.

아내와 나는 서로 다른 환경에서 자랐다고 해도 과언이 아니다. 아내는 화목한 가정에서 자랐고, 집에는 화장실이 3개나 있었다. 반면, 나는 약 36평 크기의 욕실 하나 딸린 집에서 자랐고, 어머니는 대출금을 갚기 위해 지하실을 세입자에게 빌려줘야 했다. 대학을 졸업한 후 나는 가난에 대한 두려움 때문에 수입보다 훨씬 적게 쓰며 생활했다. 학자금 대출을 최대한 빨리 갚고 미래에 경제적 자유를 누리기 위해 가능한 한 많이 저축하는 데만 집중했다.

결혼을 앞두고 아내가 소파를 사자고 했을 때 나는 깜짝 놀랐다. 하와이 카우아이에서 빌려 살던 오래된 집에서, 그녀는 탁구대와 접이식 의자만 덩그러니 놓여 있던 거실 대신 좀 더 안락한 공간을 꿈꾸고 있었던 것 같다. 가난이 너무 두려운 나머지 나는 마치 가난한 사람처럼 보이는 생활을 하고 있었다는 사실을 깨달았다. 10만 달러가 넘는 소득을 올리면서도 바닥에 중고 매트리스를 깔고 자며, 케이블 TV도 없고, 접시 몇 개와 짝짝이 은식기를 사용하는가 하면, 고장 난 자동차를 몰고 다녔다. 다행히도 아내는 나의 본모습과 가능성을 보고 나를 사랑해 줬고, 돈 때문에 결혼한 것은 아니었다. 하지만 그녀는 돈에 집착하는 나의 극단적인 모습을 부드럽게 일깨워 줬다. 내가 입버릇처럼 가난해지기 싫다고 하자, 그녀는 "박사 학위까지 받은 사람이 가난을 걱정할 필요는 없을 것 같은데."라고 말하며 나를 안심시켰다. 경제적 어려움을 겪어본 적 없는 아내 덕분에 나는 균형을 잡을 수 있었다. 반대로, 아내는 내가 돈을 신중하게 관리하는 모습에 끌리기도 했다고 한다. 물론 돈에 대한 경험이 달랐던 탓에 가끔 티격태격하기도 했지만, 우리는 서로의 생각과 관점을 통해 성장할 수 있었다.

결혼하기 전에 배우자의 돈에 대한 신념과 경제 습관을 알아보는 것은 정말 중요하다. 오늘 신용점수가 낮은 사람은 내일도 돈을 잘못 관리할 가능성이 매우 크기 때문이다. 결혼 후에는 서로의 재정 목표와 지출 상황을 정기적으로 점검하는 습관을 들여야 한다. 서로의 우선순위가 다른 것은 괜찮다. 배우자는 미용실 가는 것을, 당신은 냉수 욕조를 더 중요하게 생각할 수도 있다. 어떤 부부는 지출 한도를 정해놓기도 한다. 예를 들어 100달러가 넘으면 구매하기 전에 반드시 상대방과 상의하기로 합의하는 식이다. 에이드리안과 그의 아내는 매월 1일 '브람빌라 가족 순자산 회의'를 열어 모든 투자와 은행 계좌를 검토하고 수입과 지출을 함께 점검한다.

주의하라! 결혼과 부에 대한 논의에서 반드시 명심해야 할 사항이 있다. 이혼은 큰 경제적 손실을 초래할 수 있다. 결혼이 재산을 10배까지 불려 줄 수 있다면, 이혼은 (변호사 비용은 별도로 하고) 이를 절반으로 줄일 수 있다. 물론 폭력적인 배우자에게 시달리고 있다면 자신과 아이들의 신체적 안전을 위해서 떠나야 한다. 이런 상황에서는 정말로 선택의 여지가 없다. 당분간 경제적인 목표를 미루더라도, 안전이 경제적 자유보다 더 중요하다. 위험에 처하느니 차라리 빈털터리가 되는 편이 낫다. 앞으로 다시 일어설 수 있고, 경제적으로도 충분히 회복될 수 있다고 믿어야 한다. 폭력적인 관계는 아니지만 배우자와 자주 다툰다면, 부부 상담을 받아보는 것을 추천한다. 관계 문제는 적어도 50%는 본인에게 책임이 있다. 상담을 통해 자신을 돌아보고, 배우며, 성장하지 않으면 다음 관계에서도 비슷한 상황에 처할 것이다. 냉정하게 경제적인 측면만 따져 봐도 이혼보다 상담이 훨씬 저렴한 선택이다.

집을 사야 할까? 말아야 할까?

대다수의 백만장자는 자기 집을 소유하고 있으며, 평균적으로 주택 소유자는 임차인보다 순자산이 훨씬 더 많다. 바로 이러한 이유로, 에이드리안이 반대했음에도 브래드가 이 주제를 꼭 다뤄야 한다고 주장했다. 그러나 중요한 사실은 집을 소유하는 것은 개인의 상황과 관점에 따라 이점이 될 수도, 부담이 될 수도 있다는 점이다. 우리가 이 책의 다른 모든 주제에서는 의견이 일치했지만, 집 소유에 관해서 만큼은 서로의 관점이 다르다. 그래서 우리는 두 가지 관점을 모두 공유하여 당신이 본인과 가족에게 가장 적합한 결정을 내리도록 돕고자 한다. 미리 말해두지만, 이 주제는 서로 다른 관점으로 세부적인 내용까지 다룰 예정이다.

◆ 에이드리안의 관점

나는 미니멀리스트에 유목민 기질이 좀 있다. 내가 소유한 모든 것을 배낭 하나에 넣거나 작은 밴에 싣고 다녔던 시기가 있었다. 분명히 하자면, 나는 스스로 이런 삶을 선택했고, 이미 월평균 10만 달러를 버는 수백만 장자가 된 후에 해외를 떠도는 유목민이자 미니멀리스트가 되기로 결정했다.

나는 집을 사는 것이 최고의 투자라고 믿지 않는다. 여기서 핵심 단어는 '최고'와 '투자'다. 집 소유는 전통적인 잣대로 사람의 '성공' 여부를 가늠하는 중요한 기준이 됐다. 아내와 내가 집을 사는 대신 밴에서 살기로 결정했을 때, 많은 비난을 받았다. 집을 사지 않으면 큰 실수를 저지르는 것이며, 집 소유를 통해 자산을 쌓을 소중한 시간을 놓친다고들 했다. 하지만 나는 집을 소유하는 것이 좋고 임차는 나쁘다고 생각하지 않는다. 사실 순수한 경제적 측면만 따지면 오히려 반대로 생각한다. 집을 소유하는 것이 나쁘고 임차가 좋을 수 있다. 그 이유로 다음과 같은 3가지 근거가 있다.

1. **사람은 자신의 욕심을 통제할 수 없다.** 사람들은 더 좋은 집을 갖기 위해 빚을 지게 되더라도 대개 작은 집보다 큰 집을 선택한다. 우리 부부는 처음으로 집을 샀을 때 아이오와주 시더래피즈에 살고 있었다. 그 당시에 우리 가구의 연간 소득은 약 10만 달러였는데, 35만 달러의 대출 한도를 승인받았다. 많은 사람들이 이 승인된 금액을 집 구매 예산으로 사용한다. 그들의 논리는 간단하다. "은행에서 내가 이 정도를 감당할 수 있다고 했다면, 분명 내가 감당할 수 있는 금액일 거야. 그들은 전문가니까." 하지만 이는 집을 살 때 저지르기 쉬운 큰 실수다. 대출

가능한 최대 금액을 사용해 집을 구매하면 당신(그리고 배우자가 있다면 그 배우자까지)은 현재의 소득을 유지해야 한다는 큰 압박을 받게 된다. 이 결정은 삶의 통제권을 담보대출 상환금액에 넘겨주는 셈이다. 그 결과 당신이 집을 소유하는 것이 아니라, 집이 당신을 소유하게 된다. 유럽 여행을 가고 싶은가? 미안하지만 담보대출 때문에 갈 수 없다. 외식을 하고 싶은가? 미안하지만 담보대출 때문에 안 된다. 케이틀린 클라크Caitlin Clark(WNBA 인디애나 피버 소속의 농구 선수이다. - 옮긴이 주)의 경기를 보러 가고 싶은가? 이번에도 안 된다. 월급은 이미 담보대출로 빠져나갔으니까. 새로 온 상사가 너무 짜증나서 회사를 그만두고 싶은가? 알겠지만, 그만둘 수 없다. 왜냐고? 바로 담보대출 때문이다!

아내와 나는 결국 14만 7천 달러에 작은 콘도를 구입했다. 이 가격은 우리가 지불할 수 있는 최대 금액보다 낮았다. 우리는 두 사람의 수입이 아닌, 한 사람의 수입만으로도 감당할 수 있는 금액을 기준으로 최대 예산을 정했다. 이렇게 하면 우리가 예기치 못한 상황으로(또는 통제할 수 있는 이유로) 수입이 절반으로 줄어도, 담보대출 상환으로 걱정할 필요가 없기 때문이다. 우리는 의도적으로 수입보다 훨씬 적은 수준으로 생활하기로 결정했다. 2015년 당시 아이오와주의 35만 달러짜리 집이 더 크고 더 멋져 보였겠지만, 더 좋은 집에서 오는 성공의 외형보다 경제적 안정을 선택했다. 승인된 담보대출 한도보다 훨씬 낮은 가격에 집을 구입하는 것은, 미래의 부를 위해 내릴 수 있는 가장 현명한 결정 중 하나다.

이 시점에서 이렇게 생각할 수도 있다. "음, 에이드리안, 그런데 저는 혼자거든요. 지금 사는 곳에서 감당할 수 있는 최대 금액으로도 마땅한 집을 구하기 어려워요. 여기서 예산을 더 줄이면 집을 사는 건 꿈도 못 꿔요." 그 마음 이해한다. 요즘은 집값이 중위 가구 소득에 비해

비정상적으로 많이 올라 집을 사는 것이 더 힘들어졌다. 생활비를 줄이는 가장 쉬운 방법 중 하나는 룸메이트를 구하는 것이다. 듣고 싶은 말은 아니겠지만, 이 방법은 확실히 큰 도움이 된다. 아니면 그냥 밴에서 살 수도 있다.

아내와 나는 유목민 같은 삶을 살기로 결심하고, 아이오와주에 있던 집을 팔았다. 그 후 5년 동안 우리 수입은 기하급수적으로 증가했지만 생활비는 줄었다. 우리는 기존 방식을 따르지 않기로 결정했다. 수입이 늘어난 만큼 더 큰 집을 사는 대신, 집의 규모를 줄여 밴에서 살기로 한 것이다.

시간이 흘러 지금 우리는 2021년에 120만 달러로 구입한 집에서 살고 있다. 2.9% 고정 금리로, 매월 대출 상환액은 4,400달러다. 더 비싼 집에 살고 있지만, 총수입에서 담보대출 상환금액이 차지하는 비중은 아이오와주에 살 때보다 적다. 아이오와주에서는 담보대출이 총수입의 약 12%를 차지했다. 현재는 담보대출이 총수입의 4.5% 정도다. 친구들이나 사업상의 지인들을 보면 급여 인상, 이직, 추가 수입으로 수입이 증가하자마자 바로 집이나 자동차 등 물질적인 항목을 더 좋은 것으로 바꾸는 모습을 자주 본다.

돈을 많이 벌수록 더 크고 좋은 것을 사고 싶은 유혹은 점점 더 강해진다. 온라인에서 3백만 달러, 5백만 달러, 천만 달러짜리 집을 구경해본 적이 있는가? 대단히 멋지다! 우리는 처음부터 전략적으로 설정한 예산을 넘는 집은 아예 구경조차 하지 않았다. '더 많은 것'을 원하는 인간의 욕망이 얼마나 강력한지 알기 때문이다. 이 욕망을 완전히 채워 줄 수 있는 수입은 이 세상에 존재하지 않는다! 그래서 더더욱 강력하게 주장한다. 집을 사고 싶다면 은행이 승인한 최대 담보대출 금액을 무턱대고 예산으로 삼지 마라. 승인된 담보대출 금액을 그대로 사용하는 것은 가난한 사고방식이며, '하우스 푸어'가 되는 확실한 길이다.

2. **집은 생각보다 돈이 많이 든다.** 대부분의 사람들은 자신을 집주인이라고 여기지만, 실제로는 빚의 주인이다. 집의 대부분을 은행이 소유하고 있다면, 정말 당신을 집주인이라고 할 수 있을까? 아니다! 담보대출을 갚고 있는 동안 은행이 집을 소유한다. 실질적으로 은행이 집의 소유권 증서를 갖고 있는 것이다. 집을 사는 결정은 매우 감정적일 수 있다. 그 마음은 이해한다. 하지만 감정은 잠시 접어두고, 숫자에 집중해 보자.

나는 미국의 평균 주택 소유자의 숫자를 분석하고, 30년 후 집의 가치와 임차 생활의 결과를 비교했다. 이 분석을 수행하기 위해 몇 가지 가정이 필요했다.

- 주택 소유자는 30년 동안 주택을 소유한다.
- 재산세율은 30년 동안 변하지 않는다.
- 평균 가치 상승 외에 집의 가치를 증가시키는 어떤 개선도 이뤄지지 않는다.
- 임차인은 집을 소유하는 대신 임차하며 절약한 금액을 매달 투자한다.

임차와 주택 소유를 비교하는 분석은 많은 변수를 고려해야 하기 때문에 상당히 까다롭다. 나의 목표는 주택 소유가 최고의 투자가 아닐 수도 있다는 사실을 입증하는 것이다. 주요 결과는 다음과 같다.

- 주택 소유자가 투자한 임차인보다 더 나은 성과를 낸 시나리오는

단 하나도 없었다.

- 투자한 임차인의 총이익은 1,565,000달러였지만, 주택 소유자의 이익은 총 16,000달러에 불과했다. 두 경우의 차이는 1,549,000달러로, 임차 쪽이 더 유리했다!
- 동일한 지표를 사용하여 텍사스주 댈러스의 평균 주택 소유자를 분석했을 때, 주택 소유자는 30년 후 315,000달러의 순손실'을 기록했다.

이 분석을 반박하기 전에 당신도 현실적인 데이터를 사용하여 직접 분석해 봐라. 현재 집을 소유하고 있는가? 이자율은 높은가? 낮은가? 계산해 봐라. 재산세가 많은가? 적은가? 이 역시 계산해 봐라. 또한 가전제품, 교체 비용, 수리 비용과 같은 모든 숨은 비용도 잊지 말아야 한다. 그리고 주택소유자협회Homeowners Association(HOA) 수수료도 반드시 추가하라. 이런! 다음은 일반적인 숨은 비용 목록의 일부이다.

가전제품:

- 식기세척기
- 냉장고
- 오븐
- 세탁기
- 건조기
- 에어컨
- 보일러

교체/수리 비용:

- 페인팅
- 데크 수리
- 울타리 교체
- 차고 문 교체
- 외벽 교체
- 창문 교체
- 카펫
- 조리대
- 수도꼭지 및 수도 설비
- 가스 벽난로
- 나무 바닥
- 전기 콘센트

집값이 낮을 때 집을 구입하고, 집값이 높을 때 판매하는 사례가 많다. 가장 최근의 사례는 오스틴에 사는 한 이웃이 2021년 봄에 침실 4개, 욕실 4개짜리 집을 950,000달러에 구입하고, 2022년 가을에 1,745,000달러에 판매한 경우다. 단 1년 반 만에 795,000달러를 벌어들였다. 말 그대로 오스틴 호황이 시작되기 직전에 집을 구입하여 적절한 시기에 판매했다. 정말 놀랍다! 하지만 이것을 생각해 봐라.

- 자, 방금 집을 팔았다고 치자. 이제 어디에서 살 것인가? 결국 기존 집을 팔았던 바로 그 시장에서 새집을 구해야 한다. 오스틴 지역의 집값은 당신의 집과 같은 비율로 올랐기 때문에, 품질과 위치가 비

숫한 침실 4개, 욕실 4개짜리인 다른 집의 값도 같은 가격일 것이다. 그래서 당신이 '벌었다'고 생각하는 795,000달러를 고스란히 다음 집을 사는 데 쓸 수밖에 없다. 그 돈을 진짜로 '벌었다'고 할 수 있는 유일한 방법은 집 크기를 줄이는 것이다(대부분의 사람들은 그렇게 하지 않는다). 또는 생활비(그리고 집값)가 더 저렴한 지역으로 이사하는 것이다. 그리고 다소 놀랍겠지만, 또 다른 선택지는 바로 임차하는 것이다.

- 집을 사고파는 시점을 정확히 맞추는 것은 불가능하다. 최고의 부동산 전문가들도 시장 상황과 전망에 대해 매일 의견을 달리한다. 부동산 시장의 타이밍을 맞추는 것은 주식시장의 타이밍을 맞추려는 것과 같다. 불가능하다. 설령 시장을 예측할 수 있다 해도, 시장 상황에 따라 현재 거주지의 매각 시기를 결정하고 싶은가? 나라면 그렇지 않을 것이다.

집을 팔고 차익을 남겼지만 정작 살 곳이 없는 상황보다 더 나쁜 것이 있다. 그것은 단순히 부동산 검색엔진 알고리즘에 따른 시세만 보고 자신의 집값이 구매 당시보다 크게 올랐다며 자랑하는 사람이다. 축하한다. 그런데 이 소식으로 당신의 생활이 달라지는 게 있는가? 없다. 수중에 들어오는 현금이 더 많아졌는가? 아니다. 오히려 현금은 더 '줄어들' 것이다. 집값이 오른 만큼 재산세도 더 올라갈 것이기 때문이다. 은퇴했고, 담보 대출도 모두 상환했으며, 집 크기를 줄일 계획이 아니라면, 부동산 검색엔진 사이트에서 제공하는 시세는 실질적으로 아무런 의미가 없다.

3. 거주지는 현금 흐름을 창출하지 않는다. 대학 시절, 나는 로버트 기요사키Robert Kiyosaki의 《부자 아빠 가난한 아빠》, 라밋 세티Ramit Sethi의 《부

자 되는 법을 가르쳐 드립니다》 같은 책을 읽었다. 이들 모두 집이 항상 좋은 투자 대상은 아니라고 주장한다. 나도 같은 생각이다. 내 생각에 투자는 당신에게 돈을 '벌어다' 주는 것이다. 하지만 거주지는 당신이 매월 돈을 '내야' 하는 대상이다. 이 말이 무슨 뜻일까? 담보대출, 공과금, 보험료 등으로 매달 현금이 당신 주머니에서 빠져나간다는 뜻이다. 방을 세놓는 경우가 아니라면, 거주지를 소유한다고 해서 주머니에 현금이 들어오는 일은 없다. 심지어 집을 팔아 돈을 '손에 쥐는' 순간이 온다고 해도, 규모를 줄이거나, 이사를 가거나, 임차를 선택하지 않는 한, 차익을 진정으로 실현할 수 있을까? 그럴 수도 있겠지만 어려운 일이다.

하지만 현금 흐름을 창출할 수 있는 부동산 투자에는 여러 형태가 있다. 부동산 투자만 다루는 책이 많은 이유는 단독 주택, 아파트 단지, 주택 리모델링 후 판매, 상업용 부동산 등 다양한 투자 유형이 있기 때문이다. 그렇다고 해서 부동산 투자로 성공하기 쉬운 게 아니다. 부동산 투자자는 충분한 지식을 갖추고 열심히 노력하며, 신중하게 계산된 위험을 감수해야 한다.

나는 개인적으로 신디케이트syndicate(여러 투자자들이 자금을 모아 부동산을 공동으로 소유하고 운영하는 투자 모델이다. - 옮긴이 주)를 통해 아파트 단지에 투자한다. 이런 유형의 부동산 투자가 나한테는 딱 맞는 것 같다. 적당한 위험 감수 성향, 투자에 최소한으로 관여하고 싶은 욕구, 전반적인 재정 목표에 가장 적합하기 때문이다. 이러한 투자로 인해 매달 현금이 주머니로 들어온다. 반면에 나의 거주지는 매달 내게 돈을 벌어다 주지 않기 때문에, 투자 대상으로 여기지 않는다.

이 시점에서 이런 질문을 하고 싶을 수도 있다. "거주지가 그렇게 나쁘다면, 왜 집을 소유하고 있습니까?" 내 대답은 간단하다. 거주지는

'전혀' 나쁜 것이 아니다. 단지 최고의 투자처는 아닐 뿐이다. 나는 내 집을 사랑하기 때문에 구입했다. 집을 소유함으로써, 내 미적 감각에 맞게 집을 꾸미고 원하는 대로 리모델링할 수 있다. 집을 소유하면 마음의 평화, 안락함, 그리고 통제력을 얻을 수 있다. 바로 그게 이유다. 물론 내 집의 가치가 떨어지길 바라진 않지만, 나는 이를 투자라고 생각하지 않는다. 대신 기쁘게 지속적으로 지출할 주거비용으로 여긴다.

◆ 브래드의 관점

에이드리안은 똑똑한 사람이고, 집 구매와 관련해 훌륭한 점을 많이 짚었다. 집을 사는 데는 대부분의 사람들이 간과하는 숨은 비용이 많다. 하지만 에이드리안도 나도 인터넷에서 모르는 사람들에게 '어디에 투자해야 한다', '대학에 가야한다', '결혼해야 한다', '집을 사야 한다' 같은 조언을 하지 않는다. 이런 문제는 각자가 자신의 상황에 맞게 결정해야 할 사안이다. 부자들이 대부분 그런 선택을 한다고 해서 예외가 없는 것도 아니고, 이 길을 선택했음에도 이익을 얻지 못한 사람들도 분명히 존재한다. 그렇긴 하지만 소셜 미디어에서 금융 전문가들이 백만장자가 되고 싶은 사람들에게 집을 사지 말고 임차하라고 조언하는 것을 보면 놀랍기만 하다. 우선 그런 식의 전반적인 재정 조언은 개별적인 상황을 모르는 사람에게 해서는 안 된다. 게다가 그런 주장은 납득하기도 어렵다. 모든 지표만 봐도 부동산을 소유하는 것이 순자산을 늘리는 데 도움이 되기 때문이다.

사실 대부분의 백만장자는 집을 소유하고 있으며, 집 소유자는 순자산이 훨씬 높다. 백만장자의 95%가 집을 소유하고 있고, 그 집의 가치는 순자산에서 큰 비중을 차지한다. 미국 연방준비제도 이사회에 따르면 주택 소유자의 중위 순자산은 396,200달러인 반면, 임차인의 순자산은 10,400달러에 불과하다. 이는 단순한 우연이 아니다. 또한 많은 사람들이 "집은 투자처가 아니다."라고 말하지만, 이런 말을 들으면 다소 혼란스럽게 느껴진다. 왜냐하면 투자는 기본적으로 시간이 지나면서 가치가 증가하는 것을 목표로 구매한 자산으로 정의되기 때문이다. 에이드리안이 위에서 잘 지적했듯이, 집을 사는 것이 최고의 투자라고는 할 수 없지만, 투자임은 분명하다. 그렇지 않다면 오히려 우리가 사용하는 '투자'라는 단어의 정의를 바꾸는 게 맞다.

인류 역사 전반을 살펴보면, 시장 붕괴를 감안하더라도 부동산은 장기적으로 가치가 상승했다. 예를 들어, 2007년 부동산 거품의 정점 당시 미국 주택의 중위 매매가는 257,400달러였고, 2024년 2분기에는 412,300달러로 상승하며 붕괴 이후 62%의 성장을 기록했다. 부동산을 사고팔기를 반복하는 투기꾼들은 주기적으로 부동산 시장 붕괴로 큰 손실을 입기도 한다. 하지만 장기적으로 부동산은 자녀와 손주에게 물려줄 유산이 될 수 있다. 또한 투자 대비 수익률이 크기 때문에, 대다수의 부자들이 자신의 집을 소유한다.

집을 소유하는 것은 순자산을 크게 증가시키는 방법이다. 보통 집을 살 때 20% 정도의 계약금을 내는 것을 감안하면, 집값의 약 80%를 대출로 충당하게 된다. 예를 들어 100만 달러짜리 집을 산다면, 20만 달러를 계약금으로 지불한다. 그러나 집의 가치가 부동산 시장의 역사적 평균 수익률을 적용하여 매년 4%씩 상승한다면, 이는 단순히 투자금 20만 달러에 대한 4%의 증가만 이뤄지는 게 아니다. 100만 달러 전체 금액에 대한 4%의 성장이 이뤄지는 것이다.

에이드리안은 집을 소유하는 것이 최고의 투자가 아닐 수도 있다는 훌륭한 재정적 분석을 제시했다. 하지만 내가 집을 사는 것을 임차보다 선호하는 7가지 이유는 다음과 같다.

1. **강제 저축과 자산 형성.** 주택담보대출은 매월 반드시 납부해야 하는 고정 지출로, 그 금액의 일부는 원금을 상환하는 데 쓰인다. 따라서 매달 돈을 낼수록 당신의 지분은 점점 늘어나게 된다. 즉, 매달 당신의 순자산이 증가하는 셈이다. 집을 사는 대신 임차를 해서 남는 돈을 저축하고 투자하는 것도 좋은 생각이지만, 실제로 사람들은 그렇게 하지 않는다. 남는 돈을 그냥 써버리는 경우가 많다. 대부분의 미국인이 바로 이렇게 행동한다.

2. **재정적 안전성.** 재산세나 주택보험료처럼 시간이 지나면서 오르는 비용도 있겠지만, 대부분의 주거비용은 비교적 안정적으로 유지된다. 반면, 1980년부터 평균 임대료는 매년 8.85%씩 상승해 왔다. 이런 추세가 이어진다면 올해 월 2,000달러인 임대료는 30년 뒤에는 월 25,461.44달러까지 치솟을 것이다.

3. **물가 상승 대비.** 주택담보대출 상환액은 30년 동안 변하지 않지만, 임대료는 물가 상승 때문에 매년 오른다. 물가 상승은 임차인에게는 악몽과도 같은 일(위 2번 참조)이지만 집주인에게는 오히려 유리하게 작용한다. 정부가 물가 상승을 제대로 잡을 거라고 정말 믿는가? 나는 절대 그렇게 생각하지 않는다.

4. **가정의 안정성.** 평균적으로 임차인은 한 곳에서 약 3년 정도 거주한다. 반면, 주택 소유자는 평균 약 13년 동안 같은 집에서 산다. 우리가 콜

로라도에 처음 이사 왔을 때, 아내와 나는 집을 빌리기로 했다. 그런데 2년쯤 지나자 집주인이 친구에게 집을 팔 거라며 계약 기간이 끝나면 나가야 한다고 통보했다. 당시 우리 학군에는 임차할 만한 다른 집이 전혀 없어서 우리는 크게 당황했다. 큰아이는 초등학교 3학년이었는데 학군을 벗어나게 되어 학교를 옮겨야 하는 상황이었다. 이 일로 우리는 큰 정신적인 고통을 겪었다. 결국 그해 집을 사게 된 건, 안정된 생활을 하고 싶다는 마음이 너무 컸기 때문이다.

5. **세금 혜택.** 주택 소유자는 여러 가지 세금 혜택을 받을 수 있어 재정적으로 유리하다. 주택 소유자는 담보대출 이자, 재산세, 심지어 주택 개조를 위해 받은 대출에 대해서도 세금 공제를 받을 수 있다.

6. **안정적 은퇴 생활.** 집을 소유하는 것의 큰 이점은 30년 만기 주택담보대출을 받을 경우, 은퇴하기 전에 대출을 모두 상환할 수 있다는 점이다. 물론 재산세, 수리비, 주택보험료 등의 비용은 계속 부담하지만, 이는 매달 내야 하는 임차료에 비하면 훨씬 적은 금액이다. 예를 들어, 내 부모님이 공립학교 교사로서 조기 은퇴를 결심한 데는 25년 전에 주택담보대출을 모두 상환했고, 더 이상 대출금을 내지 않아도 된다는 점이 결정적인 역할을 했다.

7. **세대를 잇는 부의 축적.** 집을 소유하면 재산과 부를 후손에게 물려줄 수 있어서 그들에게 추가적인 경제적 안정성을 제공하고 재정적 유산을 남겨 줄 수 있다.

결론적으로 대부분의 부자는 집을 소유하고 있으며, 이는 순자산을 크게 불리는 효과적인 전략이 될 수 있다. 백만장자들은 이 사실을 잘 알고 있다. 그래서 백만장자 10명 중 9명이 부동산에 투자하는 것이다. 그들은 부동산이 부를 더 쌓을 수 있는 검증된 방법임을 안다. 실제로 부동산은 백만장자 순자산의 평균 40% 정도를 차지한다. 집을 사면 단순히 순자산을 늘릴 수 있을 뿐 아니라, 자신의 삶을 주도적으로 이끌어 갈 수 있다. 더 이상 집주인의 변심으로 갑작스럽게 이사를 해야 하는 상황에 놓이지 않아도 된다. 물론 집을 관리하고 수리하는 모든 책임을 직접 져야 하지만, 장기적으로는 대부분의 사람들에게 여전히 가치 있는 투자라고 할 수 있다.

백만장자를 따라 하라

우리는 주택 소유에 대한 생각은 서로 다르지만, 장단점이 있다는 점에는 동의한다. 독신으로도 백만장자가 될 수 있을까? 물론이다. 백만장자가 되려면 꼭 대학에 가야만 할까? 절대 그렇지 않다. 고등학교만 졸업하고도 대부분 사람보다, 심지어 박사 학위 소지자보다 더 많은 돈을 버는 사람도 있다. 평생 임차한 집에서 살아도 백만장자가 될 수 있을까? 그렇다! 하지만 이런 경우들은 극히 드물다. 통계적으로, 백만장자가 하는 방식을 따라 한다면 백만장자가 될 가능성이 훨씬 커진다.

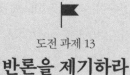

반론을 제기하라

지금까지 다소 직설적으로 몇 가지 사실을 제시했다. 하지만 모든 규칙에는 예외가 있는 법이고, 당신이 그 예외에 해당할 수도 있다. 이번 과제를 수행하는 동안에는 열린 마음으로 비판적인 시각을 견지하며, 스스로 반론을 제기하는 입장이 되어볼 것을 권한다. 이번 장에서 살펴본 백만장자의 3가지 통계에 관한 장단점 목록을 작성해 봐라.

- 대학 진학의 장단점은 무엇인가?
- 결혼의 장단점은 무엇인가?
- 집을 사는 것과 임차하는 것의 장단점은 각각 무엇인가?

어떤 결정을 내리든 우리는 당신을 응원하며, 당신이 충분히 성공할 수 있다고 믿는다. 다만 대부분의 부자들이 이런 영역들에서 어떻게 행동하는지 객관적·비판적으로 살펴보고, 충분한 정보를 바탕으로 현명하게 판단하길 바란다.

14장

은퇴는 죽은 사람들을 위한 것이다

◆

◆

말콤 포브스Malcolm Forbes(《포브스》지의 발행인으로 잘 알려진 미국의 기업가이자 정치인이
다. - 옮긴이 주)는 이렇게 말했다. "은퇴는 힘든 일보다 더 많이 사람을 죽인
다." 정말 핵심을 찌른 말이다. 어리석은 사람들은 은퇴를 택한다. 반면
현명한 사람들은 일찍 경제적 자유를 얻어 자신이 진정으로 열정을 쏟
을 수 있는 일에 (수익이 나는 일이든 아니든) 시간을 할애한다. 한때 열
정을 느꼈던 일에 싫증이 나면, 언제든 자유롭게 다른 일로 방향을 전환
할 수 있다. 이 얼마나 멋진 삶인가! 40년 동안이나 싫어하는 일에 얽매
여 있다가 너무 늙고 지쳐서 아무것도 즐길 수 없을 때 은퇴하는 대신,
사람들은 이제 FIREFinancial Independence, Retire Early 운동, 즉 경제적 독립
과 조기 은퇴를 추구하는 운동에 동참하고 있다. 하지만 우리는 은퇴라
는 개념을 새롭게 정의한다. 그것은 단순히 일을 그만두는 것이 아니라,
어떤 나이에서든 자신의 시간을 완전히 소유하는 것을 의미한다.

준비하라, 우리는 이제 은퇴라는 개념을 완전히 뒤집어볼 것이다. 은퇴는 그야말로 '끔찍한' 생각이다. 단순한 은퇴에는 심각한 단점들이 존재한다. 하지만 경제적 자유를 달성하기 위해 의식적으로 계획을 세우는 것에는 많은 장점이 있다. 에이드리안은 이를 잘 알고 있다. 그는 경제적 자유를 향한 여정에 모든 것을 걸었고, 백만 달러가 넘는 수익을 올리는 사업을 운영하면서 1년 동안 밴에서 생활했기 때문이다. 이 장을 끝까지 읽고 나면 당신도 수입의 95%까지 저축하고 투자해서 더 이상 시간을 돈과 맞바꾸지 않아도 되는 삶이 가능하다는 사실을 깨닫게 될 것이다.

에이드리안 시간의 의미를 생각할 때 우리는 종종 잘못된 시각을 갖는다. 은퇴 후의 삶을 상상하며, '아! 이제 돈도 충분히 벌었으니, 해변에 앉아 하루 종일 코로나 맥주나 마이타이 칵테일을 마실 수 있겠지.'라고 생각하기 쉽다. 하지만 직접 해본 사람으로서 장담하건대, 그런 행복감은 길어야 6일, 7일, 즉 일주일을 넘기지 못한다. 지루해서 못 견디거나 아니면 술 마신 다음 날 숙취 때문에 고생하거나, 둘 중 하나다. 많은 사람들이 은퇴를 꿈꿀 때 돈만 충분하면 모든 문제가 해결되고, 빈둥거리며 아무것도 안 해도 된다는 착각에 빠진다.

물론, 돈은 많은 문제를 해결해 준다. 하지만 돈으로도 해결할 수 없는 보편적인 문제가 하나 있다. 바로 성취감이다. 그래서 외롭거나 성취감을 느끼지 못하는 백만장자, 억만장자 이야기를 자주 듣는 것이다. 성취감은 돈으로 살 수 없다. 돈이 성취감을 얻는 데 도움이 되기도 하지만, 돈 자체가 삶의 목적을 주지는 못한다. 성취감을 느끼는 가장 좋은 방법 중 하나는 타인에게 베푸는 것이다. 사람들은 느긋하게 쉬고 황금 같은 노후를 즐기면 성취감을 느낄 수 있다고 생각하지만, 실제로 그렇지 않다. 성취감은 경제적인 제약에 얽매이지 않고 앞으로 나아가며, 더 나은 자신이 되는 과정을 통해 얻어지는 것이다.

새로운 목적을 찾지 못한 채 일을 그만두면, 결국 죽는다. 이는 때때로 정신적인 죽음일 수 있지만, 육체적인 죽음으로 이어질 수도 있다. 그래서 우리는 '은퇴는 죽은 사람들을 위한 것'이라고 말한다. 또한 힘든 육체노동을 하는 사람들 중에는 은퇴를 미루는 경우도 많다. 일을 그만두고 나면 무엇을 해야 할지 모르기 때문이다. 이건 정말 안타까운 현실이다. 어떤 사람들에게는 일이 삶의 전부가 되어버린 탓에, 일하지 않는 자신의 모습을 상상하는 것조차 두려움으로 다가온다. 그래서 이들은 익숙한 자리에 계속 머무르려 한다. 비록 그 일이 불만스럽고, 건강을 해치며, 소중한 시간을 빼앗아 간다 해도, 현재에 안주하려는 것이다.

은퇴란 무엇인가?

은퇴란 정확히 무엇을 의미할까? 옥스퍼드 영어 사전은 은퇴retirement를 '직장을 떠나 일을 그만두는 것'이라고 정의한다. 또 다른 정의는 '잠자리에 드는 것'이다. 평생 활동적으로 살아온 사람들에게 은퇴는 마치 삶을 잠재우는 것처럼 느껴지기도 한다. 은퇴는 종종 고립과 연결된다. 이는 은퇴하면 노동 현장을 떠나기 때문이다. 한편, 일은 '목적이나 결과를 달성하기 위해 수행하는 정신적 또는 신체적 노력을 기울이는 활동'으로 정의된다. 다시 말해서 은퇴는 목적을 이루기 위한 활동을 멈추고 그냥 잠자리에 든다는 뜻이다.

이를 간단히 정리하면 은퇴는 다음과 같은 상태라 할 수 있다.

- 완전히 혼자가 된 상태
- 사람들과 단절된 상태
- 삶의 이유를 찾기 위한 정신적 또는 육체적 노력을 더 이상 하지 않는 상태

정말 고맙지만 사양이다! 그래서 우리 계획은 죽을 때 은퇴하는 것이다. 그전까지는 삶의 목적을 달성하기 위해 계속 일할 것이다. 당신도 같은 길을 걷기를 진심으로 추천한다.

은퇴는 해로운가?

연구와 시기에 따라 버터와 계란이 건강에 좋다는 주장이 나오기도 하고, 해롭다는 의견이 제시되기도 한다. 어떤 해에는 계란이 하루를 시작하는 필수 아침 식사로 여겨지지만, 다음 해에는 콜레스테롤로 동맥을 막을 수 있으니 피해야 한다고 한다. 은퇴에 대한 연구도 이와 비슷하다. 하지만 여기서는 은퇴의 부정적인 측면을 강조한 몇 가지 연구 결과를 제시하고, 은퇴 이후의 삶을 잘 살아가는 방법에 대한 유용한 팁을 소개하고자 한다.

직장을 떠나는 것, 특히 자신의 인생을 바친 직장을 떠나는 것은 마치 죽음을 맞이하는 것처럼 느껴질 수 있다. 시간과 에너지, 노력을 아낌없이 쏟았던 무언가를 내려놓는 일은 슬픔을 동반하기 마련이다. 많은 은퇴자들이 더 이상 사회의 유용한 일원이 아니라는 느낌에 힘들어하고, 어떤 이들은 비로소 자기 삶의 질을 돌아볼 시간을 갖게 된다. 평생 일만 해 온 사람이라면, 일이 사라진 삶은 매우 공허하게 느껴질 수 있다.

어쩌면 이것이 은퇴자 3명 중 1명이 우울감을 호소하는 이유일 것이다. 너무 많은 은퇴자들이 은퇴 후 우울증을 겪고 있다. 그래서 은퇴할 나이가 되기 훨씬 전부터 의미 있는 삶을 만들어가는 것이 중요하다.

은퇴한 남편 증후군(RHS)

맞다. 제대로 읽었다. 은퇴는 아주 부정적인 영향을 줄 수 있기 때문에, 심리학자들은 이를 설명하기 위해 증후군까지 만들어 냈다. '은퇴한 남편 증후군Retired Husband Syndrome(RHS)'은 일본에서 발견된, 은퇴한 남성의 아내에게서 나타나는 스트레스로 인한 증상이다. 연구에 따르면, 남편이 은퇴했을 때 아내들에게서 다음과 같은 증상들이 나타났다.

- 스트레스 증가
- 우울감
- 수면 장애

또한 최근에 은퇴한 남성의 아내들은 두통, 우울, 불안, 심장 두근거림 같은 증상도 겪었다. 이러한 스트레스는 부부가 함께 보내는 시간이 늘어나면서 발생하고, 이는 짜증을 유발할 가능성을 높인다. 또는 오랫동안 일에 쫓겨 미처 해결하지 못했던 문제들이 전면에 드러나면서 갈등이 일어나기도 한다. 남편의 은퇴는 아내의 정신 건강에 부정적인 영향을 미칠 뿐 아니라, 은퇴 후 시간이 지날수록 상황이 더 악화되기도 한다. 일본에서 은퇴한 남편 증후군(RHS)이 은퇴 연령층 이혼의 주요 원인 중 하나인 것은 어쩌면 당연한 결과일지도 모른다.

브래드 어머니는 새아버지가 은퇴했을 때 자신이 계속 일하기는 어려울 거라고 생각했던 것 같다. 새아버지는 교육계에서 은퇴했는데, 어머니는 남편이 은퇴한 상황에서 자신만 계속 일할 수는 없다고 말했다. 어머니는 새아버지가 은퇴한 후 1년 정도 일을 더 했지만 결국 본인도 일을 그만두고 은퇴했다. 나는 이것이 두 분 모두에게 도움이 되는 결정이었다고 생각한다. 하지만 은퇴가 곧 일을 멈춘다는 의미는 아니다. 어머니는 부업에 더 많은 시간을 썼고, 아버지는 파트타임 상담 사업을 시작했는데, 어머니가 그 일을 관리했다. 하지만 완전히 일을 그만둔다면 같은 처지에 있는 또래 친구들이 있는지 반드시 확인해야 한다. 당신은 골프를 칠 준비가 됐는데 친구들은 다 일하러 나가 있다면 이는 정신 건강에 부정적인 영향을 미칠 수 있다.

은퇴한 남편 증후군(RHS)의 주요 원인 중 하나는 불평등한 가사 분담이다. 남편들은 아내가 집 청소와 관리, 정리를 도맡아 하는 동안 하루 종일 직장에서 일하는 삶에 익숙해져 있었다. 그러다 남편이 갑자기 하루 종일 집에 머물게 되면서, 아내는 남편이 어지럽혀진 집을 방치하고 쌓여있는 집안일을 외면하는 모습에 실망하고 좌절한다. 이러한 이유로 일본에서는 은퇴한 남성이 더 독립적이 되고 아내와 잘 소통할 수 있도록 돕는 수많은 단체가 생겨났다. '부엌의 남성들Man in the Kitchen'이라는 한 단체는 은퇴한 남성에게 청소, 요리, 심지어 장 보는 법까지 가르친다. 또한 여성은 남편이 하루 종일 우울하게 집에서 누워 지내지 않도록 남편의 취미 생활을 계획해야 한다는 부담도 느꼈다. 따라서 이혼하고 싶지 않다면(이혼은 경제적으로 현명한 선택이 아님은 이미 말했다) 요리하고 청소하면서 배우자와 함께 즐거운 시간을 보내야 하고, 은퇴 후에도 열정을 쏟을 만한 의미 일을 찾아야 한다. 한때 직장에서 활발하게 일했던 사람들은 갑자기 활동을 멈추면 신체 건강과 정신 건강에 부정적인 영향을 받을 수 있다.

은퇴가 건강에 미치는 영향

남성들은 은퇴하게 되면 삶의 목적을 잃고 건강과 스트레스가 악화되는 경향이 있다. 호주의 한 연구에 따르면, 남성은 은퇴 후 신체 기능 장애가 25% 증가하였으며, 건강 문제가 많이 발생하는 것으로 나타났다. 또한 심리적인 고통도 증가했다. 반면 여성은 은퇴 후 신체 기능 장애가 17% 증가했지만, 심리적 스트레스는 증가하지 않았다. 이는 여성은 여전히 가정과 사랑하는 사람들을 돌보는, 의미 있는 일을 계속하기 때문이다. 그 덕분에 여성은 남편보다 더 오랫동안 활동적으로 목적 있는 활동에 참여하게 된다. 예를 들어, 은퇴한 여성은 다양한 사회 활동, 지역사회, 종교, 여가, 돌봄 활동에 더 적극적으로 참여하는 경향이 있다. 그 결과 유급 노동에서 은퇴하는 것이 곧 활동적인 삶에서의 은퇴를 의미한다고 느끼는 경우가 상대적으로 더 적다.

은퇴 후에도 최대한 오랫동안 활동적으로 지내야 하는 다른 이유들도 있다. 인지 기능 측면에서 보면, 정신적 요구가 높은 직업에 종사했던 사람들은 은퇴 후 인지 기능 저하 속도가 더 느리다. 또한 은퇴 후 외로움도 중요한 문제다. 직장 생활 중에도, 은퇴 후에도, 외로움을 느끼는 사람들이 은퇴 후 우울증에 걸릴 가능성이 더 높다. 특히 높은 직책에 있었거나 조기에 은퇴한 남성들은 종종 자존감 하락으로 어려움을 겪는다. 일부 사람들은 은퇴 후에 자원봉사를 통해 삶의 목적을 찾지만, 과도한 자원봉사는 스트레스를 유발하기도 한다. 즉 자원봉사가 정신적·신체적 건강에 미치는 긍정적인 효과에도 한계가 있다. 많은 사람들이 '이제 은퇴만 하면 푹 쉴 수 있어.'라고 생각한다. 하지만 은퇴 후 삶의 만족도를 떨어뜨리는 요소가 많다는 점에서, 은퇴는 정말 끔찍한 생각이다.

은퇴 초기에는 흔히 허니문 기간이 있다. 약 3~6개월 정도는 마치 긴 휴가를 보내는 듯한 기분을 느낀다. 처음에는 몇 년간 미뤘던 일들을 처리한다. 예를 들어, 차고 정리나 데크 수리 같은 집안일을 해결하고, 골프나 낚시를 즐기며, 평소 가고 싶었던 여행을 떠나기도 한다. 하지만 이런 시간도 잠시, 곧 삶의 목적에 대한 고민이 찾아오고, 무엇을 해야 할지 몰라 막막해진다. 다행인 점은, 풀타임 직장에 매여 있지 않으면 그만큼 여가 활동에 더 많은 시간을 할애할 수 있다는 것이다. 하지만 계획 없는 자유 시간이 지나치게 많아지면 오히려 정신 건강에 해롭다는 연구 결과도 있다.

은퇴자들은 사회적 여가 활동에 참여할 때 삶의 만족도와 목적의식이 더 높아진다. 예를 들어 피클볼을 생각해 보자. 피클볼 같은 스포츠를 하면 신체를 건강하게 유지할 뿐만 아니라, 코트에서 새로운 친구를 사귀기도 하고, 정신 건강에 긍정적인 영향을 준다. 또한 많은 사람들이 실력 향상을 목표로 삼아 레슨을 받거나 대회에 참가하는 등, 새로운 목적의식을 느낄 수 있다. 따라서 언젠가 일을 그만두고 은퇴할 계획이라면, 수익 창출과는 무관하더라도, 건강하고 행복한 은퇴 생활을 위해 추가적인 '일'을 찾아야 한다.

FIRE 운동

우리는 가능한 한 일찍 경제적 자유를 달성하여 부를 축적하는 동시에 성취감을 얻을 수 있는 활동을 찾는 것을 지지한다. 이런 전략을 'FIRE 운동'이라고 부르기도 한다. 'FIRE'는 '경제적 독립과 조기 은퇴'를 의미한다. 여기서 말하는 '은퇴'는 단순히 삶을 멈추거나 끝내는 것이 아니다. 오히려 젊고 활동적인 시기에 강력한 경제적 기반을 마련해, 여전히 돈을 벌면서도 삶을 온전히 즐길 자유를 얻는 것을 뜻한다. FIRE 운동의 경제적 사고방식은 아주 극단적이다. 일반적인 재무 자문가라면 수입의 15%를 저축하는 것만으로도 칭찬과 긍정적인 피드백을 아끼지 않겠지만, FIRE 운동을 실천하는 사람들은 그 정도 비율에 오히려 '야유'를 보낼 것이다. 이들은 은퇴 시기를 최대한 앞당기기 위해 수입의 40~70% 이상을 투자한다.

에이드리안이 아내와 함께 모든 물건을 처분하고 밴으로 이사한 것도 같은 이유다. 그는 생활 규모를 축소하고, 불필요한 지출을 줄이며, 열심히 일하고, 최대한 간소하게 생활하면서, 경제적으로 놀라운 진전을 이뤘다. 그는 이런 극단적인 시도를 통해 무엇이 가능한지 직접 경험해 보고 싶었고, 결과적으로 그의 인생에서 가장 모험적이고 잊을 수 없는 한 해를 보냈다.

에이드리안 팬데믹이 발생했을 때 나는 집을 소유하지 않은 상태였다. 아일랜드 더블린Dublin에서 돌아온 직후였고, 아시아로 떠날 준비를 하고 있었다. 팬데믹 초기 몇 달 동안 부모님 집에 머무르던 중 아내가 작은 집처럼 꾸며진 밴에서 상시 생활하는 사람들을 보게 됐다. 팬데믹 동안에도 계속 여행할 수 있는 좋은 방법처럼 보였고, 우리는 그 아이디어에 매료됐다! 중고 밴을 구입하고 침대, 화장실, 샤워실, 주방을 갖춘 작은 집으로 개조하는 데 총 7만 5천 달러를 들였다. 모든 비용은 현금으로 지불했고, 바로 여행을 시작했다. 여행을 하면서 믿을 수 없을 만큼 멋진 사람들을 만났다. 혼자 여행하는 사람들, 반려동물과 함께 여행하는 사람들, 심지어 5인 가족이 레저용 차량이나 개조된 버스를 타고 여행하는 사람들까지 다양했다.

우리는 비싼 집을 소유하지 않고도 풍요롭고 아름다운 삶을 사는 사람들의 세계를 발견했다. 밴에서의 생활비는 때로 한 달에 600달러 수준까지 낮아지기도 했다. 우리는 일주일에 1~2일 정도 와이파이를 찾아 다양한 온라인 사업을 운영했다. 팬데믹으로 인해 온라인 쇼핑의 인기가 급증하면서 우리 수입도 급상승했고, 우리는 그 해에 170만 달러를 벌었다. 미니멀리스트 라이프스타일과 높은 수입이 결합되어, 1년 동안 저축한 돈으로 100만 달러 이상을 주식시장에 투자할 수 있었다. 평생 걸릴 일을 우리는 FIRE 운동 원칙을 따르며 단 1년 만에 이뤄 냈다.

앞서 언급했듯이 브래드 역시 경제적 자유를 앞당기기 위해 과감한 희생을 감수했다. 그는 10만 달러가 넘는 수입을 처음 벌기 시작했을 때도 새 옷이나 가구를 사지 않았고, 낡아빠진 2대의 차를 번갈아 가며 탔다. 그는 3년 만에 10만 달러의 학자금 대출을 모두 상환했고, 퇴직연금계좌를 최대한도로 채웠으며, 집을 마련하기 위한 저축도 병행했다. 그는 항상 '자신에게 먼저 투자하는 것'을 최우선으로 삼았다. 결국 40대에 경제적 자유를 달성했고, 더 이상 생활비를 벌기 위해 일할 필요가 없어졌다. 하와이의 공립학교에서 일하던 그는 일을 그만두고 현재는 콜로라도주 볼더Boulder에서 살고 있다. 그는 지금도 교수, 재무 자문가, 작가, 소셜 미디어 인플루언서로 활동하며 다른 사람들의 재정 상황을 개선하는 데 열의를 다하고 있다. 경제적 자유를 간절히 원한다면, 이를 앞당길 창의적인 방법은 항상 존재한다.

브래드 지금의 나는 회사 지분을 매각하면 다시는 일하지 않아도 되는 삶을 살 수 있다. 하지만 그런 삶을 선택할 계획은 전혀 없다. 경제적 자유는 오랫동안 가장 원했던 2가지를 가져다줬다. 경제적 안정과 시간을 어디에, 어떻게 쓸지 선택할 수 있는 자유다. 하지만 '일'에 관해서라면 나는 절대 은퇴할 계획이 없다. 오해하지 말길 바란다. 나는 시간을 자유롭게 사용할 수 있다는 점을 정말 좋아한다. 그 덕분에 테니스를 치고, 피클볼을 하며, 아들의 야구팀 코치를 맡고, 여름에는 하와이에서 장인, 장모와 함께 시간을 보내거나 가족과 함께 휴가를 즐긴다. 그렇지만 나는 '항상' 더 높은 목적을 갈망하며, 다른 사람들의 삶에 긍정적인 영향을 미치기 위해 열심히 일하고 싶다. 내 일상이 앞으로도 계속 변하고 발전하겠지만, 나는 절대 은퇴하지 않을 것이다.

나는 경제적 자유는 시간을 더 많이 소유해서 삶의 목적을 실현할 기회를 확장하는 것이라고 생각한다. 일을 계속하면 추가적인 경제적 이익을 얻을 뿐만 아니라, 신체적으로 정신적으로 건강도 좋아지고, 더 행복한 결혼생활을 유지하며, 진정으로 함께하고 싶은 사람들과 더 많은 시간을 보낼 수 있다.

계란에 관한 연구처럼, 직장을 그만두는 결정도 여러 요인에 따라 좋을 수도, 나쁠 수도 있다. 사회경제적 지위, 은퇴 이유, 인생의 단계, 신체적·정신적 건강, 인간관계의 질, 목적 있는 활동의 유무 등이 일을 그만두기 전에 고려해야 할 중요한 요소들이다. 우리는 당신이 경제적 자유를 달성하길 진심으로 응원한다. 하지만 우리 조언을 잊지 마라. '일을 멈추는 것(목적 있는 활동을 그만두는 것)'을 궁극적인 목표로 삼지 마라. 은퇴는 죽은 사람들을 위한 것이며, 죽기 전에 할 일은 훨씬 더 많이 남아 있다.

은퇴를 계획하라

은퇴하는 것은 삶의 좋은 목표가 아니라는 점을 당신이 이해했길 바란다. 당신이 진정으로 원하는 것은 경제적인 안정, 자신의 시간을 온전히 소유하는 자유, 일하는 방식을 자유롭게 선택할 수 있는 삶이다. 잠시 시간을 내어, 직장을 떠났을 때 어떤 삶을 살고 싶은지 생각해 봐라. 이제 경제적 자유와 활기차고 즐거운 미래를 위한 흥미진진한 계획을 세울 시간이다. 돈을 벌기 위해 일하지 않아도 되는 삶을 상상하고, 다음 질문들을 성찰해 봐라.

- 은퇴 후 어떻게 시간을 보낼 것인가?
- 어떤 활동을 통해 어떤 목적을 실현하고 싶은가? 단순히 여행이나 새로운 취미를 시작하는 것 이상을 생각해 봐라. 당신의 하루가 어떤 모습일지 상상해 봐라.
- 직장에 가지 않아도 된다는 설렘을 몇 달 동안 만끽한 후, 당신을 매일 아침 열정적으로 일어나게 만드는 것은 무엇일까?
- 원하는 모든 것을 할 수 있는 시간과 자원이 주어진다면, 추구하고 싶은 더 높은 소명은 무엇인가?

이 모든 계획을 최대한 구체적으로 작성해 봐라.

15장

가난한 사람들만이 도움받기를 두려워한다

◆

◆

가난한 사고방식을 가진 사람들은 '혼자 해내야 한다'는 강박에 시달린다. 하지만 인생이라는 게임, 특히 돈과 관련된 게임에서 아무런 도움 없이 혼자서 모든 것을 할 수 있다고 생각하는 것은 오만이다. 성공한 사람들은 오래전부터 돈 관리는 전문가의 도움을 받는 것이 현명한 방법임을 깨달았다. 누구도 혼자 힘만으로 백만장자가 되기는 어렵다. 부자들이 알고 있는 비밀은 전문가와 전문 인력의 도움을 통해 실수를 피하고, 자산을 보호하며, 현명하고 수익성 높은 선택을 할 수 있다는 점이다. 반면 저소득층 사람들은 전문가에 대한 불신이 큰 경우가 많다. 그 이유는 다양하다. 자신이 시스템 때문에 실패했다고 믿거나, 과거에 이용당한 경험이 있거나, 스스로에게 재정 지식이 부족하다는 점을 인정하기 싫어하는 경우도 있다. 하지만 재정 건강은 신체 건강만큼 중요하다. 건강에 문제가 생기면 의사를 찾듯이, 재정에 관한 도움이 필요할 때는 지식이 풍부한 멘토, 자문가, 전문가의 도움을 받아야 한다.

대부분의 부자들은 자신을 위해 일하는 전문가 팀을 보유하고 있다. 경영 전문가부터 회계사, 변호사, 자문가 등으로 구성되어 있으며, 이들의 도움 덕분에 부자들은 돈을 관리하고 불리는 과정에서 발생하는 값비싼 실수를 줄인다. 전문가의 도움을 받아 사업 계획, 세금, 투자, 지출을 관리하면 혼자서 모든 일을 처리할 때보다 훨씬 이른 시간 안에 성공을 거머쥘 수 있다. 부를 축적하는 과정에서 시간은 곧 돈이다. 브래드가 수행한 연구에 따르면, 초고액 자산가들은 중산층과 저소득층에 비해 재무 자문가, 변호사, 회계사, 비즈니스 코치 등 전문가의 조언과 자문을 더 자주 구하는 경향이 있다. 이는 그들이, 자신이 모든 것을 알지 못한다는 점을 인정할 만큼 안정적이고 겸손하며, 전문가의 도움을 받는 것이 큰 이득이라는 사실을 알기 때문이다. 또한 그들은 자신이 모든 분야의 전문가가 될 시간이나 에너지가 없다는 점을 명확히 이해하고 있다. 물론 전문가를 고용할 경제적 여유가 없다는 점이 하나의 장벽이 되기도 한다. 그러나 이는 전문가 고용 비용을 지불할 여유가 있는 부유층에게는 상대적으로 큰 문제가 되지 않는다.

한편, 중산층과 저소득층 사람들은 전문가 조언이 너무 비쌀 것이라고 오해한다. 충분히 이해한다. 하지만 아이러니하게도, 전문가의 도움을 받지 않는 것은 처음부터 전문가와 상담했을 때보다 더 많은 비용을 초래할 가능성이 크다. 혼자 힘으로 모든 일을 해결하려다 보면 귀중한 시간을 낭비하고 큰돈을 잃어버리게 되며, 뼈저린 후회만 가득 남게 된다.

전문가에게 도움을 요청하라

언제든 부를 수 있는 풀타임 전문가를 둘 필요는 없다. 시간제로 전문가 상담을 받아도 된다. 예를 들어, 창업을 생각하고 있다면 회계사를 찾아서 시간제 상담을 요청하고, 비용을 지불하면 된다. 그런 다음 당신의 사업에 관해 궁금한 점을 모두 질문하라.

예비 창업가가 회계사에게 물어볼 만한 몇 가지 예시 질문들은 다음과 같다.

- 이 분야에서 사람들이 사업을 시작할 때 흔히 저지르는 가장 큰 실수는 무엇인가요?
- 회계장부 정리는 어떻게 시작하면 좋을까요?
- 추천하고 싶은 사업구조는 무엇인가요?
- 제 사업 계획에서 누락된 사항은 무엇인가요?
- 수익이 발생했을 때 실행할 수 있는 세금 전략이 있나요?
- 추천하고 싶은 책이나 강의, 자료는 무엇인가요?
- 모든 초보 기업가가 알았으면 하는 한 가지는 무엇인가요?

물론 회계사나 변호사에게 한 시간을 사려면 수백 달러의 비용이 들겠지만, 이 비용을 투자한 덕분에 앞으로 수만 달러를 절약할 수 있다. 많은 전문가들은 의뢰인이 자신의 시간을 존중하고 합당한 비용을 지불하는 한, 한 시간이라도 기꺼이 만날 의향이 있다. 심지어 일부 전문가들은 무료로 상담을 제공하기도 한다. 이는 언젠가 당신이 세무, 법인 설립, 유산 계획 수립, 수백만 달러의 자산 관리를 위해 자신을 고용하길 바라기 때문이다.

멘토로 삼고 싶은 사람이나 존경하는 사람에게 도움을 요청할 때는 먼저 주도적으로 노력해야 한다. 그들이 책을 썼다면, 그 책을 '다' 읽은 후에 연락하라. 그들의 강의를 수강하고, 팟캐스트 인터뷰를 들으며, 먼저 그들에 대해 가능한 한 많은 정보를 알아봐라. 당신이 배울 준비가 되어 있고, 이미 주도적으로 노력했다는 사실을 보여 준다면, 그들이 당신을 도와줄 가능성은 훨씬 더 높아진다.

에이드리안 처음 도움을 요청했던 것은 대학에 다닐 때였다. 나는 마케팅을 가르쳤던 크레이그 마티Craig Marty 교수님을 무척 존경하고 따랐다. 어느 날, 수업이 끝난 후 교수님을 찾아가 투자를 시작해야 하는 시점 등 돈에 대한 간단한 질문을 했다. 질문들은 사실 마케팅과는 전혀 관련이 없었다. 나는 단지 돈을 이해하고 싶었고, 언젠가 10만 달러가 넘는 소득을 올리고 싶다고 솔직하게 말했다.

교수님은 나를 가르치거나 일방적인 조언을 늘어놓는 대신, 몇 가지 질문을 던졌다. 이를 테면 "Roth IRA(세후 수입으로 적립하는 개인 퇴직연금계좌이다. - 옮긴이 주)는 갖고 있나?", "버는 돈 중에서 얼마를 저축하고 있는지 알고 있나?" 같은 질문이었다. 나는 Roth IRA에 대해 들어본 적도 없었고, 사실 그에게 정확히 무엇을 물어봐야 할지도 몰랐다. 다만 돈에 관해 배워야 할 것이 많다는 사실만 어렴풋이 알고 있었다. 그러나 이 첫 질문 덕분에 평생 지속될 관계로 발전할 대화의 물꼬를 틀 수 있었다. 사람들이 도움을 요청할 때 느끼는 어려움은, 정확히 무엇을 물어봐야 할지 모른다는 점이다. 마티 교수님은 내게 예산에 대해 물어봤는데, 나는 예산을 세워본 적이 없었다. 그가 사용하는 일부 용어를 이해하지 못해서 당황스럽기도 했지만, 그렇다고 해서 더 배우려는 노력을 멈추지는 않았다. 그는 올바른 예산이란, 수입에서 생활비를 제외하고 남는 돈이 얼마인지 파악하는 것이라고 설명했다. 만약 남는 돈이 없다면 적자 상태이므로, 지출을 줄이거나 수입을 늘리는 방법을 고려해야 한다.

또한 교수님은 신용카드 빚, 대출, 지출에 대해서도 물어봤다. 그는 나의 배우고자 하는 열의와 노력하려는 의지를 보고 내게 개인적인 관심을 보였다. 그렇게 그는 나의 첫 번째 멘토가 됐다. 지금도 아이오와주의 더뷰크에 갈 때마다 그를 찾아간다. 기꺼이 나를 도와준 교수님께 깊이 감사하고 있다. 수업이 끝난 후 그와 나눈 첫 대화가 없었다면 나는 오늘 이 자리에 없었을 것이고, 분명 지금처럼 경제적으로 안정되지 못했을 것이다. 그는 내게 올바른 방향을 제시해 줬고, 삶을 바꿀 수 있는 좋은 재정 습관을 갖도록 도와줬다. 잘 모른다는 부끄러움과 창피함 때문에 도움을 요청하는 것을 포기하지 않기를 정말 잘했다고 생각한다. 알고 보면 부끄러워할 일은 전혀 아니었다. 나는 고작 19살의 대학생이었고, 그는 나를 가르치는 교수였다. 예산이 무엇인지 모르는 사람은 많다. 심지어 은행 계좌가 없는 사람들도 있다. 부끄러움 때문에 도움 요청을 망설이지 마라. 성공을 향한 여정에서 부유한 사람들은 관대하고 타인의 성공을 돕는 것을 좋아한다는 사실을 알게 될 것이다.

브래드 내가 어릴 때, 우리 가족은 꽤 극단적으로 '혼자서 해내야 한다는 강박'에 시달렸다. 내가 태어나기도 전부터 아버지는 농장에서 가난하게 자랐다. 실내 배관도 없었던 터라 따뜻한 목욕을 하려면 난로에 물을 데워야 했다. 가족들의 철학은 간단했다. "뭔가가 고장 나면 직접 고쳐라." 모든 일은 가족과 지역사회 안에서 해결됐다. 이웃들은 서로의 차 수리를 도와줬고, 대학에서 회계 수업을 한두 학기 들었던 고모는 가족의 세금 업무를 모두 처리해 줬다. 좁은 공동체 안에서 필요한 물건을 서로 물물교환하거나 빌려 쓰곤 했다. 그들은 외부인을 크게 신뢰하지 않았기 때문에, 지역사회의 울타리를 벗어나 도움을 구하지는 않았다. 그들은 모르는 사람에게 도움이나 조언을 구하기보다, 차라리 도움이 없는 편이 낫다고 생각했다. 평생 열심히 일했고, 다들 한두 번 이상 속은 경험이 있었기에, 그들에게는 돈 한 푼 한 푼이 모두 소중했다. 그들은 땅속 커피 캔에 묻어둔 전 재산을 아무한테나 맡길 생각이 전혀 없었다. 친밀한 애팔래치아 문화Appalachian culture(미국의 애팔래치아산맥 인근의 지역이 오랫동안 경제적인 어려움과 빈곤을 겪으면서 생겨난 근면한 문화이다. - 옮긴이 주)에서 흔히 볼 수 있는 현상으로, 외부인을 잘 신뢰하지 않았다. 또한, 그들의 돈에 대한 신념에는 부유한 전문가와 부자들을 대체로 탐욕스럽고 부패한 사람들로 여기는 사고방식이 깊이 자리하고 있었다.

내가 일하는 재무 설계 회사에서는 초고액 자산가들의 자금을 관리한다. 하지만 가장 까다로운 고객은 수천 달러를 투자하려는 소액 투자자들이다. 이들은 천만 달러를 맡기는 고객보다 전문가의 조언을 받아들이는 데 훨씬 큰 어려움을 겪는다. 그들은 수많은 질문과 우려를 지니고 찾아오며, (매시간은 아니더라도) 매일 자신의 계좌를 확인한다. 이는 충분히 이해할 수 있다. 이들은 투자에 익숙하지 않고 금융 전문가와 일하는 것이 처음이기 때문에, 힘들게 번 소중한 돈을 '아무에게나' 쉽게 맡기지 못하는 것이다. 반면, 천만 달러를 가진 사람들은 이미 전문가들과 일한 경험이 많기 때문에 비교적 전문가를 신뢰하는 편이다. 이들 중 상당수는 자신과 가족의 재산을 불리고 보호하는 데 도움을 준 재무 자문가를 오랫동안 신뢰해 온 역사를 갖고 있다. 이들은 부모와 조부모가 전문가의 도움을 받아 가장 현명한 투자를 하고 포트폴리오를 성장시키는 모습을 지켜보며 자랐다.

중산층과 저소득층이 도움을 요청할 때 겪는 큰 장애물은, 돈이 전문가의 손에서 안전하게 관리될 것이라고 믿지 못하는 점이다. 나도 가족으로부터 물려받은 '혼자서 직접 해내야 한다'는 고집을 극복하는 데 수년이 걸렸다. 처음에는 불편하겠지만, 충분히 극복할 수 있다. 게다가 부유층의 반열에 오르고 싶다면 이는 필수적이다. 자신의 사업에서 최고의 전문가가 되거나, 법학 학위를 취득하거나, 회계사가 될 시간이 없다면 반드시 필요한 일이다. 바로 이런 이유로 전문가들이 존재한다. 그들은 자신의 전문 분야에서 능력을 발휘하여 당신의 성공을 돕기 위해 일한다.

심리적 장애물을 극복하라

도움을 청하는 것을 가로막는 심리적 장애물을 파악한다면 이를 극복하기가 훨씬 쉬워진다. 사람마다 다르겠지만, 공통적으로 나타나는 몇 가지 유형은 다음과 같다.

- 상대방이 나를 판단할 것이라는 수치심이나 부끄러움
- 외부인에 대한 불신
- '누구'에게 도움을 요청해야 할지 모르는 상황
- '무엇'을 물어봐야 할지 모르는 상황
- "나는 모든 것을 알고 있어서 누구의 도움도 필요 없어."라는 식의 연약한 자존심
- 소극적인 태도

이러한 심리적 장애물 중 하나라도 겪고 있다면, 당신만 그런 것은 아

니다. 자신에게 솔직해지고 열린 마음을 유지한다면 충분히 극복할 수 있다. 수치심이나 부끄러움을 느낄 때는 단순히 부유하고 성공한 사람처럼 행동하는 것이 가장 좋은 방법이다. 그들은 도움을 요청하는 데 '전혀' 거리낌이 없는데, 당신이 그럴 필요가 있을까? 약간의 불편함이 느껴질 때는 이 점을 기억하고 그런 감정을 극복하라. 부자처럼 생각하려는 호기심과 열망으로 부끄러움을 뛰어넘어라. 적극적으로 행동하다 보면, 당신의 삶을 바꿀 멘토나 멘토 그룹을 찾을 수도 있다. 신뢰 문제도 마찬가지다. 처음에는 불편하겠지만, 전문가를 만나기 전에 충분히 검토하면 그 불편함을 완화할 수 있다.

전문가를 찾을 때는 철저히 검토하는 것이 현명하다. 그래야 폰지 사기Ponzi scheme(투자 사기 수법의 하나로 실제 아무런 이윤 창출 없이 투자자들이 투자한 돈을 이용해 투자자들에게 수익을 지급하는 방식이다. - 옮긴이 주) 같은 일에 휘말리지 않는다. 상식적으로 생각하라. 지나치게 좋은 조건처럼 들린다면, 실제로 사실이 아닐 가능성이 크다. 당신의 목표에 한두 걸음 더 가까이 있는 사람들에게 '그들이' 신뢰하는 전문가를 추천받아라. 대부분은 흔쾌히 추천해 줄 것이다. 혼자 해결하려는 고집 때문에 전문가의 조언을 받아들이고 적용하지 못한다면, 성장하고 성공할 많은 기회를 놓치게 된다. 그러니 겸손한 자세로 모든 것을 다 알 수 없다는 사실을 인정하라. 이는 전혀 부끄러운 일이 아니다!

도움 요청 시 하지 말아야 할 것

도움 요청을 방해하는 심리적 장애물을 극복했다면, 이미 절반은 성공한 셈이다. 부자가 되는 법을 아는 사람들은 도움을 요청할 때 올바른 예의가 필요하다는 사실을 안다. 특히 시간에 대한 비용을 지불하지 않고 멘토나 자문가를 찾는다면 더욱 그렇다. 멘토에게 무료로 조언을 구하고 싶다면, 다음과 같은 눈살을 찌푸리게 하는 행동들은 반드시 피해야 한다.

1. **갑작스러운 부탁.** 낯선 사람이 아무런 노력 없이 성공한 사람에게 무턱대고 무료로 조언을 구하는 것은 매우 불쾌한 행동이다. 예를 들어, 우리는 낯선 사람에게 무료 조언이나 '15분'만 시간을 내달라는 메시지를 매일 수백 통씩 받는다. 하지만 이런 사람들은 우리 강좌를 수강한 적도, 책을 읽은 적도 전혀 없다.

2. **"당신의 생각을 들어볼 수 있을까요?"** 컨퍼런스에서 발표를 들은 뒤, 발표자에게 다가가 무턱대고 '당신의 생각을 들어보고 싶다'며 추가적인 시간을 요청하면 상대방은 당장 자리를 피하고 싶을 것이다. 누군가에게 다가가기 전에, 그들이 쓴 책을 읽었는지, 강의를 수강했는지, 그 사람과의 관계를 발전시키는 데 관심이 있는지 스스로에게 물어봐라. 이러한 사람들은 찾는 이들이 많고, 시간이 부족하며, 당신을 잘 모른다는 점을 존중하라. 그들과 대화할 기회가 생긴다면, 다가가기 전에 시간을 들여 명확하고 간결한 질문을 준비하라.

3. **공짜로 요구하는 행위.** 잠재적 멘토에게 '절대' 공짜로 요청하지 마라. 믿기 어렵겠지만, 우리는 이런 불쾌한 일을 끊임없이 겪는다. 컨퍼런스나 기타 행사를 준비하고 있다면 유명 전문가에게 '절대' 무료로 강연을 부탁하지 마라. 전문가에게 무료 강의나 상담을 요청하는 것은 그들의 귀한 시간과 노동력을 전혀 모르는 사람에게 내어달라는 것과

같다. 그들이 왜 그런 일을 하겠는가? 그들의 시간과 노동력은 소중한 자산이다. 특히, 일면식도 없는 사람에게 공짜로 해 달라고 요청하지 마라. 그들에게 시간과 노동력, 전문 지식을 무료로 요청하는 것은 그들의 일이 대가를 받을 가치가 없다는 뜻으로 해석될 수 있다. 이 얼마나 모욕적인 일인가!

이미 그들의 책을 읽고, 인터뷰를 듣고, 강의를 수강했다면 알 수 있는 내용은 굳이 물어보지 마라. 그렇지 않으면 그들의 시간을 낭비하게 되며, 이는 무례할 뿐만 아니라 성가시게 느껴질 수 있다. 멘토는 자신의 시간을 존중하고 낭비하지 않는 사람들을 돕고 싶어 한다. 그들은 자신의 시간과 노력이 의미 있는 변화를 불러오길 바란다. 하지만 스스로 노력할 의지가 없는 사람을 누가 신뢰할 수 있겠는가.

세금을 피하고 싶다면

부유한 사람들은 세금을 효율적으로 처리하기 위해 세무 전문가를 고용한다. 이는 탈세를 목적으로 하는 것이 아니다. 그들의 자산은 대부분 순자산 형태로 존재하며, 순자산 자체에는 세금이 부과되지 않는다. 대다수의 부자들은 잃을 것이 너무 많아 고의적으로 탈세를 시도하지 않는다. 반면, 자산이 적은 사람들이 오히려 탈세를 시도할 유인이 더 클 때도 있다. 물론 세금을 더 많이 내고 싶은 사람은 아무도 없다. 대부분은 자신이 아닌 다른 사람들이 더 많은 세금을 부담하길 바란다. 참고로, 미국 국세청Internal Revenue Service(IRS)에서는 세금 신고서에 추가로 정부에 기부할 수 있도록 빈칸을 마련해 놓았다. 그런데 국세청에 자발적으로 기부했다는 사람을 한 번이라도 본 적이 있는가?

미국에서는 소득이 높을수록 더 높은 세율이 적용되는 누진세 구조를 채택하고 있다. 과세 대상의 소득이 많을수록 세율도 함께 높아진다. 또한 순자산이 증가하면 재정 상황이 더 복잡해질 가능성이 있다. 이러한 이유로 부자들은 전문가의 도움을 받아 세금을 처리한다. 그들은 자신의 전문 분야에 집중하며, 직접 세금 전문가가 되려고 시간을 낭비하지 않기 때문이다. 백만장자와 억만장자가 세금을 내지 않는다는 오해가 흔하다. 하지만 그들은 매우 높은 수준의 경제 활동을 하고 있기 때문에 세금 부담을 최소화할 수 있는 모든 합법적인 방법을 강구한다. 실제로 부자들은 많은 세금을 납부하며, 당신 또한 부자가 되는 과정에서 점점 더 많은 세금을 납부하게 될 것이다. 특히 회계사를 고용하지 않는다면 그 부담은 더욱 커질 수 있다.

2021년, 에이드리안은 수입이 백만 달러 이상 증가하자 다수의 초부유층과 함께 일하는 브래드에게 연락해 초부유층이 합법적으로 세금을 줄이기 위해 사용하는 전략이 있는지 알아봤다. 브래드는 몇 가지를 제안했지만 결국 에이드리안에게 이렇게 말했다. "사실 부자들은 세금을 많이 내고 있어."

부자가 될수록 세금을 더 많이 내는 상황을 피할 수는 없지만, 전반적인 세금 부담을 줄이는 방법은 있다. 한 가지 방법은 401(k)와 같이 고용주가 지원하는 퇴직연금제도나, Traditional IRA(세전 수입으로 적립하는 개인 퇴직연금계좌이다. - 옮긴이 주) 같은 개인 퇴직연금계좌에 납입하는 것이다. 해당 금액은 인출할 때까지 과세되지 않으므로, 납입한 연도의 세금 부담을 줄여 준다. 또는 Roth IRA(세후 수입으로 적립하는 개인 퇴직연금계좌이다. - 옮긴이 주)에 납입하는 것도 방법이다. 이는 납입한 시점에 세금을 내야 하지만, 그 이후 자산이 늘어나는 동안 과세되지 않는다. 이러한 절세와 자산 증식 기회를 활용하지 않는 것은 어리석은 일이다. 실제로 2023년 말 기준, 피델리티Fidelity Investments에 따르면 백만 달러 이상을 보유한 401(k) 계좌가 422,000개였고, IRA 계좌는 392,000개였다. 소득이 있으면 세금 납부를 피할 수 있는 방법은 없다. 그러므로 절세 전략을 도와줄 전문가를 활용하라. 이것이 당신의 돈을 최대한 지킬 수 있는 가장 좋은 방법이다.

세금 계획은 세율이 높은 주에서 더욱 중요하다. 예를 들어, 캘리포니아에서 소득이 백만 달러가 넘는 경우 주 세율이 12.3%다. 즉, 백만 달러를 벌면 그 주에 거주하는 것만으로도 123,000달러의 비용이 추가로 발생한다는 뜻이다. 재무 자문가는 소득세가 없는 주로 거주지를 옮기고 그 123,000달러를 텍사스에 있는 주택에 투자하라고 권할 수도 있다. 좋은 회계사가 있다면 세금이란 게임에서 이길 수 있는 최적의 방법을 찾아 줄 것이다.

우리 역시 신뢰하는 회계사와 자문가의 전문 지식에 의존하지 않았다면 훨씬 많은 돈을 정부에 납부했을 것이다. 우리는 세법에 관해 더 잘 아는 세무 전문가가 필요하다는 사실을 겸허히 인정한다. 신중하게 검증한 전문가들로 구성된 재무팀을 구성했고, 그들을 신뢰하고, 그들의 능력을 확신한다. 또한 질문하는 것에 대한 부끄러움도 극복했다. 세무, 법률, 재무 전문가로 구성된 팀 덕분에 우리는 매년 수천 달러를 절약한다. 당신도 더 많은 돈을 절약하고 싶지 않은가?

전문가를 만나라

당신의 팀에는 어떤 전문가가 있는가? 공인회계사와 상담해 본 적이 있는가? 공인재무설계사는 어떤가? 사업, 부동산, 상속 관련 변호사와는 상담해 봤는가? 같은 분야에서 활동하는 비즈니스 컨설턴트나 코치와 이야기해 본 적은 있는가?

아직 이런 전문가들과 상담해 본 적이 없다면, 도움 요청을 가로막는 심리적 장애물은 무엇인가? 그 목록을 적어 봐라. 그런 다음 부자의 방식을 따르기로 결심하고, 다음 한 달 안에 이들 전문가 중 한 명 이상과 상담해 봐라. 구체적 실행 계획을 세워라. 전문가를 고용한 경험이 있는 사람과 이야기하여 전문가를 검증하는 데 도움을 받을 수도 있다. 자신이 모든 것을 알지 못한다는 사실을 겸허히 인정하고 부끄러움을 극복하는 것이 중요하다.

심리적 장애물과 이를 극복할 방법을 파악했다면, 도움을 받을 전문가 목록을 작성하라. 가능하다면 전문가를 고용하라. 멘토를 찾고 있다면 당신보다 한두 단계 앞서 있는 사람을 찾아서 최대한 많이 배워라. 여기에는 멘토에게 조언을 구하기 '전에' 멘토의 자료를 읽고 강의를 수강하며 충분한 사전 조사를 진행하는 것이 포함된다. 우리는 거의 모든 사람과 직접 소통할 수 있는 놀라운 시대에 살고 있다. 존경하는 사람 3명을 찾아 소셜 미디어를 통해 질문을 보내 봐라. 그리고 답변을 기다려라.

16장

정치인은 당신을 신경 쓰지 않는다

◆

◆

현실을 직시하자. 우리는 서로를 대립시키고 갈등을 조장하는 정치 환경 속에 살고 있다. 하지만 인생의 대부분이 그렇듯, 정치에 대응하는 방식은 통제 위치에 따라 달라진다(통제 위치 개념은 2장, '시스템이 조작됐다고 생각하는 사람은 가난한 사람들뿐이다'에서 다뤘다). 경제에 문제가 생길 때마다 외적 통제 위치에 있는 사람들은 정치인을 비난하는 반면, 내적 통제 위치에 있는 사람들은 상황을 바꾸고 적응할 방법을 찾는다. 당신에게는 선택권이 있다. 정치인이 당신을 구해 줄 것이라고 믿을 것인가, 아니면 스스로를 구할 것인가.

문제의 책임을 정부 탓으로 돌리고 있다면 자신이 원하는 삶을 만들어갈 개인적인 힘을 포기한 것과 같다. 학자금 대출이 이를 보여 주는 완벽한 예다. 팬데믹 기간 동안 학자금 대출 상환이 유예되면서 많은 사람들이 크게 안도했다. 문제는 많은 사람들이 그 '여윳돈'을 생활 수준을 높이는 데 사용했다는 점이다. 학자금 대출 상환이 재개되자 상황이 심각해졌다. 그 돈을 저축하거나 투자하지 않았던 사람들은 곤경에 빠졌다. 사실 우리는 미래에 무슨 일이 닥칠지 알 수 없다. 따라서 어떤 어려움도 견딜 수 있는 기반을 마련해야 한다. 정부나 기관은 우리에게 필요한 모든 것을 책임져주지 않는다. 그들은 우리를 알지도 못한다. 많은 사람들이 소셜 미디어에서 정치 논쟁에 수많은 시간을 허비하면서 자신의 상황을 개선하려는 행동에 집중하지 않는다. 이로써 결국 정부의 변덕에 휘둘리기만 할 뿐이다. 따라서 진정한 힘을 얻고 싶다면 자신에게 집중하고 스스로를 책임지며 투자해야 한다.

브래드 나는 가난하게 자랐다. 선거철이 되면 어김없이 정치인들이 나타나서 시스템이 가난한 사람들에게 얼마나 불공평한지 외치는 모습을 봐 왔다. 그들은 자신이 당선되면 삶을 더 나아지게 해 주겠다고 약속하며 표를 얻는다. 하지만 막상 당선된 후에는 가난한 사람들을 위해 아무런 일도 하지 않는다. 내가 살아 온 동안, 그들은 이런 약속을 매번 반복했지만, 누가 집권하든 미국의 빈곤층 비율은 전혀 변하지 않았다. 1970년대 빈곤율은 12%였고, 현재는 11%다. 정치인이 당신의 가난을 구제해 줄 것이라고 믿는가? 그들은 당신을 신경 쓰지 않는다. 그들의 관심사는 오직 자신들의 이익뿐이다. 그러니 그들이 당신을 구원해 줄 것이라고 기대하지 마라. 당신을 구할 수 있는 것은 당신 자신뿐이다.

에이드리안 아버지가 10대 시절 멕시코에서 처음 미국으로 왔을 때의 이야기를 들려준 적이 있다. 당시 아버지는 영어를 전혀 하지 못했고, 경제적으로도 힘든 시절이었다. 돈은 부족했지만 가족 중 누구도 복지 혜택을 받지 않았다. 아버지는 복지 시스템에 의존하길 거부했다. 대신 아버지는 생계를 위해 닥치는 대로 온갖 육체노동을 하며 열심히 일했다. 논쟁의 여지가 있을 수 있지만 아버지는 복지에 대한 극단적인 사고방식을 갖고 있었다. 복지는 도움이 필요한 사람들을 위해 존재하지만 아버지는 그 제도에 의존하는 삶에 갇히고 싶지 않았다. 그래서 도움을 요청하는 것 자체를 단호하게 반대했다. 언제 새로운 정치인이 나타나 시스템을 바꿔 안전망이 사라질지 알 수 없다고 생각했기 때문이다. 아버지에게는 미국에 살 수 있다는 사실 자체가 장점이었다. 지금도 그는 신체 건강한 사람들이 일하지 않고 복지제도를 통해 돈을 받는 것을 보면 답답해한다. 그들이 결국 스스로를 망치고 있다고 믿기 때문이다. 나는 부모님이 참고 견뎠던 고난을 겪지 않아도 된다. 부모님은 내게 훨씬 높은 출발점을 마련해 줬기 때문이다. 몇 년간 해외에서 생활하며 나 역시 아버지와 비슷한 시각을 갖게 됐다. 미국에서 태어난 것 자체로 다른 많은 국가에서는 얻지 못할 세계적인 이점을 누릴 수 있다는 사실을 깨달았다. 물론 미국이 완벽한 국가는 아니며, 많은 측면에서 상위 10위 안에도 들지 못한다는 점을 인정한다. 그럼에도 불구하고 미국에서 태어나거나 미국으로 이주한 모든 사람은 미국의 이점을 누릴 수 있다. 그렇기에 미국에 이민자가 4,400만 명이 넘는 게 아니겠는가. 이는 다른 어떤 국가보다 훨씬 많은 수치다. 미국은 완벽하지 않지만, 많은 국가에서는 찾아보기 힘든 특별한 기회를 제공한다. 바로 자본을 축적하고 부를 쌓을 기회다. 사람들은 미국에 와서 사업을 시작하고 부동산을 구입할 수 있다. 이것이 바로 '아메리칸 드림'이며, 이는 오늘날에도 여전히 살아있다.

학습된 무기력의 함정

많은 사람들이 뉴스를 보거나 읽으며 하루를 시작한다. 우리는 지역사회, 국가, 전 세계에서 무슨 일이 일어나고 있는지 아는 것이 중요하다고 생각한다. 하지만 우리는 정보를 얻기보다는 두려움, 분노, 고통, 절망을 이용해 이익을 취하는 선정적인 미디어에 조종당하는 경우가 많다. 우리 뇌는 본래 위험을 감지하도록 설계되어 있다. 미디어 회사와 정치인은 이 사실을 이 사실을 너무 잘 알고 있으며, 매일 우리 관심을 끌 만한 '위협적인 존재'를 찾아 나선다. 우리가 두려움을 느끼면 이성적인 사고와 의사결정을 담당하는 뇌의 전두엽이 제대로 기능하지 않는다. 두려움, 분노, 슬픔, 외로움, 스트레스를 지속적으로 접하다 보면 우리는 쉽게 통제될 수 있는 상태에 빠진다. 그렇게 되면 우리는 그 '위협적인 존재'를 피하기 위해 시키는 일은 무엇이든 하게 된다. 그 결과, 자신의 이익에 반하는 투표를 하거나, 자유를 제한하고 자신과 이웃에게 피해를 주는 억압적인 시스템에 순응하게 된다.

이제 스마트폰과 소셜 미디어의 등장으로 우리 관심을 끌기 위한 끊임없는 전쟁이 벌어지고 있다. 정치인, 마케터, 인플루언서들은 자신의 콘텐츠와 메시지로 사람들의 시선을 붙잡아두기 위해 그 어느 때보다 부단히 노력해야 한다. 이들이 주의를 끌기 위해 사용하는 많은 전략은 인지적 편향을 교묘히 이용한다. 이러한 인지적 편향은 우리가 용기를 내어 자세히 살펴보지 않으면 치명적인 결과를 초래할 수 있다. 이 편향은 독성이 강하고 전염성이 있으며, 여러 세대에 걸쳐 가족 전체를 빈곤의 굴레에 가두기도 했다. 삶을 바꾸고 더 나은 미래를 만들고 싶다는 희망을 조금이라도 가지려면, 자신을 억누르는 이런 영향력에서 벗어나야 한다. 가장 일반적인 인지적 편향 몇 가지는 다음과 같다.

• **확증 편향**Confirmation bias. 특정 신념을 갖고 있으면 무의식적으로 주변 환경에서 그 신념에 부합하는 정보만 찾고, 그 신념에 반하는 정보는 무시하는 경향이 있다. 예를 들어, 자신의 재정 상황을 바꿀 힘이 없다고 믿는 사람이 뉴스를 시청하면 돈에 대한 부정적인 신념을 확인시켜 주는 기사에 더 집중한다. 주택 위기, 인플레이션, 임금 정체와 같은 이야기들에 주의를 기울이며, 결국 모든 것이 불공평하다고 생각하게 된다. 이렇게 되면 무력감과 두려움이 더 커질 수밖에 없다. 그래서 형편없는 직장이라도 없는 것보다는 낫다는 생각에 보수가 낮은 일자리에 안주할 가능성이 높아진다. 상황을 개선하기 위해 시장성 높은 기술을 배우는 대신 퇴근 후 맥주 한 잔으로 자신을 달래며, 동료들과 상사에 대한 불평이나 늘어놓는다. 자신이 상황을 바꿀 힘이 없다고 굳게 믿기 때문이다. 심지어 개인의 역량 강화를 장려하는 긍정적인 소셜 미디어 콘텐츠를 보더라도 이를 현실과 동떨어진 이야기로 치부해 버린다. 대신에 자신의 '운명'에 체념한 사람들과 어울리며, 의욕적으로 노력하려는 사람들을 피해 다닌다. 안타깝게도 확증 편향은 이런 방식으로 자신이 두려워하는 상황을 스스로 만들어 낸다.

• **더닝-크루거 효과**Dunning-Kruger Effect. 이 편향은 사람들이 자신의 능력이나 지식을 과대평가할 때 발생한다. 소셜 미디어 플랫폼에서 이런 편향이 드러나는 모습을 보면 안타까울 때가 많다. 비전문가인 인플루언서들이 마치 하룻밤 사이에 해당 분야의 전문가라도 된 것처럼 최신 전염병, 영토 분쟁, 환경 재난, 기반 시설 붕괴 등, 최근 발생한 비극적인 사건에 대해 제대로 배운 적도 없는 분석들을 쏟아낸다.

다른 사람에게서 이런 편향을 보는 것도 고통스럽지만, 우리 자신에게 이런 편향이 나타날 때는 더 큰 문제가 된다. 이는 성공을 방해하는 요인으로 작용하기 때문이다. 아이러니하게도, 이 편향은 특정 주제에 대해 아는 것이 가장 적은 사람들에게 더 자주 발생한다. 예를 들어, 한쪽으로 치우친 뉴스만 시청하는 사람은 앵커와 유명 인사의 편협한 시각과 논점을 그대로 받아들이며, 자신이 해당 이슈에 대해 모든 것을 알고 있다고 착각하기도 한다. 하지만 실제로는 해당 언론사와 그 언론사를 장악하고 있는 이들의 손에 놀아나는 것이다.

- **이기적 편향**Self-Serving Bias. 직장에서 좋은 성과를 내고 임금 인상이나 승진에 성공했을 때, 이기적 편향이 있는 사람들은 전적으로 자신의 노력, 재능, 능력 덕분이라고 믿는다. 이는 내적 통제 위치의 긍정적인 발현으로, 더 많은 노력과 기술 개발을 장려한다는 측면에서 건강한 사고방식일 때도 있다. 하지만 좌천이나 해고 같은 부정적인 상황에서 이 편향의 부정적인 측면이 두드러진다. 이때, 많은 사람들이 외적 통제 위치의 성향을 보인다. 상처받은 자존심을 보호하기 위해, 부정적인 결과의 책임을 자신을 제외한 다른 사람들과 환경 탓으로 돌리는 것이다. 이는 역경에 대처하는 가장 나쁜 방법이다. 내적 통제 위치로 전환하여 자신을 애정 어린 비판의 시선으로 바라보는 것이 훨씬 효과적이다. 이를 통해 자신의 부족한 점을 정확히 인식하고 약점을 극복할 기회를 얻을 수 있다.

- **매몰 비용의 오류**The Sunk Cost Fallacy. 우리 대부분은 실패를 싫어한다. 하지만 매몰 비용의 오류에 빠진 사람들은 실패를 피하려는 마음이 지나치게 강해, 자신의 잘못을 인정하거나 손실을 감수하는 고통을

피하려고 한다. 그 결과, 잘못된 결정에 더욱 매달리는 경향이 있다. 많은 사람들이 나쁜 관계, 끔찍한 직장, 실패한 사업 등 나쁜 상황을 필요 이상으로 오래 지속한다. 이는 변화를 시도할 용기가 없기 때문이다. 반면 브래드의 연구에 따르면, 부자들은 자신의 잘못을 인정하고 빠르게 다음 단계로 나아가는 경향이 훨씬 강하다. 예를 들어, 정치적 성향을 자신의 정체성과 동일시하고 특정 정당의 지도자에게 맹목적으로 충성하여 투표한다고 가정해 보자. 설령 그 지도자들이 실망스러워도 자신의 선택이 틀렸다거나 속았다는 사실을 인정하고 싶지 않아서 계속 그들에게 투표할 수 있다. 이는 매몰 비용의 오류와 관련된 편향을 나타낸다. 물론 속았다는 사실을 인정하기는 쉽지 않다. 하지만 빨리 인정하고 손실을 끊어낼수록 상황이 훨씬 나아질 것이다.

• **군중 심리 편향**Herd Mentality Bias. 말이나 소가 벼랑 끝에서도 무리를 지어 서로를 따르듯이, 사람들은 가족, 친구, 지역사회 내에서 비슷한 행동을 하는 경향이 있다. 투자에서도 이런 현상이 항상 나타난다. 많은 이들이 신뢰할 수 없는 인플루언서, 특정 온라인 커뮤니티, 또는 친구들의 말을 듣고 과장된 암호화폐 러그풀Rug Pull 사기(암호화폐 프로젝트의 개발자가 갑작스럽게 지원을 중단하고 투자자들에게 무가치한 토큰만 남긴 채 사라지는 사기 수법이다. - 옮긴이 주)로 돈을 잃었다. 맹수에게 쫓기는 야생마라면 무리와 함께 달리는 것이 생존에 유리할 수 있지만, 투자에서는 결코 현명한 접근 방식이 아니다.

다행히 이러한 편향에서 벗어날 방법이 있다. 선전은 의도적으로 주입하려는 메시지에 당신이 주의를 기울이고 믿으려 할 때만 효과를 발휘한다. 하지만 당신이 성장과 발전에 집중하느라 무력감과 절망감을 유발하려는 의도적인 선전을 놓친다면, 당신은 이미 중요한 싸움에서 승리한 것이나 다름없다.

에이드리안 나는 21살 이후로 뉴스를 보지 않는다. 팀 페리스Tim Ferriss(페이스북, 알리바바, 우버 등 혁신기업의 초기 투자자이자 컨설턴트로 성공한 미국의 유명 작가. - 옮긴이 주)의 《나는 4시간만 일한다》에서 얻은 조언 덕분이다. 이 책을 읽고 뉴스 미디어가 뇌에 얼마나 해로운지 깨닫게 됐다. 만약 평생 매일 담배를 피우는 것과 매일 한 시간씩 뉴스를 시청하는 것 중 하나를 선택해야 한다면, 나는 주저 없이 골초가 되는 쪽을 택할 것이다. 정치 문제를 떠나, 매일같이 전 세계에서 일어나는 가장 혼란스러운 사건들 때문에 온갖 스트레스를 받는데, 이를 감당할 정신적·감정적 여유가 있는 사람이 누가 있겠는가? 우리는 이러한 부정적인 정보를 모두 처리해서 아무런 영향도 받지 않고 일상생활을 이어가는 로봇 컴퓨터가 아니다. 뉴스는 스트레스를 유발하며, 내면의 가장 부정적인 감정을 자극하도록 설계되어 있다. 아침에 뉴스를 시청하는 것이야말로 하루를 시작하는 가장 끔찍한 방법이지 않을까? 뉴스를 볼 때마다 자신의 정신에 이렇게 말하는 것과 같다. "나는 통제할 수 없는 혼돈 속으로 뛰어들고 싶다."

다행스러운 점은, 이러한 편향들은 극복할 수 있다는 것이다. 첫 번째 단계는 이러한 편향들을 확인하고, 자신도 이에 취약하다는 사실을 인정하는 것이다. 핵심은, 자신의 편향을 인지하고, 행동하려는 충동과 실제 행동 사이에 약간의 여유를 두는 것이다. 예를 들어 뉴스를 볼 때 화가 난다는 사실을 인지한다면, 자신에게 확증 편향이 작동하고 있는 것은 아닌지 자문해 볼 필요가 있다. 어쩌면 당신은 세상이 정말 끔찍하다는 믿음을 뒷받침할 만한 뉴스를 찾고 있는 것일 수도 있다. 아침에 끔찍한 뉴스로 하루를 시작하는 대신, 하루를 시작할 더 좋은 방법을 생각해 봐라. 이를테면 활력을 주는 팟캐스트를 듣거나 긍정적인 자기 암시가 그 방법이 될 수 있다. 확증 편향을 극복하는 핵심은 열린 마음이다. 자신의 부정적 신념에 도전하는 정보를 찾아보고, 그것을 이해하려고 노력하라. 또한 나쁜 상황에 갇혀 '하지만 나는 이미 여기에 너무 많은 것을 투자했잖아.'라는 생각이 반복된다면, 매몰 비용의 오류에 빠져 있을 가능성이 있다. 반복되는 생각 패턴을 관찰하는 것은 이러한 편향을 발견하는 좋은 방법이다. 자신의 마음을 다스릴 수 있다면, 당신의 편향을 이용해 이익을 취하려는 사람들의 희생양이 될 가능성은 줄어든다. 그리한다면 다른 누군가가 대신 일을 해 주길 기다리기보다 스스로 더 큰 힘을 느끼고, 불평불만이 줄어들고, 상황을 개선하고자 노력하는 자신을 발견할 수 있을 것이다.

브래드 어렸을 때 나는 정부에서 무상으로 제공하는 치즈와 땅콩버터를 먹으며 자랐다. 하지만 어머니는 정부의 공식적인 지원을 받는 것을 자존심 상해했다. 그래서 우리는 할머니를 통해 치즈와 땅콩버터를 받아 오곤 했다. 어머니는 디트로이트에서 자랐고, 자신이 살던 동네가 그렇게 나쁘지 않았다고 말할지 모르지만, 나는 여전히 그 집을 기억한다. 어머니의 집은 정부에서 운영하는 임대주택 단지와 담장 하나를 사이에 두고 있었는데, 그 임대주택에 여러 차례 도둑이 들기도 했다. 어머니가 다니던 고등학교는 부유한 아이들과 가난한 아이들이 함께 다녔다. 가난한 쪽에 속했던 어머니는 돈이 없다는 사실이 부끄러웠다. 그래서 옷이 몇 벌 안 됐지만, 사람들이 눈치채지 못하게 각각의 옷을 몇 번 입었는지 기록해 가며 입었다. 한번은 내가 연설을 할 때, 어머니가 앞줄에 앉아 있었다. 연설 도중 내가 '가난'하게 자랐다고 언급했을 때 어머니의 표정이 굳어지는 것을 보고, 어머니가 그 표현을 마음에 들어 하지 않는다는 것을 알아차렸다. 그래서 연설을 멈추고 청중에게 어머니를 소개하며 이렇게 말했다. "그런데 어머니, 제가 가난하게 자랐다고 말했을 때 그 말에 동의하지 않는 것처럼 보이셨는데요, 그렇다면 어렸을 때 우리 가족의 사회경제적 계층을 어떻게 표현하시겠어요?" 어머니는 이렇게 대답했다. "우리는 중산층이었어. 하위 중산층." 청중은 웃음을 터뜨렸고, 어머니와 나도 웃음을 지었다. 우리가 가장 가난했던 시절에도 어머니는 우리를 가난하다고 여기지 않았고, 그렇게 보이고 싶어 하지도 않았다. 그녀는 그저 나와 여동생을 키우기 위해 필요한 일을 묵묵히 했을 뿐이다.

정치인(그리고 다른 사람들)이 당신을 조종하는 방식

선거에 출마하는 사람들은 당신, 즉 유권자가 자신에게 투표하도록 설득하기 위해 전문적인 팀을 꾸린다. 이들은 당신의 약점을 연구하고, 이를 활용해 정치 후보자에게 유리하도록 조종하는 일을 평생의 업으로 삼은 전문가들이다. 당신이 그들이 사용하는 기술에 대해 모른다면 그들의 술책에 넘어갈 가능성이 커진다. 이 목록은 정치인뿐만 아니라, 자신의 이익을 위해 고의적으로 당신을 조종하려는 모든 사람들(예를 들어, '일확천금 수법' 강의를 팔려는 사기꾼)에게도 적용된다. 아래는 조종할 때 흔히 사용되는 주요 설득 기술들이다.

- **일화적 증거**Anecdotal Evidence. 모든 유능한 후보자에게는 성실한 블루칼라 노동자를 대표하는 '배관공 토미' 같은 인물이 적어도 한 명씩 있다. 정치인들은 선거 유세 무대에서 유권자의 감정에 호소하기 위해 이런 블루칼라 노동자를 활용한다. 단기간에 큰돈을 벌 수 있다고 현혹하는 각종 사기 행각에서도 마찬가지다. 당신과 같은 처지의 사람(혹은 종종 당신보다 더 어리석고 게으른 사람)이 놀라운 비밀을 발견해서 아주 적은 노력으로 부자가 됐다는 이야기를 들려준다. 여기서 '토미'는 당신을 대변하는 인물로 설정된다. 정치인이 이런 전략을 사용할 때, 토미는 평소 부엌 식탁에 앉아 각종 청구서를 어떻게 지불하고 아이들을 어떻게 보호할지 고민하고 있다고 말한다. 그러면 후보자는 토미의 문제를 해결할 적임자로 자신을 내세운다. 하지만 이런 전략은 오해를 불러일으킬 수 있다. 실제로 이러한 흥미로운 이야기들 중 몇몇은 완전히 날조된 것이며, 이러한 거짓말로 비판받은 사례도 있다. 자격을 갖춘 전문가들의 검증을 거친 연구는 이러한 감성적인 이야기보다 항상 더 신뢰할 수 있다. 하지만 짧고 흥미로운 이야기는 감정을 자극하거나 희망이나 두려움을 유발하기 때문에, 매우 강력한 영향력을 미친다. 정치인의 개인적 경험이나 다른 인플루언서가 들려주는 이야기도 이러한 일화적 증거가 될 수 있다. 어떤 형태로든 일화적 증거는 매우 위험하다. 감정이 뇌를 지배하면 객관적인 사실이 더 이상 중요하지 않게 되기 때문이다.

- **인신공격**Ad hominem attacks. 모든 정치인들이 이 수법을 사용한다. 그들은 상대 후보의 인격을 공격함으로써, 유권자인 당신이 그들을 싫어하게 만든다. 종종 후보자들은 자신이 당선되면 무엇을 할 계획인지도 제대로 설명하지 않는다. 단지 상대를 깎아내리는 것만으로도

충분히 당선될 수 있다고 생각한다. 단기간에 부자가 되는 비법을 판다는 사기꾼들도 이러한 인신공격 전략을 사용한다. 그들은 부자가 되는 (실제로 효과가 있는) '전통적인' 방법을 폄하하며, 과거의 방식은 더 이상 효과가 없다고 주장한다. 또한 어리석은 사람들만이 열심히 일하고, 저축하고, 투자하느라 시간을 허비한다고 당신을 설득하려 한다.

- **흑백논리**All-or-Nothing Thinking. 누군가가 당신에게 극단적으로 상반된 2가지 선택지만을 제시한다면, 이는 당신을 흑백논리로 속이려는 시도다. 그들은 대부분의 해결책이 스펙트럼의 어딘가에 있다는 진실을 감추려고 한다. 이는 당신의 상상력, 그리고 제시된 선택지보다 더 나은 해결책을 찾는 능력을 차단하려는 전략이다. 이 전략이 효과를 발휘한다면, 한 극단에서 다른 극단으로 이동하는 것이 당신을 구원할 유일한 해결책이라고 쉽게 설득할 수 있다.

- **미끄러운 경사면의 오류**Slippery Slope Fallacy. 이는 조종자들이 '지금 당장' 자신들에게 투표하거나 특정 행동을 취하지 않으면 재앙이 뒤따를 것이라고 설득하는 것이다. 정치에서는 이런 식으로 표현되기도 한다. "상대 후보가 당선되면 지금까지의 삶은 이제 완전히 끝날 겁니다!" 이런 주장은 논리적인 비약이 심하며, 두려움을 조장해 사람들을 특정 행동으로 몰아넣도록 설계된다. 이 과정에서 개인적 또는 전 세계적 재앙을 과장하여 강조한다.

- **허수아비 공격의 오류**Strawman Fallacy. 조종자가 상대의 입장을 과장하거나 왜곡해서 자신이 쉽게 공격할 수 있는 허수아비를 만들어 낸다.

이는 고전적인 속임수 중 하나다.

이러한 오류의 희생양이 되지 않으려면 뉴스를 멀리하고, 비판적 사고력을 키워 주는 책을 읽으며, 열린 마음을 가진 사람들과 교류해야 한다. 또한 그 누구도 당신을 대신 구원하지 않을 것이라는 사실을 이해해야 한다. 결국 당신 스스로가 자신을 구해야 한다.

온갖 역경 속에서도 스스로를 구하고 부와 성공을 이룰 방법을 찾아낸 사람들은 많다. 오프라Oprah Winfrey, 장도원(한국 출신의 미국인 사업가로 패션 브랜드 포에버 21의 창업자이다. - 옮긴이 주), 돌리 파튼Dolly Parton(미국의 가수로, '컨트리 음악의 여왕'으로 불린다 - 옮긴이 주), 에이드리안의 부모님, 그리고 세상에 알려지지 않은 수많은 백만장자와 수백만장자들을 봐라. 그들은 가난하게 시작했지만, 이 사실이 부자가 되는 데 걸림돌이 되도록 내버려 두지 않았다. 그렇다면 당신은 어떤 변명을 하고 있는가?

정치인들은 대다수 유권자가 중산층 이하라는 사실을 알고 있고, 그들의 표를 얻기 위해 무엇이 효과적인지도 잘 안다. 그래서 그들은 학습된 무기력을 조장하며, 자신들만이 유권자를 구할 유일한 존재라고 주장한다. 유권자들은 그들의 말에 속아 자신들을 구해 줄 이 강력한 정치인들이 필요하다고 믿게 된다. 하지만 그 정치인들이 말하지 않는 사실이 있다. 그들이 당신의 절망과 학습된 무기력을 이용해 자신들의 이익을 챙긴다는 점이다. 역사를 되돌아보면, 그들의 약속이 얼마나 허황된 거짓말인지 쉽게 알 수 있다. 그들은 당신을 자신들의 손아귀에 넣고 쉽게 조종할 수 있는 상황을 유지하려 한다. 왜 그들이 이런 구조를 바꾸려 하겠는가? 단지 그들은 당신이 다시 표를 던지도록 유도할 만큼 빵부스러기를 줄 뿐이다. 실질적인 힘을 실어 줄 정도로는 절대 주지 않는다.

당신이 어떤 정당을 선택하든, 혹은 선택하지 않든, 우리는 전혀 상관하지 않는다. 솔직히 말하자면, 우리 둘 다 어느 당도 지지하지 않는다. 우리는 정치인들이 옳은 일을 올바른 이유로 할 것이라는 허황된 기대를 갖고 있지 않다. 정치인들이 모두 똑똑하다는 환상도 없다. 우리는 정치인들이나 그들의 정당을 신뢰하지 않는다. 매 선거 때마다 '대부분'의 미국인이 하듯, 그나마 덜 나쁜 후보를 선택하여 투표할 뿐이다. 하지만 우리가 정말 괴로운 이유는, 너무 많은 사람들이 정치인들의 말을 믿고, 이 거짓말쟁이들이 자신을 구해 줄 것이라 기대하며 아무것도 하지 않는다는 점이다. 결국 이런 사람들은 가난한 사고방식에 갇혀 대대로 이어지는 빈곤의 악순환에서 벗어나지 못한다. 당신은 자신의 삶과 상황을 바꾸기 위해 전적으로 모든 책임을 져야 한다. 왜냐하면 정치인과 당신이 지지하는 정당은 당신에게 정말 아무런 관심도 없기 때문이다.

도전 과제 16
자립하라

이제 솔직해질 시간이다. 갑자기 누군가 나타나거나 어떤 일이 일어나서 경제적인 어려움에서 당신을 구해 주길 바라는 마음이 있는가? 그렇다 해도 부끄러워하지 않아도 된다. 왜 그런 생각이 들지 않겠는가? 이미 많은 사기꾼들이 이런 심리를 이용하여 자신을 경제적 구세주로 포장해서 돈을 벌고 있지 않은가? 영감을 주는 정치인, 단기간에 부자가 되는 비법을 설파하는 전문가, 비즈니스 코치, 부유한 배우자, 복권 당첨, 신종 암호화폐, 혹은 오랫동안 연락이 끊겼다 갑자기 나타난 억만장자 삼촌 등, 누군가, 혹은 어떤 특별한 일이 당신의 경제적인 운명을 바꿔 줄 것이라는 희망은 누구나 품기 쉽다. 경제적 구원의 환상에 빠지는 것은 기분 좋은 일일 테지만, 분명 위험한 생각이다. 이는 당신을, 삶의 주체가 아닌, 단순한 관찰자로 만들어 삶에 안주하도록 하기 때문이다.

　다음번 경기 침체, 실직, 부동산 시장의 위기, 주식시장 붕괴를 상상해 봐라. 이런 일은 '언제든' 일어날 수 있기 때문이다. 이런 상황을 어떻게 대비하겠는가? 마치 당장이라도 비상 상황이 발생할 것처럼 저축을 시작하라. 실제로 위기는 예고 없이 찾아온다. 부업, 충분한 저축, 다양한 수입원을 확보하지 못했다면, 이제 실행에 옮겨야 한다. 상황을 개선하는 과정에서 방해가 되는 정신적 장애물에 집중하고, 그 장애물을 극복하라. 당신의 마음과 삶에 대한 주도권을 되찾아야 한다.

　이제 정신 건강도 관리해야 할 때다. 뉴스를 보며 하루를 시작한다면, 좀 더 생산적인 활동을 시도해보길 바란다. 예를 들어 자기 계발 팟캐스트를 듣거나, 일기를 쓰거나, 명상을 하면 좋다. 아침에 눈을 뜨자마자 습관적으로 스마트폰을 집어 들고 소셜 미디어를 무작정 스크롤하고 있다면, 스마트폰을 다른 방에 두는 걸로 그 습관을 고쳐 봐라. 하루나 이틀만이라도 시도해 보고, 어떤 변화가 있는지 확인해 봐라. 하루를 시작할 때 마음속에 들어오는 생각과 아이디어를 통제해야 한다. 의식적으로 원해서 떠올린 생각인지, 아니면 당신을 이용하려는 사람들이 심어준 생각인지 반드시 확인하라.

17장

불평하는 것은 패배자들이나 하는 일이다

◆

◆

부자와 성공한 사람은 불평하는 사람들을 멀리한다. 불평은 마치 자신의 집에 쓰레기를 버려 놓고 왜 악취가 나는지 의아해 하는 것과 같다. 세상에는 두 부류의 사람이 있다. 불평을 늘어놓는 사람과, 문제를 해결하는 사람이다. 불평을 일삼는 사람들은 주변에 친구가 없거나, 자신처럼 항상 불평을 늘어놓는 독이 되는 친구들만 있다. 끊임없이 부정적인 말만 내뱉는 사람 곁에 누가 있고 싶을까? 반면 불평하지 않는 사람은 건강한 인간관계를 맺으며 공동체 내에서 존경받는다. 이들은 자신의 삶뿐만 아니라, 타인의 삶을 개선하는 데 에너지를 쏟기 때문이다. 당신은 어떤 부류에 속하는가? 그리고 어떤 부류가 되고 싶은가?

불평이 효과가 있었다면 우리 모두 불평을 적극 권장했을 것이다! 하지만 안타깝게도 불평은 아무것도 바꾸지 못한다. 오히려 상황을 악화시킬 뿐이다. 계속되는 불평의 악순환에 갇혀 있다는 것은 외적 통제 위치에 있다는 명확한 신호로, 자신의 힘을 주변의 모든 사람들과 환경에 고스란히 넘겨주는 행동이다. 반대로 불평하지 않는 사람들은 내적 통제 위치에 있으며, 언제 불평을 멈추고 책임을 받아들이며 상황을 개선하기 위해 행동해야 하는지를 안다. 불평할 쏟아낼 때는 '무력감'이라는 악취 나는 쓰레기 구덩이에 갇히게 되며, 이 때문에 우리는 비참해질 뿐만 아니라 쉽게 조종당하는 상태가 된다.

당신을 조종하려는 사람들의 3가지 유형

다음 3가지 유형의 사람들은 당신의 무력감을 이용해 이익을 취하고, 인기 상품처럼 무력감을 당신에게 팔아넘긴다.

1. 당신의 표를 얻으려는 정치인들
2. 경제적 특권에 대해 죄책감을 느끼면서 '시스템'과 거리를 두려는, 자기혐오에 빠진 부유층 자녀들
3. 삶을 개선하려는 노력을 포기한 사람들

정당이 당신을 신경 쓰지 않는 이유와 정치인이 당신이 느끼는 무력감을 어떻게 정치적으로 이용하는지에 대해서는 이미 한 장 전체를 할애했으므로(16장 참조), 여기서는 자기혐오에 빠진 부유층 자녀들과 삶의 어려움에 지쳐 노력을 포기한 사람들에게 초점을 맞출 것이다.

"부모가 부자인 건 내 잘못이 아니야."

부유한 부모를 둔 자녀는 경제적인 혜택을 누리며 성장한다. 하지만 자라면서 그 경제적 특권으로부터 거리를 두려고 노력한다. 부유한 환경에서 태어난 것 자체는 전혀 잘못이 아니다. 사실, 모든 사람들이 후손에게 더 나은 출발점을 제공하기 위해 대대로 부를 축적하고 이어가기를 꿈꾸지 않는가. 이는 자연스러운 바람일 뿐이다. 하지만 부유층 자녀들은 종종 세상의 불평등한 현실을 마주하면서 자신의 경제적 특권을 부끄러워하고, 유리한 환경에서 태어났다는 사실에 죄책감을 느낀다.

이들은 대학에 진학할 때 종종 자신의 재력을 축소하거나 가족의 재산을 숨기려 한다. 이는 부유함이 또래 친구들과의 관계에서 장벽이 될 수 있다고 느끼기 때문이다. 이들은 자신의 부에 대해 과도하게 죄책감을 느끼는 경우가 많다. 또한 자수성가한 사람들을 만나면 위축되거나 자괴감을 느끼기도 한다. 그들 중 다수는 가난에서 벗어나 부자가 되기 위해 무엇이 필요한지 잘 모른다. 이는 그들이 직접 그런 과정을 겪어본 적이 없거나, 부모로부터 부자의 사고방식과 강한 직업윤리를 제대로 배우지 못했기 때문이다. 결과적으로, 그들은 가족의 성공이 단지 불공정한 시스템의 결과라고 단정 짓는다. 아이러니하게도, 이들은 가난한 사람들에게도 시스템에서 오는 무력감을 설파하는 것이 더 낫다고 느낀다. 이는 자신이 느끼는 무력감과 잘 맞아떨어지는 서사이기 때문이다. 즉, "나도 어쩔 수 없었으니 당신도 어쩔 수 없다."라는 식으로 자신을 정당화하는 것이다. 물론, 누구나 자신이 태어난 환경을 선택할 수는 없다. 하지만 자신을 돋보이기 위해 가난한 사람들에게 무력감을 설파하는 행위는 결코 옳지 않다. 오히려 이는 가난한 사고방식을 강화해서 그들이 가엾게 여기는 사람들이 결국 영원히 가난에서 벗어나지 못하도록 만드는 결과를 초래한다.

"인생은 불공평하고 가난하게 태어난 것은 당신 잘못이 아니다."라는 믿음에는 진실이 담겨 있다. 하지만 그 뒤에 "그리고 '그들'이 시스템을 바꾸기 전까지 당신이 할 수 있는 일은 아무것도 없다."라는 말이 덧붙여지는 순간, 그 믿음은 독이 된다. 삶을 바꿀 힘이 없다는 그 믿음이 사람들을 대대로 가난의 굴레에 가둬놓는 주요 원인이다. 사람들은 우리가 운영하는 소셜 미디어 페이지에 항상 많은 댓글을 남긴다. 우리는 그 댓글 작성자가 경제적 특권에 죄책감을 느끼는 부유층 자녀인지 아닌지 쉽게 알아챌 수 있다. 왜냐하면 그들은 가난한 사람들이 자신의 삶을 개선하기 위해 할 수 있는 일이 아무것도 없다고 강하게 주장하기 때문이다. 반면에 저소득층 출신이지만 성공한 사람들과 이야기를 나눠보면 그들이 무력감을 설파하는 메시지를 얼마나 싫어하는지, 그런 메시지를 퍼뜨리는 사람들을 얼마나 경멸하는지 알 수 있다.

부유하게 태어났든 가난하게 태어났든, 그 자체는 부끄러워할 일이 아니다. 또한 '시스템'은 결코 공정하지 않다. 원래 인생 자체가 불공평하다. 하지만 시스템이 조작됐고 사람들이 할 수 있는 일은 아무것도 없다고 말하는 것은 명백한 거짓이며, 무기력을 조장할 뿐이다. 우리는 당신이 자신의 내면에 존재하는 힘을 깨닫고 받아들이길 바란다. 당신은 무력하다는 거짓말에 갇히지 마라. 스스로 희생하려 하지 않고, 모든 책임을 시스템 탓으로 돌리며, 쉽게 좌절하고, 시스템이 저절로 바뀌기를 막연히 기다리는 것은 고통과 불행을 연장하는 길일뿐이다. 하지만 다른 길도 있다. 그 길을 선택하는 사람들은 최저 임금이 단지 출발점에 불과하다는 사실을 안다. 또한 빈털터리 신세는 단지 일시적인 상황이며, 자신에게 상황을 바꿀 힘이 있다는 사실을 믿는다. 가난은 이야기의 끝이 아니라 시작일 뿐이다.

"나는 평생 이렇게 가난할 거야."

경제적으로 어려움을 겪으며 더 나은 삶을 위한 노력을 포기한 사람들이 있다. 그들에게 현실은 암울하게 느껴질 수 있으며, 이들은 종종 온라인에서 악성 댓글을 남기는, 흔히 말하는 '트롤troll'(다른 유저를 자극할 의도로 소셜 미디어나 온라인 포럼 등에 선동적이거나 주제에서 벗어난 메시지를 게시하는 유저이다. - 옮긴이 주)이 되어 자신의 존재감을 드러낸다. 우리 역시 매일 수백 개의 댓글을 받는데, 그중 절반은 부정적인 내용이다. 솔직히 그런 댓글을 보면 화나는 게 아니라 안타까운 마음이 든다. 대부분의 인터넷 트롤은 더 나은 삶을 살려는 노력을 포기한 사람들이다. 트롤은 자신의 삶이 너무 싫어서 타인에게 상처 주는 것이 유일한 즐거움이 된 사람들이다. 그들이 분하고 억울한 마음과 절망감에 굴복했다는 사실이 안타까울 뿐이다. 아이러니하게도, 삶을 포기한 사람들은 시스템이 조작되어 있고 변화는 불가능하다는 믿음에서 감정적 위안을 얻는다. 그래서 힘에 차 있는 사람이나, 더 나아가 스스로의 삶을 변화시켰거나 변화시키고 있는 사람을 보면 분노를 느낀다. 그들은 자신의 세계관에 도전하는 사람들을 폄하하고 깎아내리며, 사회적으로 매장시키려 하고, 가능한 모든 방법을 동원하여 상처를 주려고 한다.

트롤의 비방 댓글을 접할 때면, 우리는 화면 너머의 사람을 떠올리며 이런 생각을 한다. '저 사람들은 처음부터 저랬을까? 불만과 절망에 사로잡히기 전에는 희망에 차서 열린 마음을 갖고 있지 않았을까?' 물론 좌절은 분명 고통스럽고 이를 부정할 수는 없다. 하지만 변화를 원한다면 계획을 세우고 그 과정에서 필요한 희생을 감수해야 한다. 사람들은 부자가 되려면 희생이 필요하다는 생각을 좋아하지 않지만, 이러한 생각은 부자가 되기 위해서 반드시 필요하다. 그게 공정한 거냐고 묻는다면? 물론 아니다! 하지만 부자가 되고 싶다면 이런 현실을 받아들여야 한다. 불평을 쏟아내고 신세 한탄이나 하며 다른 사람을 헐뜯으려는 행동으로는 경제적 어려움에서 '절대' 벗어날 수 없다.

에이드리안 2008년에 처음 유튜브에 댄스 영상을 업로드한 이후, 끊임없이 트롤들을 상대해야 했다. 당시 악성 댓글은 대개 이랬다. "그 여드름 있는 얼굴로 영상 올리지 마라." "춤 더럽게 못 추네." 하지만 요즘에는, "사기꾼이네." "부모 돈으로 저러고 있네." 같은 댓글이 더 많이 달린다. 콘텐츠 제작을 시작한 초창기에는 이러한 트롤 댓글 때문에 하루 종일 기분이 상했다. 그러다 나를 괴롭히던 트롤 중 한 명이 자살했다는 소식을 듣게 됐다. 2021년에 '브람빌라 방법Brambila Method'이라는 이름으로 대규모 온라인 비즈니스 교육 프로그램을 출시했다. 제휴 마케팅 업계에서 입소문이 나면서 이 프로그램은 큰 성공을 거뒀다. 하지만 이후 자연스럽게 새로운 트롤 공격을 받게 됐다. 특히 한 명은 단순히 게시물에 악성 댓글을 다는 수준을 넘어섰다. 4만 명의 팔로워를 가진 그는 나를 헐뜯는 것에 사활을 걸었고, 그의 콘텐츠는 어느새 '비즈니스 자기 계발'에서 '에이드리안에 대한 비방'으로 변질됐다. 그가 약 10일 동안 나에 대한 악의적인 글을 연이어 올리자, 결국 그를 차단할 수밖에 없었다. 그로부터 1년쯤 지나 그가 자살했다는 소식을 들었는데, 기분이 좋지 않았다. 그가 나에 대해 터무니없는 거짓말과 심한 말을 했더라도 내가 그걸 신경 쓰지 않았더라면 좋았을 것이다. 이 일을 계기로, 누군가가 나(혹은 당신)에 대해 부정적이거나 악의적인 말을 할 때 그들이 내면에서 심각한 고통을 겪고 있을 가능성을 떠올리게 됐다. 또한 불평은 미끄러운 경사면처럼 일단 시작하면 멈추기 어렵다!

책임은 어렵고 변명은 쉽다

예상치 못한 어려움을 마주할 때 자기 연민이라는 달콤한 유혹에 빠지기 쉽다. 우리 뇌는 본능적으로 저항이 가장 적은 길을 선택하도록 설계되어 있다. 이러한 틀에 박힌 사고에서 벗어나려면 상당한 노력이 필요하다. 그래서 대부분의 사람들이 그런 노력을 시도조차 하지 않고, 늘 걷는 길을 선택해 항상 같은 결과를 반복한다. 원시 시대에는 위협으로부터 도망쳐야 할 상황을 대비해 에너지를 최대한 비축해야 했다. 우리 뇌는 여전히 그런 식으로, 즉 나중에 도망칠 상황을 대비해 에너지를 비축하거나 게으름을 피우도록 설계되어 있다. 하지만 이제 검치호랑이가 쫓아오는 일은 없다. 그럼에도 우리 뇌는 여전히 익숙한 패턴에 머무르려 한다. 따라서 진정으로 다른 결과를 원한다면 안전지대에서 벗어나도록 부단히 노력해야 한다. 여기서 요점은, 변명하는 것이 변화를 만드는 것보다 훨씬 쉽고, 대부분의 사람들은 변명을 선택한다는 것이다.

브래드 21살 때 지프를 몰다가 사고를 낸 적이 있다. 당시 나는 사우스다코타 주립대학교에서 석사 과정을 밟고 있었던 터라, 처음으로 아버지와 함께 살고 있었다. 어느 날, 래피드 시티에서 스피어피쉬로 운전하던 중 얼어붙은 다리를 건너다가 차가 미끄러지면서 가드레일을 들이받았다. 가드레일이 있어서 그나마 다행이었다. 그렇지 않았다면 반대편 협곡으로 추락했을 것이다.

지프차는 완전히 망가졌고, 나는 아버지에게 약간의 위로를 받고 싶었지만, 돌아온 말은 달랐다. 아버지는 위로 대신 "다음번에 이런 일이 생기지 않으려면 어떻게 해야 할까?"라고 물었다. 아버지의 반응에 순간 화가 났다. 제한 속도를 지키며 운전했고, 빙판길은 내가 어떻게 할 수 있는 일이 아니었다. 하지만 나중에 시간을 갖고 상황을 되짚어 보니, 도로 상황이 좋지 않았으니 속도를 좀 더 줄여야 했고, 차 뒤쪽에 무게를 더 실을 수도 있었으며, 다리 위에 빙판 경고 표지판도 제대로 확인했어야 했다는 점을 인정할 수밖에 없었다. 아버지의 말을 듣고 속이 쓰리긴 했지만, 결국 그가 옳았다. 물론, 일부러 차를 망가뜨리려던 건 아니었다. 무모하거나 무책임한 행동을 하지도 않았다. 하지만 달리 대처할 수 있었던 부분들이 분명 있었다. 그 경험 이후 나는 겨울철 고속도로 운전 습관을 완전히 바꿨다. 하지만 이런 변화를 위해 당시 사고에 대한 책임을 심리적으로 받아들여야 했다. 돌이켜보면 아버지가 옳았다. 아이러니하게도 사우스다코타주 정부 역시 아버지와 같은 생각이었는지, 파손된 가드레일 수리비 청구서를 내게 보냈다. 진정한 의미의 책임이 무엇인지 깨닫게 된 경험이었고, 나는 여러 가지 방식으로 그 대가를 톡톡히 치렀다.

나는 어릴 때부터 어떤 상황에서도 변명해서는 안 된다는 사고방식을 배웠다. 나와 같은 환경에서 자라지 않았다면 이러한 접근 방식에 거부감을 느끼는 것은 당연하다. 물론 인생은 '너무' 불공평하고, 우리 잘못이 아닌 일들이 끊임없이 일어난다. 하지만 자신의 삶에서 더 많은 부분을 책임질수록, 더 성공적인 삶을 산다.

어떤 의미에서 인생에는 늘 예상치 못한 어려움, 즉 다리 위의 얼음 같은 장애물이 존재한다. 하지만 정말 '다행스러운' 점은, 우리는 극심한 가난에서 시작해 부자가 될 수 있는 기회가 열려 있는, 역사상 드문 장소와 시대에 살고 있다는 것이다. 세상에는 극복할 수 없을 것만 같은 역경을 딛고 성공한 사람들이 있다. 이들은 장애물을 맞닥뜨렸을 때 변명을 늘어놓거나 좌절하며 주저앉지 않았다. 물론 잠시 주저앉았을 수는 있지만, 결국에는 다시 일어나 움직이며 앞으로 나아갈 방법을 찾아냈다. 불평의 악순환에 빠지면 마치 눈에 안대를 한 것처럼 해결책을 찾을 수 없게 된다. 실제로, 끊임없이 불평하는 사람들은 문제에 대한 해결책을 찾기보다는 모든 해결책에서 '문제를 찾아내는' 경향이 있다.

에이드리안 내가 하는 일 중 하나는 초보자를 가르치는 것이다. 이는 내가 정말로 사랑하는 일이다. 그들에게 재정 관리에 대한 지식과 함께 온라인으로 돈을 버는 방법을 가르친다. 지금까지 가르친 4만 명이 넘는 사람들 중에서 극히 일부만이 시작부터 불평을 토로했다. 이들은 미디어의 불공정함, 포화된 시장 상황, 섀도 배닝shadow banning(온라인 커뮤니티나 플랫폼 등에서 사용자에게 알리지 않고 게시물 같은 특정 콘텐츠를 다른 사용자들이 더 이상 볼 수 없게 차단하는 행위이다. - 옮긴이 주) 등 이런저런 온갖 불평을 쏟아낸다.

내 강의를 듣는 사람들 중 불평만 하는 사람과 스스로 문제를 해결해 나가는 사람 사이에는 엄청난 차이가 있다. 불평하지 않고 장애물을 직시하고, 상황을 이해하며, 대처하는 사람은 어떤 어려움이 닥쳐도 극복할 수 있다. 불평하지 않고 묵묵히 노력하며 성장하는 사람들은 불평하는 사람들보다 훨씬 빠르게 성공한다. 예를 들어, 모건 레이니Morgan Rainey(Instagram:@cajunventures)는 내 온라인 교육과정을 듣고 처음으로 백만장자가 된 고객이다. 그녀는 루이지애나의 트레일러 공원에서 어린 시절을 보내며 수많은 역경을 극복해야 했다. 그런 그녀는 자신의 수많은 소셜 미디어 팔로워에게 불평은 패배자들이나 하는 행동이라고 자주 강조한다. 내가 가장 좋아하는 사람들은 모건 같은 사람들이다. 실제 역경을 겪었고, 당연히 불평할 수 있음에도 그 상처를 원동력으로 삼아 앞으로 나아가는 사람들이다.

불평은 아무 소용이 없다. 불평은 아무것도 해결하지 못하고 그저 시간과 에너지만 낭비할 뿐이다. 마치 발과 발목까지 차오르는 진흙처럼, 부정적인 생각들이 주변을 맴돌며 원하는 방향으로 나아가지 못하도록 막는다. 불평에 사로잡히면 주의가 분산되어 눈앞의 현실을 제대로 바라볼 수 없다. 문제를 직시하지 않으면, 결코 상황을 바꿀 수 없다.

에이드리안 대학에서 축구 선수로 활동하던 시절, 나는 팀에서 촉망받는 주전 선수였다. 1학년 첫 경기에서 골을 넣기도 했다. 하지만 그와 동시에 댄스를 시작하면서 두 가지 열정 사이에서 갈등하다 보니 집중력이 분산됐다. 3학년이 시작될 무렵, 더 이상 주전 선발 명단에 이름을 올리지 못하게 됐다. 사실상 팀 내에서 강등된 상황이었다. 나는 아버지에게 전화를 걸어 믿을 수 없다면서 격앙된 목소리로 말했다. 새로운 코치의 무능함과 불공정한 상황을 하소연하며 상황을 코치의 탓으로 돌렸다. 그때 아버지는 이렇게 물었다. "그렇다면 너는 무엇을 하고 있었니?" 그리고 아버지는 코치의 판단이 옳다고 덧붙이며, 내가 더 이상 주전 선수로서의 기량을 보여 주지 못했기 때문이라고 말했다. 나는 그 말을 듣고 한동안 아무 말도 하지 못했다. 마치 뒤통수를 얻어맞은 듯 큰 충격을 받았지만, 아버지의 말이 옳다는 사실을 인정할 수밖에 없었다. 모든 여가 시간을 댄스에 쏟다 보니, 축구 실력이 떨어진 게 당연했다.

4학년이 돼서도 여전히 벤치를 지키는 선수였지만, 마음가짐과 태도에 큰 변화가 있었다. 팀에서 나의 위치와 역할을 분명히 이해했고, 덕분에 경기에 더 즐겁게 임할 수 있었다. 게다가 나의 댄스도 급격히 인기를 얻기 시작했다. 당시에는 경기 출전 시간이 줄어든 것이 어떤 의미인지 잘 몰랐다. 하지만 돌이켜 보면 축구에서 댄스로 관심이 바뀐덕분에 20살의 나이에 티페인의 전문 댄서로 활동할 수 있는 기회를얻을 수 있었다!

때로는 자신이 누구인지, 어떤 선택을 하고 있는지 자각할 수 있도록정신이 번쩍 들 만한 강한 충격이 필요하다. 변명은 결코 생산적이지 않다. 현실을 제대로 인식하면 현재의 관심사가 여전히 추구할 가치가 있는지 스스로 결정할 수 있다.

작은 성취에 안주하거나 작은 성취에 안주하도록 부추기는 사람들과어울린다면 성장하거나 발전할 수 없다. 변명과 불평으로 가득 찬 사고방식에 갇혀버릴 것이다. 경제적으로 자유로워지려면, 반드시 해야 할 일이있다. 우리가 가장 좋아하지만 가장 논란이 많은 소셜 미디어 게시물은종종 이렇게 시작한다. "당신은 ~해야 한다." 또는, "당신은 ~해서는 안된다." 사람들은 무엇을 해야 한다는 지시나 충고를 좋아하지 않는다. 실제로 그런 말이 싫다면 언제든 자유롭게 떠나도 된다. 단, 계속 같은 결과를 경험할 수밖에 없다. 물론 그 결과는 고스란히 당신 책임임을 받아들여야 한다. 이는 그 누구의 잘못도 아닌 바로 당신 자신의 잘못이니까.

변명은 도움이 안 된다

변명은 의견과 같아서, 누구나 가지고 있다. 하지만 변명은 우리를 제자리에 머무르게 할 뿐, 아무 도움이 되지 않는다. 끔찍한 비극을 겪고도 믿기 어려운 성취를 이룬 사람들의 이야기는 무수히 많다. 그들의 특별한 점은, 변명하느라 시간을 낭비하지 않는다는 것이다. 그들은 바로 팔을 걷어붙이고 바쁘게 움직인다.

에이드리안 내 친구인 알렉스 파술로는 플로리다에서 발생한 허리케인으로 집을 잃었다. 그녀가 소유한 모든 것이 휩쓸려 사라졌다. 다행히도 그녀는 순자산에서 집의 비중을 10% 미만으로 유지하고 있었다. 큰 집을 마련할 만큼 돈을 벌고 있었지만, 무리한 투자를 하진 않았던 것이다. 만약 그녀가 재정의 많은 부분을 집에 투자했다면 자연재해로 한순간에 모든 것을 잃었을 것이다. 하지만 그녀는 올바른 재정 습관을 실천한 덕분에 집을 잃은 끔찍한 상황을 이겨낼 수 있었다. 그녀는 불평하며 시간을 낭비하지 않았고, 이 사건을 세계를 여행할 기회로 삼았다. 그녀는 스코틀랜드와 아시아, 미국 전역을 여행했다. 현재는 뉴욕에 새 통나무집을 짓고 아미쉬 공동체Amish(현대 문명을 거부하고 전통적인 자급자족 생활을 하는 개신교 종파이다. - 옮긴이 주)의 도움을 받으며 그 모든 여정을 기록하고 있다.

사람들이 2008년 주택 시장 붕괴의 심각성을 이야기할 때 종종 간과하는 사실이 있다. 대체로 소득 수준을 훨씬 웃도는 고가의 주택에 살던 사람들이 가장 큰 피해를 입었다는 점이다. 2008년, 극적이진 않지만 더 현실적인 이야기는 우리 부모님 같은 사람들의 이야기였다. 그들은 60만 달러까지 대출 승인을 받았음에도 25만 달러짜리 집을 구입했다. 부모님처럼 자신의 형편에 맞춰 살던 사람들은 2008년에 많은 사람들이 겪었던 고통을 피할 수 있었다.

주택 시장이 붕괴했을 때, 자신의 경제적 능력을 초과하여 과도하게 부동산에 투자한 사람들은 많은 어려움을 겪었다. 물론 당시 상황으로 인해 불가피하게 큰 손해를 입은 사람들도 있었다. 하지만 부동산 가격 거품이 계속 커질 것이라는 대출기관의 말만 믿고 자신의 순자산을 훨씬 초과하는 거액의 대출을 받아 서너 채의 집을 무리하게 사들인 사람들도 있었다. 많은 사람들이 소중한 보금자리를 잃은 것은 안타까운 일이다. 하지만 주택 시장 거품 붕괴에서 교훈을 얻어 앞으로는 같은 실수를 되풀이하지 않는 것이 중요하다.

우리가 모든 상황을 통제할 수는 없다. 하지만 변명을 할지, 아니면 삶에 대한 책임을 받아들일지는 통제할 수 있다. 경제는 언제든 붕괴할 수 있고, 예기치 않은 자연재해가 발생하기도 한다. 하지만 우리가 미리 대비하여 스스로를 보호할 준비를 갖추고 자신의 결정에 책임을 진다면, 어려운 상황에서도 더 빨리 회복할 수 있고 부정적인 영향과 피해도 줄일 수 있다.

당신이 주로 하는 변명들

우리는 상상할 수 있는 모든 변명을 다 들어봤다. 그리고 대부분의 변명에 반박할 수 있다.

"시간이 없어요."
정말 그런가? 단순히 우선순위의 문제 아닌가?
"교육을 받거나 대학에 다닐 형편이 안 돼요."
보조금이나 장학금을 신청하고, 밤에는 아르바이트를 해서 학비를 마련하라. 2년제 전문대학에 진학하는 방법도 있다.

"인생은 불공평해요."

100% 맞는 말이다. 불공평한 인생에서 무엇을 할 것인지에 집중하라.

"부모님이 돈에 대해 가르쳐 주지 않았어요."

이제 성인이 됐으니, 돈에 대해 배우는 것은 당신 책임이다.

"나는 금수저가 아니에요."

대부분의 자수성가한 백만장자들도 마찬가지다.

"돈이 있어야 돈을 벌 수 있어요."

그렇지 않다. 가난한 환경에서 자랐지만 부자가 된 사람들은 얼마든지 있다.

"그들은 유리한 조건을 갖고 있어서 나보다 성공하기 더 쉬워요."

맞다, 그런 사람들도 분명 있다, 하지만 더 불리한 조건에서 시작한 사람도 많다. 가진 기술, 재능, 자원, 능력을 활용하여 원하는 것을 얻도록 노력하라.

"내 삶은 힘들어요."

당신의 삶이 남들보다 더 고되고 힘들었을 수 있다. 전문가의 상담을 받아라. 실컷 울고 나서 원하는 것을 어떻게 얻을지 고민하는 데 집중하라.

대부분의 변명을 단번에 일축할 수 있는 문장이 하나 있다. "상황을 개선할 능력이 있으면서도 개선하지 않는다면, 당신에게 그 일이 노력을 기울일 만큼 중요하지 않기 때문이다."

만약, "당신은 무력하고 삶에는 희망이 없다."라고 말해 줄 사람을 찾는다면, 잘못 찾아왔다. 우리는 결코 그런 모욕적인 말을 할 생각이 없다. 사실, 그런 말은 누구에게나 가장 잔인한 말이다. 물론 인생에서 심각한 정신적·신체적 장애, 끔찍한 비극, 엄청난 역경과 같은 어려운 상황이 일어날 수 있다. 또한 '운 좋게' 오래 산다면, 주변의 거의 모든 사람들이 세상을 떠나는 것을 경험하게 될 것이다. 우리는 이러한 어려움과 고통에 대해 무관심한 사람들이 아니다. 사실, 우리도 그러한 비극들을 직접 경험했다. 하지만 모든 것을 잃은 사람들, 극심한 가난을 겪은 사람들, 끔찍한 상황을 겪은 사람들조차도 변명 대신 행동에 집중할 용기만 있다면 더 나은 삶을 만들어갈 수 있다.

세상은 점점 더 부유해지고 있다

경기 침체와 시장 붕괴에도 불구하고, 세상은 그 어느 때보다 더 부유해지고 있다. 가난한 사람이 부자가 되는 것은 불가능하다고 굳게 믿는 사람들도 있지만, 현실은 이와는 매우 다르다. 삶의 질이라는 측면에서, 우리는 지난 몇 세기 동안 역사상 전례 없는 발전을 이뤘다. 예를 들어 1800년대 이후 극빈층의 수는 천문학적으로 감소했다. 세계은행에 따르면, 당시 전 세계 인구의 80%가 극빈층으로 추정됐지만, 현재 그 비율은 20% 미만으로 떨어졌다. 이는 전 세계적으로 인간의 고통이 크게 줄어들었음을 보여 주는 놀라운 변화다.

세계은행의 통계

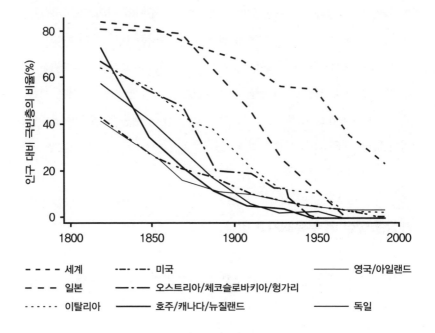

범례:
- - - - 세계
- - - 일본
...... 이탈리아
-·- ·- 미국
-·-·- 오스트리아/체코슬로바키아/헝가리
──── 호주/캐나다/뉴질랜드
──── 영국/아일랜드
──── 독일

Y축: 인구 대비 극빈층의 비율(%)

   빈곤율이 사상 최저 수준이지만, 돈에는 분명 어두운 면이 존재하고, 이를 이용하여 타인을 착취하는 사례도 적지 않다. 예를 들어, 부유한 투자자들이 건물을 매입한 후 기존 세입자를 내쫓는 '젠트리피케이션 gentrification'이 일어나기도 한다. 실제로 이런 현실을 직접 목격하면 모든 부자들은 악하다는 생각이 들기도 한다. 에이드리안의 친구 조쉬 트렌트Josh Trent 역시 이런 상황을 직접 목격하고 같은 결론에 도달했다. 그는 돈이라는 개념 자체를 싫어하게 됐고, 세상의 모든 경제 시스템이 부패로 얼룩져 있으며, 비즈니스는 악한 것이라고 생각하게 됐다. 그는 이렇게 말했다. "다 필요 없어. 신용카드로 8만 달러 빚지고 파산 신청이나 하지 뭐. 어차피 내가 이길 수 없는 게임이야." 하지만 나중에 그는 부유한 사람들이 질병 퇴치, 도서관 설립, 소외 계층의 교육, 인권 신장과 사회 정의 실현을 위해 재산을 사회에 환원하는 것처럼, 돈에 긍정적인 면도 있다는 사실을 깨달았다. 이후 그는 돈은 선도 악도 아닌, 단지 도구일 뿐이라는 사고방식을 갖게 됐다. 사고방식을 바꾼 후, 조쉬가 시작한 팟캐스트 〈웰니스 앤 위즈덤Wellness and Wisdom〉이 성장하기 시작했고, 현재 그는 한 달에 3만 달러가 넘는 수익을 올리며 건강과 부의 사고방식을 수천 명의 사람들에게 전파하는 것으로 긍정적인 영향을 미치고 있다.

돈이 선한 것인지 악한 것인지는 결국 당신에게 달려 있다. 악한 의도를 갖고 부자가 된다면 가난한 사람들을 착취하는 것처럼 돈을 이용해 악한 선택을 할 수 있다. 하지만 당신이 선한 사람이라면 돈은 자신과 타인의 삶에 더 좋은 일을 베푸는 도구가 된다.

브래드 어린 시절, 주변에 부유한 사람이 전혀 없었다. 의사, 변호사, 성공한 기업가도 전혀 알지 못했다. 우리 가족은 똑똑하고, 근면하며, 신앙심이 깊은 사람들이었지만, 어떠한 이유에서인지 대대로 가난하게 살았다. 내 조상 중 일부는 메이플라워호를 타고 이주해 왔다. 수 세기 동안 미국에서 살았는데, 왜 우리는 아무런 재산도 소유하지 못했을까? 왜 우리는 명문 학교에서 교육을 받지 못했을까? 왜 양쪽 조부모 모두 트레일러 공원에서 살았을까? 모두 이해할 수 없는 일이었고, 이를 설명할 이론은 딱 한 가지밖에 없었다. 바로 부자들이 의도적으로 시스템을 조작해 우리를 억압했다는 이론이었다. 심리학자가 된 후에야 금융 지식 부족과 돈에 대한 잘못된 믿음 때문에 사회경제적 사다리를 오르지 못했다는 사실을 깨달았다. 삶의 위치에 대해 불만을 느낄 때, 솔직하게 자신을 돌아보는 것은 때로는 너무 고통스럽다. 차라리 다른 사람을 탓하는 편이 훨씬 더 쉽다.

이제야 나는 진실을 똑바로 바라보게 됐다. 가난하면서 관대한 사람, 가난하면서 악한 사람을 모두 보았다. 부유하면서 관대한 사람과 부유하면서 악한 사람도 보았다. 돈이 사람을 악하게 만들거나 선하게 만드는 게 아니다. 돈은 단지 사람의 본성을 확장하는 역할을 할 뿐이다. 당신이 본래 선한 사람이라면, 돈은 세상에 더 많은 선행을 베푸는 도구가 된다. 반대로 악한 사람이라면, 돈은 다른 사람을 해치는 데 쓰일 수 있다. 즉, 돈은 그저 도구일 뿐, 그 이상도 이하도 아니다.

사람들이 불평하는 소리를 들으면, 마치 칠판을 긁는 소리처럼 귀에 거슬린다. 우리는 불평에 알레르기가 있다. 불평은 전염성이 강하기 때문에 우리는 즉시 그곳을 빠져나온다. 어떤 사람들은 서로 유대감을 형성하기 위해 한데 모여서 불평을 늘어놓으며 끝없는 무력감과 절망의 악순환을 반복한다. 단순히 불평을 자제하는 것뿐만 아니라, 다른 사람들이 불평하는 환경에서 스스로 멀어지는 것도 중요하다. 마치 전염병 환자를 피하듯이 불평하는 사람들과 거리를 둬야 한다. 당신의 삶과 에너지는 낭비하기에는 너무 소중하다. 인생은 원래 불공평하고, 사람들은 때로 못되고 심술궂으며, 불평할 이유는 언제나 존재한다. 하지만 그런 부정적인 것들에 매몰되지 말아야 한다. 대신에 당신이 원하는 삶의 비전을 명확하게 마음속에 그려야 한다. 그러면 성공은 저절로 따라온다. 불평의 바다에 빠져 허우적거리는 상황에서는 낙관적인 태도를 유지하기도, 올바른 해결책을 찾기도 어렵다. 그러니 그 진흙탕 같은 상황에서 나와 몸을 추스르고 일에 집중하라. 불평하지 마라. 변명도 하지 마라.

불평과 이별하라

우리는 이 장 전체를 불평을 멈추라고 설득하는 데 할애했다. 그래서 이 도전 과제는 다소 충격적으로 다가올 수 있다.

1단계. 모든 불평 사항을 작성하라. 당신이 삶과 세상에서 불공평하다고 생각하는 '모든' 사항을 작성하라. 충분한 시간을 갖고 이 작업을 진행해야 한다. 종이를 꺼내 작성하라. 전자기기를 사용하고 있다면 작성을 완료한 후 목록을 출력해야 한다. 대부분의 사람들이 공감할 만한 불평 목록을 먼저 제시하겠다. 이 목록을 참고해서 당신만의 구체적인 불평 사항을 추가로 작성하라. 목록은 말 그대로 무궁무진할 수 있으니까 창의력을 발휘해 봐라.

1. 인생은 불공평하다.
2. 성공하려면 많은 노력이 필요하다.
3. 나보다 더 많은 자원, 인맥, 친구 등을 가진 사람들에게 인생은 훨씬 쉽다.
4. 어떤 사람들은 나보다 더 많은 기회를 가졌다.
5. 어떤 사람들은 나보다 더 부유하고 똑똑하며, 강한 체력과 큰 키, 매력적인 외모를 갖고 태어났다.
6. 어떤 사람들은 내가 가진 정신적 또는 신체적 제약이나 어려움 없이 태어났다.
7. 어떤 사람들은 나보다 더 좋은 교육을 받았다.

8. 어떤 사람들은 나보다 더 건강하고 든든한 가족 환경에서 성장했고, 지금도 그런 환경에 있다.

9. 어떤 사람들은 내가 겪은 스트레스나 부당한 대우, 심각한 정신적 외상을 경험하지 않았다.

10. 어떤 사람들은 나보다 더 좋은 환경에서 태어났다.

11. 나는 부당한 대우를 받았고, 거짓말과 배신, 모욕, 무시를 경험했으며, 그게 당연하다는 취급을 받았다.

12. 일부 부자들은 악하다.

13. 정부, 학교, 교통, 기술, 경제, 날씨, 대중교통 등이 형편없다.

14. 인간관계가 너무 어렵고, 배우자나 연인에게 (한 번 이상) 부당한 대우를 받은 적이 있다.

15. 어떤 사람들은 나보다 더 큰 집, 더 좋은 차와 옷 등을 갖고 있다.

16. 나는 마땅히 받아야 할 수준의 존중, 이해, 동정 등을 받지 못한다.

혹시 우리가 빠뜨린 사항이 있는가? 있다면 모두 적어 봐라. '모든' 불평 사항을 빠짐없이 적어야 한다. 포괄적인 목록 작성이 완료되면(이 과제를 진지하게 수행한다면 몇 시간 또는 며칠이 걸릴 수도 있다), 이제 2단계로 넘어가라.

2단계. 이 불평 목록을 손에 쥐고, 감정과 소통할 수 있는 음악을 틀어라. 슬픈 음악을 선택해도 되고, 강렬한 음악도 괜찮다. 음악이 재생되는 동안 작성한 불평 목록을 하나씩 차분하게 읽어 봐라. 이 목록에 담겨 있는 당신의 깊은 슬픔과 분노를 온전히 느껴야 한다. 결국 삶은 절대 '공평하지 않고', 실제로 현실은 종종 끔찍하다. 슬프다면 실컷 울어라. 젖은 스펀지를 쥐어짜듯 깊은 슬픔에 잠겨 흐느끼며 울어 봐라. 분노가 끓어오른다면, 안전한 방식으로 그 감정을 분출하라. 베개를 주먹으로 쾅쾅 내려치거나 매트리스에 누워 (안전한 방식으로) 팔과 다리를 휘젓고, 매트리스를 두드리며 한바탕 성질을 부려도 좋다. 때때로 이러한 감정이 파도처럼 밀려올 수 있으니, 완전히 지쳐 웅크릴 때까지 감정을 표출해 봐라.

3단계. 이제 인생이 얼마나 불공평한지, 그러한 불공평을 어떻게 경험했는지 가장 깊은 감정을 표출했으니, 그 모든 감정을 놓아줄 차례다. 작성한 목록을 갈기갈기 찢거나 태우거나 다른 방법을 사용해서 완전히 없애라.

4단계. 이 책의 다음 장을 읽어라.

18장

룸메이트를 구하고, 버스를 이용하고, 술을 끊고,
머리를 밀고, 부업을 시작하라

◆

◆

평범한 미국인도 '쉽게' 백만장자가 될 수 있다. 우리가 이를 증명해 보이려고 한다. 미리 말하자면, 정말로 부자가 될 생각이라면 어느 정도의 희생은 불가피하다. 대부분의 사람들은 이를 해낼 절제력과 결단력이 없지만, 장기적으로는 그렇게 하길 정말 잘했다고 생각할 것이다. 예를 들어 룸메이트와 함께 사는 것은 불편하다. 그리고 새 차를 몰고 다니면 멋져 보이는 것도 사실이다. 힘든 한 주가 끝난 후 술집에서 스트레스를 날려버리고 싶은 마음도 이해한다. 또한 모든 사람이 브래드처럼 대머리 스타일을 멋지게 소화해 낼 수 있는 것은 아니다(이 문장은 그가 직접 작성했다). 어쩌면 부업을 시작할 엄두조차 내지 못할 정도로 몹시 지쳐있을 수도 있다. 하지만 특별한 삶을 원한다면, 어느 정도의 불편함은 감수해야 할 대가다. 사람들은 항상 '투자할 여유가 없다'고 말한다. 하지만 진심으로 원한다면 방법은 항상 있다. 실제로 룸메이트를 구하고, 버스를 타며, 술을 끊고, 머리를 민다면, 25년 안에 거의 3백만 달러에 가까운 종잣돈을 마련할 수 있다. 놀라운 점은, 이 계산에는 부업으로 얻을 추가 수입이 포함되지 않았다는 것이다. 그러니 잠시 마음을 열고 편히 앉아 봐라. 곧 중요한 정보를 얻을 것이다.

룸메이트를 구하라

'투자할 여유가 없다'면 룸메이트를 구하라. 이미 룸메이트와 함께 살면서 월세를 나누고도 여전히 투자할 돈이 없다면 한 명 더 구하고, 필요하면 또 구하라. 다행히 아직 부모님이 살아계시고 당신을 사랑한다면, 부모님 집으로 들어가는 것도 방법이다. 보다시피, 이런 조언은 끝없이 이어질 수 있다.

대학을 졸업한 뒤, 다시 룸메이트를 구하는 것이 이상하게 느껴질 수 있다. 대부분의 미국인은 혼자 살거나 가족과 함께 사는 것을 더 선호하는 경향이 있다. 하지만 월세나 주택담보대출은 많은 사람들의 생활비에서 가장 큰 비중을 차지한다. 특히 저소득층에서 중위 소득층의 경우 월세가 생활비의 40%나 차지한다. 룸메이트를 구하면 이 비율을 13%까지 낮출 수 있으며, 수도세를 비롯한 각종 공과금도 절약된다.

부동산에 투자하고 싶다면 신뢰할 수 있는 친구들과 공동투자를 고려해 봐라. 3명이 함께 콘도에 투자하여 임대하면, 임대수익으로 투자 비용을 충당할 수 있다. 업무상 출장이 잦다면 집을 단기임대로 내놓는 방법도 있다. 생활비를 줄일 방법은 많다. 에이드리안은 아내와 함께 1년 동안 밴에서 생활하며 수입의 95%를 절약했다. 필요하다면 친구 집 소파에서 자고, 조카의 나무 위 오두막에서 지내는 등 (합법적인 범위 내에서) 가능한 모든 방법을 동원하면 된다. 사실 대부분의 부자들은 호화로운 생활을 하지 않는다. 그들은 수입의 극히 일부만으로 생활한다. 돈을 벌기 위해 힘들게 일하는 대신, 돈이 돈을 벌어들이도록 시스템을 구축한다. 가난에서 벗어나 부자가 되고 싶다면 적어도 한동안은 최저 임금 수준의 생활을 감수해야 한다. 에이드리안이 1년 동안 밴에서 살 수 있었다면, 당신도 어느 정도의 불편함은 감수할 수 있다.

미국인들은 흔히 '나만의 공간'이 있어야 한다는 생각에 사로잡혀 있다. 하지만 이는 단지 만들어진 개념일 뿐이다. 혼자 산다는 것은 조상들은 물론이고 전 세계 대부분의 사람들에게도 익숙하지 않은 개념이다. 월세나 담보대출 상환액은 매월 지출하는 비용 중 가장 큰 편이고, 룸메이트를 두면 매달 수백 달러에서 심지어 수천 달러까지 절약할 수 있다. 계산은 매우 간단하다. 미국의 평균 월세가 약 2,000달러라고 가정할 때, 룸메이트 한 명으로 한 달에 1,000달러를 절약할 수 있다. 이 1,000달러를 매달 꾸준히 투자하여 (매월 복리로 계산했을 때) 연평균 10%의 투자수익률을 얻는다면, 25년 후에 1,337,890달러를 모을 것이다. 만약 룸메이트를 3명으로 늘린다면 더 큰 부자가 될 것이다. 룸메이트 수에 따라 얼마나 더 부유해질 수 있는지, 아래 도표를 통해 확인해봐라. 이 얼마나 쉽고 간단한 계산인가.

룸메이트 수	월세 2,000달러 기준 매월 투자할 수 있는 절약액	연평균 수익률이 10%인 경우 25년 후의 금액
1	$1,000	$1,337,890
2	$1,333	$1,783,408
3	$1,500	$2,006,836

따라서 당신은 룸메이트를 한 명 두는 것만으로, 25년 내에 1,337,890 달러를 추가로 벌 수 있다. 축하한다. 당신은 이미 백만장자가 된 것이다!

버스를 타라

'투자할 여유가 없다'면 차를 팔고 버스를 타라. 어쩌면 당신이 가난에서 벗어나지 못하는 것은, 자동차에 대한 감정적 애착 때문일지도 모른다. 조상들은 수십만 년 동안 자동차 없이도 잘 살았다. 그런데 왜 꼭 차가 있어야 한다고 생각하는가? 더구나 자동차는 지구 환경을 파괴하는 주범 중 하나라고 하지 않는가? 그러니 차를 없앤다면 지구를 위해서도 좋은 일 아닐까? 정말로 투자할 '여유가 없지만' 부자가 되고 싶다면, 차를 없애야 한다.

출퇴근 시간이 길어 차가 꼭 필요하다면, 직장까지 도보나 자전거로 출퇴근할 수 있는 거리에 집을 구하거나, 그냥 버스를 타라. 기름값, 자동차 할부금, 유지보수비, 보험료를 합치면, 일반적인 미국인은 자동차 유지에 매달 약 894달러를 지출한다. 만약 이 돈을 투자하여 연평균 10%의 투자 수익률을 얻는다면 25년 만에 1,196,074달러를 추가로 얻을 수 있다.

따라서 룸메이트를 구하고 버스를 타고 다니면 25년 만에 수백만 달러의 자산을 가진 부자가 될 수 있다. 하지만 잠깐! 아직 끝난 게 아니다!

룸메이트 구하기: $1,337,890
버스 타기: $1,196,074
합계: $2,533,964

술을 끊어라

'투자할 여유가 없다'면 술을 끊어라. 사람들은 삶을 개선하기는커녕 악화시키는 일에 엄청난 돈과 시간, 에너지, 자원을 낭비한다. 음주자의 약 45%가 술과 파티에 과소비한 것을 후회한다고 응답하고, 17%는 음주로 인해 빚을 지게 됐다고 인정했다. 또한 Z세대의 45%는 음주가 재정 상태에 부정적인 영향을 미쳤다고 답했다. 술자리에 나가 파티를 즐기는 동안 낭비하는 것은 돈뿐만이 아니다. 능력을 향상시키고 부업을 배우는 데 사용할 시간과 에너지까지도 낭비하는 것이다. "밤 10시 이후에는 좋은 일이 일어나지 않는다."라는 말이 있다. 늦은 밤까지 술에 취해 밖에 있다면, 재정적으로나 신체적으로 위험에 처할 가능성이 크다. 술을 마시면 경계심이 약해져 강도나 폭행을 당하거나, 속아서 원치 않는 과소비를 하기도 한다. 술에 취한 채 운전대를 잡는 어리석은 사람들은 결국 음주운전으로 수만 달러의 벌금을 내고, 교도소에 가기도 하며, 직장과 운전면허를 잃을 위험에 처한다. 폭음과 잦은 파티는 마라톤을 시작하기 전에 자신의 발목을 망치로 내려치는 행위와 같다. 정기적으로, 또는 가끔이라도 이런 행동을 하는 사람들은 부자가 되는 건 물론이고 인생 모든 면에서 스스로를 심각하게 망치고 있는 셈이다.

에이드리안 첫 학기를 마치고 집에 돌아왔을 때 부모님께 대학 생활에 대해 거짓말을 했다. 실제로는 남들처럼 폭음을 하고 파티를 즐겼으면서도, 부모님께는 수업과 학점 관리에 전념하고 있다고 말했다. 이후 나는 음주와 파티를 그만뒀다. 더뷰크 대학에서 2학기가 시작되어 다시 학교로 돌아갔을 때, 파티에 쓰던 시간을 대신할 새로운 취미가 필요하다고 생각했다. 그래서 사람들이 로봇춤과 브레이크댄스를 배우는 영상을 찾아보기 시작했다. 대학생들이 얼마나 많은 시간을 파티에 쓰는지 실감할 수 있는 예로, 나는 이후 2년 동안 인터넷에서 로봇춤을 배우는 데 시간을 투자했고, 그 결과 티페인의 프로 댄서로 활동할 만큼 실력을 갖추게 됐다!

음주로 인한 진정한 대가는 단순히 술값만이 아니다. 음주는 뇌세포를 죽이고, 그날 밤과 다음 날 아침, 또는 하루를 통째로 날리고, 삶에서 의미 있는 일을 할 에너지와 의지를 꺾어 버린다. 술을 끊은 후, 삶이 완전히 달라졌다. 댄스를 배우기 시작했고, 티페인의 댄서로 활동했으며, 〈아메리카 갓 탤런트America's Got Talent〉에도 이전 댄스 크루인 '더 바디 포엣츠The Body Poets'와 함께 출연했다. 인플루언서로 활동하며 많은 돈을 저축하고 투자하여서 30살에 백만장자가 됐다. 내가 사람들에게 가장 많이 추천하는 책 중 하나는 애니 그레이스Annie Grace가 쓴 《벌거벗은 마음》이다. 이 책은 술 없이 사는 삶이 얼마나 놀라운 변화를 줄 수 있는지 내가 깨닫게 도와준, 내가 여태껏 읽어본 책 중 단연 최고의 책이다.

밀레니얼 세대는 매달 평균 110달러를 술값을 지출한다는 사실을 알고 있는가? 매달 110달러를 투자하고 연평균 10%의 투자수익률을 얻는다면 25년 후에 147,168달러가 생긴다. 그리고 이 금액은 오로지 술값으로 낭비한 돈만을 계산한 것이다. 지금까지 계산한 총액은 다음과 같다.

룸메이트 구하기: $1,337,890
버스 타기: $1,196,074
술 끊기: $147,168
합계: $2,681,132

머리를 밀어라

'투자할 여유가 없다'면, 머리를 밀어라. 물론 머리를 밀고 싶지 않을 수 있다. 그러면 이렇게 타협하자. 스스로 머리 자르는 법을 배우거나 친구에게 부탁해 보자. 유튜브에서 머리를 자르는 방법을 무료로 배울 수 있다. 하는 김에 손톱도 직접 관리해 보자. 미국인은 2가지에 상당한 돈을 쓰는 편인데, 스스로에게 물어봐라. 멋진 헤어스타일을 유지하며 가난하게 살 것인가, 아니면 삭발하더라도 부자로 살 것인가? 예를 들어, 몇몇 설문조사에 따르면 일반적인 미국 여성은 미용실 방문에 연간 약 1,800달러를 지출한다. 이 돈을 투자하여 연평균 10%의 투자수익률(매월 복리 계산)을 얻는다면, 25년 후 200,684달러가 된다. 물론 머리를 미는 것은 최후의 선택이지만, 투자할 여력이 없다고 말한 사람은 바로 당신이다. 우리는 단지 당신이 진짜로 무엇을 우선순위에 두어야 하는지 솔직해질 수 있도록 도와주려는 것이다.

룸메이트 구하기: $1,337,890

버스 타기: $1,196,074

술 끊기: $147,168

머리 밀기: $200,684

합계: $2,881,816

부업을 하라

앞서 제시한 것처럼, 몇 가지 희생을 감수하면 25년 후 약 290만 달러의 종잣돈을 '쉽게' 모을 수 있다. 하지만 이런 희생을 하기 싫다고 해도 당신을 탓하지 않는다. 그럼에도 여전히 '투자할 여유가 없다'면 부업을 고려해 봐야 한다. 룸메이트를 구하거나, 버스를 타거나, 술을 끊거나, 머리를 밀고 싶진 않지만 여전히 부자가 되고 싶다면, 단순히 수입을 늘려야 한다. 수입원을 늘리고 다각화해야 한다. 우리는 다양한 수입원을 만드는 것이 모두에게 유익한 선택이라고 생각한다. 경기 침체, 팬데믹, 시장 붕괴는 직장이 얼마나 불안정한 것인지 보여 줬다. CEO는 경기 침체의 징후를 감지하는 즉시, 회사의 이익을 보호하기 위해 인력을 감축하기 시작한다. 해고, 사업 실패, 기업 구조조정은 피할 수 없는 현실이다. 따라서 경제적으로 안전한 대비책을 갖춰야 한다. 예를 들어, 매달 1,500달러의 추가 수입을 창출하는 부업을 시작하고, 이를 연평균 10%의 수익률로 투자한다면, 25년 후에는 2백만 달러가 넘는 돈을 얻을 수 있다.

어떤 재무 자문가에게 물어봐도 그들은 '모든 달걀을 한 바구니에 담지 말라'고 조언한다. 그렇다면 수입원을 관리할 때 왜 이 원칙을 적용하지 않는가? 가장 좋은 재테크는 포트폴리오를 다각화하는 것이다. 마찬가지로 수익 창출 기회도 다각화해야 한다. 수입원이 여러 개라면 경제 상황의 변동에 거의 영향을 받지 않을 수 있다. 상사가 당신을 해고해도 이미 매달 만 달러가 넘는 수입을 올리는 부업을 하고 있다면, 유일한 수입원이 끊긴 사람처럼 모든 것을 잃은 듯한 고통을 느끼진 않을 것이다.

물론 이러한 주장에 반발하는 사람들도 있다. "살아남기 위해 부업까지 해야 하는 세상은 대체 뭐란 말인가?" 이에 대한 우리 대답은 간단하다. "세상은 정말 불공평하다." 우리가 이런 세상을 만든 건 아니지만, 더 나은 삶을 살고 싶다면 시스템을 극복하는 방법을 배워야 한다. 부업이 꼭 힘들고 고역일 필요는 없다. 오히려 부업은 게임처럼 즐거워야 한다. 점수를 쌓는 대신 경제적 자유를 축적하는 게임이라고 생각해 봐라. 매일 30분에서 1시간 정도만 부업이라는 게임을 즐긴다면, 상당한 수입을 창출하기 위한 추진력을 얻을 수 있다.

우리 모두는 각기 다른 목표를 갖고 있다. 아마 당신은 에이드리안처럼 풀타임 전업 기업가가 되고 싶지 않을 수도 있다. 브래드처럼 대학 교수나 재무 설계사가 되는 것에는 관심이 없을 수도 있다. 하지만 관심사가 무엇이든, 대부분의 사람들은 이렇게 말한다. "한 달에 500달러 정도 추가 수입이 있으면 좋겠다." 부업을 학교에서의 활동이라고 생각해 봐라. 파티를 즐기는 대신, 하루에 한 시간씩 온라인으로 돈을 버는 방법을 배우는 것이다.

지금이야말로 온라인에서 돈을 벌기에 가장 좋은 시기다. 기회는 무궁무진하다. 에이드리안은 티셔츠 판매, 아마존을 통한 상품 판매, 콘텐츠 제작까지, 온라인에서 돈을 버는 합법적이고 윤리적인 모든 방법을 직접 시도해 본 사람이다. 사람들이 인터넷에서 돈을 벌어들이는 방법들을 보면, 그 창의성과 다양성에 놀라지 않을 수 없다. 모든 분야에는 틈새시장이 존재한다. 다음 장에서는 오늘 바로 시작할 수 있는 유용한 부업에 대해 자세히 알아볼 예정이다. 하지만 그 전에, 무엇이든 가능하다는 사실을 증명하기 위해 우리가 목격한 온라인에서 돈을 버는 다소 '엉뚱한' 사례 몇 가지를 소개하겠다.

- **잠자는 모습을 방송하기**. 카메라를 설치하고 자신이 잠자는 모습을 실시간으로 보여 주는 콘텐츠다. 믿기 어렵겠지만 이렇게 돈을 버는 사람들이 실제로 존재하며, 말 그대로 잠을 자면서 돈을 벌고 있다.
- **ASMR 영상**. 좋은 마이크를 이용해 속삭이거나 음식을 씹는 소리, 포장지를 구기는 소리 등 다양한 소리를 내는 자신의 모습을 촬영한다. 처음 보면 정말 이상하게 느껴질 수 있지만, 일부 사람들은 이런 청각적 자극에서 경험하는 간질간질한 느낌을 좋아하고 이러한 자극을 통해 편안함을 느낀다. 이런 영상을 즐기는 사람들이 정말 많다!
- **비디오 게임 플레이**. 최신 비디오 게임을 플레이하는 자신의 모습을 촬영하여 돈을 버는 사람들이 매우 많다. 비디오 게임을 잘하거나 뛰어난 실력을 갖출 필요도 없다. 많은 사람들이 이런 영상을 단순한 오락 목적으로 시청하는 것을 좋아한다.
- **여행 블로그**. 일부 사람들은 자신이 좋아하는 활동, 이를 테면 여행을 하면서 수익을 창출하는 방법을 찾아냈다.
- **손금 및 점괘**. 더 이상 네온사인 간판이 있는 점집은 필요 없다. 인터넷만 있으면 손금이나 점괘로 돈을 벌 수 있다.
- **NPC 연기**. 비디오 게임에는 플레이어가 직접 조종할 수 없으며, 로봇처럼 동일한 동작이나 대사만을 반복하는 캐릭터(NPC)가 존재한다. 현실에서도 일부 사람들이 온라인에서 이런 NPC 캐릭터를 연기하며 상당한 수익을 올리고 있다.

인터넷의 높은 접근성 덕분에 돈을 벌 수 있는 방법은 무궁무진하며, 특별한 진입 장벽도 존재하지 않는다. 에이드리안은 범죄 기록 때문에 일자리를 구하지 못했던 고객들을 만난 경험이 있다. 하지만 이런 고객들이 온라인에서 자신만의 비즈니스를 시작해 성공한 사례를 본 적이 있다. 채용되길 마냥 기다리거나, 지원서 하단에 범죄 전력 유무를 묻는 항목을 더 이상 신경 쓸 필요가 없어졌다. 경력 공백이 있는 전업주부도 블로거와 인플루언서로 활동하며 수익을 낸다. 심지어 얼굴을 드러내지 않고 활동하는 사람도 많다. 인터넷은 당신의 배경을 전혀 신경 쓰지 않는다. 단지 틈새시장에 필요한 서비스를 제공하기만 하면 된다. 대학 학위나 깨끗한 범죄 기록은 필수 조건이 아니다. 온라인에서 돈을 벌기 위해 필요한 기술을 배우고 실행하면 충분하다. 우리는 이 주제에 대해 19장, '부업 없이 넷플릭스를 몰아 보는 사람은 평생 가난할 것이다'에서 자세히 살펴볼 예정이다.

에이드리안 레이첼 네이더Rachel Nader(Instagram:@spendymom)는 전업주부이자 시간제 특수교육 교사였다. 그녀는 나의 몇몇 강좌를 수강한 후, 월 8,000달러를 버는 온라인 쇼핑몰 사업가로 변신했다. 그녀의 브랜드는 그녀 특유의 밝은 성격과 소셜 미디어 관리를 돕는 유용한 서비스가 잘 어우러져 있다. 아이오와주 시더래피즈에 사는 카일리 랜디스Kylie Landis(Instagram:@kylielandis)도 성공적인 사례 중 하나다. 그녀는 이전 직장에서 탄탄한 경력을 쌓고 있었다. 그러다 둘째 아이를 임신했다는 소식을 듣고 아이들과 더 많은 시간을 보내기 위해 다니던 직장을 그만두기로 했다. 맞벌이에서 외벌이로 전환하면서 생길 경제적 변화를 준비하던 중 나의 온라인 콘텐츠 제작 강의를 수강했다. 두 달 만에 그녀는 6,600달러를 벌었다! 지금은 주 40시간씩 일하지 않고도 전업주부로서 안정적인 수입을 올리고 있다. 레이첼과 카일리 같은 사람들은 인터넷, 배우려는 열의, 약간의 여유 시간이 있는 전 세계 어머니에게 무엇이 가능한지를 보여 주는 대표적인 사례다.

브래드 나는 한 번도 단일 수입원으로 살아본 적이 없다. 회사가 우리를 신경 쓰는 것도 아니고, 공무원이라고 해서 해고를 피할 수 있는 것도 아니다. 나는 하나의 직업만으로는 경제적 위험에 처할 수 있다고 늘 생각했다. 하지만 여러 수입원을 가지려 했던 주된 이유는 더 많은 돈을 벌고 더 많이 투자해서 40대에 경제적 자유를 이루고 싶었기 때문이다. 결국 그 목표를 이뤘고 현재는 10개가 넘는 별개의 수입원을 갖고 있다. 그중 하나가 짜증이 나거나 지루해지면 그냥 그만두면 된다. 사실 모두 그만둬도 큰 문제는 없다. 하지만 은퇴는 죽은 사람을 위한 것이라고 생각하기 때문에, 나는 삶의 목적에 부합하는 한 항상 새로운 부업을 찾고 있다. 카메라 앞에 서서 얼굴을 드러내는 게 편하다면 돈을 벌 수 있는 다양한 방법이 있다. 카메라에 얼굴을 드러내고 싶지 않아도 돈을 벌 방법은 충분하다. 전문 지식이 있거나 단지 특정 분야에서 단 하나라도 잘하는 일이 있다면 돈을 벌 수 있는 길이 열려 있다. 부업을 시작하는 것이 그 어느 때보다 쉬워졌다.

추가 수입을 올릴 수 있는 부업을 '하지 않을' 이유는 전혀 없다. 무엇을 해야 할지 막막하다면, 사람들이 배우고 싶어 하는 것이 무엇인지 먼저 조사해 봐라. 그런 다음 그 분야의 지식이나 기술을 배워 다른 사람에게 온라인으로 가르치면 된다. 다른 사람들의 학습을 돕기 위해 세계 최고의 전문가가 되지 않아도 된다. 결국 어떤 분야에서든 가장 큰 학습자 시장은 초보자를 대상으로 하며, 많은 고급 전문가들은 처음 시작할 때 겪었던 어려움을 잊어버리곤 한다. 초보자들에게 A 지점에서 B 지점으로 가는 방법을 가르칠 수 있다면 유용한 학습 콘텐츠를 만들 수 있다. 에이드리안은 첫 번째 온라인 부업으로 유튜브에서 로봇춤을 가르쳤다. 브래드는 공립학교에서 버는 수입을 보충하기 위해 강연과 컨설팅을 했고 교육 상품(예를 들어 책과 온라인 강좌)을 만들었다. 온라인 비서로 활동하거나, 다른 기업의 소셜 미디어 게시물 작성을 돕는 것도 방법이다. 데이터 입력 작업을 하거나, 매일 고양이를 촬영해도 좋다(반려동물 영상은 늘 인기가 많다). 자신에게 맞는 일을 찾아서 꾸준히 실행하라. 잃을 게 뭐가 있겠는가? 더 중요한 것은, 무엇을 얻을 수 있는지 생각해 보는 것이다.

부업을 시작하는 것에 위험 부담이 전혀 없는 건 아니다. 예를 들어, 현재 많은 온라인 부업은 초기 자금이 거의(또는 전혀) 없이 시작할 수 있지만, 시간과 에너지는 투자해야 한다. 실패를 받아들일 준비를 해야 하고, 수익을 내기까지 몇 달, 심지어 몇 년이 걸릴 수 있다는 사실을 감수해야 한다. 특히 온라인에서 부업으로 성공하려면 학습, 실행, 시행착오, 트렌드와 알고리즘에 대한 관심, 시장 조사가 필요하다. 그런데 당신은 그동안 무엇을 하고 있었는가? 무의미하게 인스타그램 피드를 내리며 귀중한 시간을 낭비하고 있었는가? 친구들과 밤새 파티를 즐긴 후 풀숲에 구토나 하고 있었는가? 불평불만을 쏟아내고 있었는가? 부자가 되고 싶다면 부자의 방식을 따라야 하고, 성공할 수 있는 곳에 에너지를 쏟아야 한다.

에이드리안 첫 번째 부업으로 '댄스 세이브즈 라이브즈Dance Saves Lives'라는 힙합 의류 브랜드를 만들었다. 더뷰크에 있는 콜센터에서 오후 3시에 퇴근한 후, 매일 오후 4시부터 9시까지 5시간 동안 의류를 판매할 웹사이트를 구축하는 방법을 배웠다. 3,000달러를 모아서 의류 재고를 확보했다. 출시를 앞두고 기대에 부풀었지만, 막상 출시 후에 아무도 옷을 구매하지 않았다. 너무 충격적이었다. 며칠이 몇 주가 되고, 몇 년이 지나도 팔리지 않은 의류 상자가 옷장에 수북이 쌓였다. 결국 아일랜드로 이사한 후에 지역 자선단체인 굿윌Goodwill에 기부하는 것으로 모두 처분할 수밖에 없었다. 영화 〈꿈의 구장Field of Dreams〉에 나오는 명대사, "그것을 지으면 사람들이 찾아올 거야."는 부업에는 전혀 들어맞지 않는 말이었다! 첫 번째 부업은 실패로 끝났지만 나는 계속 도전했다. 그리고 또 실패했다. 2년이라는 시간이 지나서야 마침내 온라인에서 처음으로 돈을 벌었다. 0.43달러였다. 그날 내가 벌었던 0.43달러가 백만 달러처럼 느껴졌다. 이후 수많은 실패를 거듭한 끝에 0.43달러는 43달러로, 다시 433달러로 늘어났고, 때로는 하루에 43,000달러를 벌기도 했다. 사실 나는 성공보다 훨씬 더 많은 실패를 경험했다. 하지만 이 책을 읽고 있는 당신이라면 충분히 부업에 성공할 수 있고, 부업 시장은 앞으로 더욱 발전할 것이라고 생각한다. 게다가 노코드 웹사이트no-code websites(코딩에 대한 지식 없이도 웹사이트를 개발할 수 있는 기술이다. - 옮긴이 주)와 인공지능(AI) 같은 기술 덕분에 부업을 시작하는 것이 훨씬 쉬워지고 있다!

당신도 투자할 수 있다!

이제 창의력을 발휘하고 한 단계 성장할 수 있는 기회가 찾아왔다. 또한 필요한 노력을 기울일 의지만 있다면 엄청난 성공으로 이끌어 줄 중요한 비법도 얻었다. '투자할 여유가 없어'라고 되뇌어 왔다면, 이제 진지하게 생각해 볼 때다. 앞서 명확히 보여 준 것처럼, 룸메이트를 구하고, 버스를 타고, 술을 끊고, 머리를 밀기만 해도 290만 달러의 순자산을 추가로 조성할 수 있다. 혹은 이런 방법이 싫다면 지출을 줄이거나, 간단한 부업을 시작하면 된다. 부업으로 수입을 창출하여 매달 1,500달러를 추가로 투자한다면 25년 내에 약 2백만 달러를 추가로 확보할 수 있다. 아니면 2가지 방법을 모두 실행해도 좋다! 22세에 시작한다면 47세까지 약 490만 달러의 자금을 마련할 수 있다. 자세한 내용은 다음과 같다.

룸메이트 구하기: $1,337,890

버스 타기: $1,196,074

술 끊기: $147,168

머리 밀기: $200,684

부업 하기: $2,006,836

합계:$4,888,652

이 모든 과정이 너무 힘들어 보여 어느 것도 시도할 마음이 없다면, 가난하다고 불평하는 것은 그만둬라. 특별한 삶을 원한다면 이를 위해 특별한 조치를 취해야 한다. 적어도 수입의 30% 이상을 투자하는 것이 좋다. 만약 투자할 돈이 없고, 지출을 줄이기 위해 극단적인 조치를 취하고 싶지 않다면, 부업을 시작해야 할 때다. 다음 장에서는 지금 바로 온라인에서 돈을 벌 수 있는, 가장 추천할 만한 방법 몇 가지를 소개하겠다!

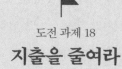

지출을 줄여라

지금 당장 수입의 30% 이상을 저축하고 투자할 수 있는가? 첫 직장을 얻기 전에 이런 사고방식을 갖고 있었다면 이미 수백만장자가 되는 길에 접어들었을 것이다. 하지만 안타깝게도 많은 사람들은 자라면서 부자의 사고방식을 배우지 못했고, 경제적 자유를 위해 돈을 모으기 전에 지출(예를 들어 자동차 구매, 집 임차 등)부터 먼저 실행한다. 당신이 이런 경우에 해당된다고 해도 걱정하지 마라. 당신 혼자만 그런 게 아니니까. 부자가 되고 싶다면 적극적으로 행동에 나서야 한다. 앞서 살펴봤듯이 현금을 모으는 가장 빠른 방법은 룸메이트를 (많게는 3명) 구하는 것이다. 룸메이트를 구하는 것을 비롯해서 앞서 언급한 다른 방법을 실행하고 싶지 않다면, 다른 영역에서 지출을 줄여도 좋다. 다음은 이를 시작하기 위한 네 가지 단계다.

1단계. 지출 목록을 작성하라. 더 좋은 방법은 한두 달 동안의 지출 내역을 추적하여 돈을 어디에 쓰는지 확인하는 것이다. 대부분 사람은 평소 돈을 어디에 쓰는지 제대로 모르기 때문에, 이 작업만으로도 큰 변화를 경험할 수 있다.

2단계. 지출 내역을 명확하게 파악한 후에는 최대한 지출을 줄일 수 있는 창의적인 방법을 모색하라. 미니멀리즘에 초점을 맞춘 책을 읽고, 관련 소셜 미디어 계정을 팔로우해야 한다. 마치 게임처럼 생활비를 얼마나 줄일 수 있는지 도전해 보는 것도 좋다.

3단계. 부업을 하면서 미니멀리스트 라이프스타일을 계획하라. 더 저렴한 자동차를 구입하거나, 더 저렴한 곳으로 이사하는 것도 고려해야 한다. 외식을 줄이는 것도 좋은 방법이다.

4단계. 탐색하고 싶은 부업 목록을 작성해 봐라. 자신의 기술, 자산, 지식을 나열해 봐라. 인터넷에서 찾고 있는 기술과 아이디어를 조사하고, 틈새시장을 찾아야 한다. 말 그대로 무엇이든 할 수 있다. 다음 장에서는 부업을 시작하는 방법을 알려 줄 것이다.

19장

부업 없이 넷플릭스를 몰아 보는 사람은
평생 가난할 것이다

◆

당신의 돈, 집중력, 에너지, 자원을 뺏으려는 수많은 장애물이 도처에 널려 있다. 우리는 주목 경제attention economy, 즉 사람의 관심이 돈이 되는 세상에 살고 있다. 당신이 휴대폰을 붙잡고 1시간을 낭비하는 순간, 사업가와 투자자는 더 부유해지고, 삶의 발전을 위해 아무것도 하지 않은 당신은 오히려 더 가난해진다. 스트리밍 플랫폼은 당신이 새로운 기술을 배우거나 부업을 하는 대신, 밤새도록 드라마를 몰아 보기를 바란다. 그들은 당신의 게으름을 이용해 부를 쌓고 있다(이 내용은 나중에 자세히 다룰 것이다). 끊임없이 비관적인 내용의 게시물을 스크롤하거나 부정적인 뉴스를 본다면, 귀중한 시간과 창의력을 활용해 돈을 절약하고 재산을 증식시킬 혁신적인 방법을 생각해 내는 대신, 창의력을 죽이고 미디어 재벌들의 부만 늘려 주는 셈이다.

그렇다면 즉시 소득을 40% 늘릴 수 있을 방법은 무엇일까? 넷플릭스 시청을 중단하고 부업에 시간을 투자하면 된다. 과장된 말이 아니다. 컨설팅이나 이웃집 잔디 깎기 같은 전통적인 부업도 좋지만, 이번 장에서는 온라인 부업에 초점을 맞추고자 한다. 현재 인터넷은 현대판 골드러시와 같은 상황이며, 많은 사람들이 온라인에서 큰돈을 벌고 있다. 그러니 넷플릭스 구독을 취소하고 기회의 장으로 뛰어들라(미안, 넷플릭스).

어디서부터 시작할지 막막하다면, 고소득 부업을 먼저 고려해 봐라. 이 책을 집필할 당시, 가장 높은 수익을 올리는 5가지 부업으로 코딩, 웹 디자인, 그래픽 디자인, 모바일 앱 개발, 웹사이트 개발이 꼽혔다. 브래드가 이 정보를 소셜 미디어에서 팔로워들에게 공유했을 때 그는 예상치 못한 강한 반발에 깜짝 놀랐다. 사람들은 이런 부업을 하려면 전문 지식이 필요하다는 사실에 경악했다. 이들은 기술이나 지식이 필요 없는 부업을 원했던 것이다. 부자가 되는 것은 쉽고, 전문 지식 없이 성공적인 부업을 시작할 수 있다는 거짓말을 믿는 듯했다. 하지만 그런 부업은 없다. 우리가 부자가 될 수 있었던 이유는 '영원한 학생'의 자세를 유지했기 때문이었다. 즉, 사고를 확장하고, 기술을 향상시키며, 부를 증식시키는 방법을 끊임없이 읽고 배웠기 때문이다. 새로운 기술과 방법을 배우려면 시간과 (정말 많은) 노력이 필요하다. 누구도 우리에게 돈을 거저 준 적이 없었고, 당신에게도 그런 일은 절대 일어나지 않는다.

그렇다고 부업을 시작하기 위해 반드시 (예를 들어) 그래픽 디자인 천재가 돼야 하는 건 아니다. 사실, 좋아하는 TV 프로그램을 몰아 보며 낭비하는 시간과 돈만으로도 충분히 성공적인 부업을 구축할 수 있다. 이번 장에서는 이러한 부업 중 하나 이상을 시작할 수 있는 실용적이고 구체적인 정보를 제공할 것이다. 미국인은 매일 평균 3시간 동안 TV를 시청한다. 또한 소셜 미디어에는 더 많은 시간을 낭비한다. 매일 이 시간 중 1시간 만이라도 부업을 시작하기 위한 새로운 지식과 기술을 배우는 데 투자한다면, 이것이 삶에 미치는 영향은 어마어마할 것이다. 에이드리안의 고객들은 TV 화면을 끄고 부업을 시작해 놀라운 성공을 거둔 수많은 사례를 공유해 왔다. 팔로워가 수십만 명이나 되면서 사람들에게 소셜 미디어를 끄라고 말하는 게 모순이라는 점은 우리도 잘 안다. 하지만 사람들이 자신의 삶을 개선하느라 너무 바빠져서 팔로워가 단 한 명도 없게 된다 해도, 우리는 정말 행복할 것이다. 자, 이제 이 내용을 좀 더 분석해 보자.

〈기묘한 이야기〉인가, 미니 프로젝트 기반 서비스인가?

수많은 상을 휩쓴 인기 넷플릭스 시리즈 〈기묘한 이야기Stranger Things〉의 전 회차를 시청하는 데 21시간 49분이 걸린다. 이는 온라인 '긱gig'을 구축하는 방법을 배우는 데 필요한 시간과 같다. 긱은 파이버Fiverr와 같은 마켓플레이스에 판매 등록할 수 있는 미니 프로젝트 기반 서비스를 의미한다. 파이버에 등록할 수 있는 긱의 선택지는 무궁무진하다. 교정 작업, 로고 디자인, 번역, 건축 디자인, 심지어 타투 디자인까지 가능하다. 자신이 할 수 있는 일을 선택하고, 프로필을 생성하기만 하면 끝난다. 파이버와 같은 사이트의 가장 큰 장점은 구매자가 가득한 마켓플레이스가 이미 구축되어 있다는 점이다. 당신은 시스템을 활용하기만 하면된다. 물론 서비스 요금을 낮게 유지해야 한다는 압박 때문에 수익성은 낮아 보이겠지만, 충분히 백만 달러 규모의 성공적인 사업으로 성장시킬 수 있다. 실제로 우리의 친구 알렉산드라 파술로Alex Fasulo(Instagram:@AlexandraFasulo)는 이미 카피라이팅 서비스를 통해 백만 달러가 넘는 수익을 올렸다. 파이버나 다른 디지털 서비스 마켓플레이스에 들어가서 무엇이 잘 팔리고 있는지, 상위 판매자가 누구인지 확인하라. 또한 마켓플레이스에서 틈새시장이 있는지 찾아봐라. 그런 다음 프로필을 설정하고 서비스를 판매하기 시작하면 된다.

〈루시퍼〉인가, 사용자 제작 콘텐츠인가?

넷플릭스에서 〈루시퍼Lucifer〉를 몰아 보는 데 약 2일 1시간 57분이 소요된다. 하지만 그 시간을 활용해 부자의 사고방식을 탑재하고 사용자 생성 콘텐츠인 'UGCUser Generated Content'의 세계에 대해 알아보는 건 어떨까? 사용자 생성 콘텐츠는 집에 있는 물건에 대한 제품 리뷰를 작성하는 아주 쉬운 부업이다. 예를 들어, 최근에 아마존에서 새로운 토스트기를 구입했다면 해당 제품에 대한 리뷰로 돈을 벌 수 있다. 게다가 한 번만 돈을 받는 것이 아니다. 리뷰에 대해 몇 년 동안 수십 번이고 계속해서 돈을 받을 수 있다.

에이드리안 아마존 제품 리뷰의 수익성을 알게 된 건, 처음 리뷰를 업로드했을 때였다. 우연히도 첫 리뷰를 게시한 달은 블랙 프라이데이 Black Friday와 사이버 먼데이Cyber Monday라는 유명 쇼핑 시즌이 있는 달이었다. 그해 11월에 과거에 구입했던 기존 물건들로 작성한 리뷰만으로 15,000달러 이상을 벌었다. 그 이후 2년 동안 새로운 영상을 추가로 업로드하지 않았다. 그럼에도 지난 30일 동안 기존 리뷰만으로 2,500달러를 벌어들였다.

에이드리안은 다른 사람들에게 추천하기 전에 아마존 제품 리뷰를 통해 수익을 만들 수 있을지 직접 실험해 보았다. 하지만 우리의 친구 모건 레이니Morgan Rainey(Instagram: @cajunventures)는 이 부업에 완전히 올인하여 첫 12개월 동안 158,000달러가 넘는 수익을 올렸다. 스마트폰을 갖고 있고, 제품을 향해 카메라 초점을 맞출 수 있고, 해당 제품에 대해 이야기하며 그 제품이 마음에 드는 이유 몇 가지를 덧붙일 수 있다면, 그것만으로도 충분하다. 이뿐만 아니라 아마존에는 인플루언서 프로그램influencer program(인플루언서들이 쉽게 콘텐츠를 제작하고 관리할 수 있도록 돕는 프로그램으로, 등록된 인플루언서는 자신의 상점을 만들어 팔로워들에게 추천하고 싶은 제품을 게시할 수 있다. ─ 옮긴이 주)이 있다. 월마트Walmart도 베타 단계에 있는 인플루언서 프로그램을 개발 중이다. 이는 잠재적으로 엄청난 수익을 가져다줄 기회, 즉 금광과 같다. 앞으로 온라인 쇼핑 시장은 일반 사용자들이 올리는 생생한 제품 리뷰를 통해 소비자가 현명한 구매 결정을 내리는 방식으로 발전해 나갈 것이다. 그러니 인기 드라마 〈루시퍼〉를 보는 대신 이런 프로그램을 사용하는 방법을 배우면, 잠재적으로 만 달러가 넘는 수익을 올릴 수 있다.

〈퍼니셔〉인가, 전자책인가?

마블의 〈퍼니셔The Punisher〉 시리즈를 모두 시청하는 데 22시간 51분이 걸린다. 하지만 그 시간에 전자책이나 전자 가이드를 만들어 판매하는 방법을 배우는 건 어떤가? 이런 제품의 판매는 가장 위험 부담이 적고 수익성이 높은 사업 중 하나다. 필요한 것은 오직 시간뿐이다. 이런 디지털 제품은 캔바Canva와 같은 디자인 플랫폼 웹사이트를 사용하여 무료로 제작할 수 있다. 우선, 사람들에게 유용할 만한 전자책에 관한 아이디어를 브레인스토밍해 봐라. 예를 들어 링크드인Linked in 프로필 설정 가이드나 좋은 중고차 구매 가이드, 이력서 작성법이 있을 수 있다. 특정 상황이나 산업, 틈새시장에서 사람들이 겪는 문제를 생각해 봐라. 그 문제를 해결할 수 있는 유용한 팁과 요령을 알고 있다면, 사람들의 삶에 작지만 의미 있는 영향을 미칠 전자책을 만들어 7~27달러에 판매할 수 있다. 여기서 말하는 책은 개인적인 이야기를 담은 자서전이 아니다. 이 전자책은 오로지 구매자에게 초점을 맞춰야 한다. 아마도 특정 작업을 더 쉽게 하거나, 짧은 시간 안에 중요한 기술을 가르쳐 줄 수도 있다. 예를 들어 부동산 중개인은 다른 부동산 중개인들에게 더 많은 매물을 얻는 방법을 알려 주는 전자책을 만들 수 있다. 어디서부터 시작해야 할지 모르겠다면 자신이 알고 있는 노하우 목록을 작성하고, 그 목록에서 아이디어를 구해 봐라. 이런 전자책의 목표는 사람들의 문제를 해결하거나 자신이 전문인 분야의 지식을 가르치는 것이다. 검색엔진을 사용하여 자신이 속한 특정 틈새시장에서 사람들이 가장 많이 겪는 어려움이 무엇인지 확인하고 아이디어를 얻어 봐라. 에이드리안은 이러한 미니북을 온라인에서 수천 권이나 판매했으며, 이를 통해 고객에게 중요한 가치를 제공할 수 있었다고 확신한다.

〈퀴어 아이〉인가, 온라인 강의인가?

〈퀴어 아이Queer Eye〉를 몰아 보는 데는 55시간 이상이 걸린다. 하지만 그 시간 동안 나만의 온라인 강의를 만드는 방법을 배울 수도 있다. 이를 위해서는 화면 녹화 방법을 익히거나, 카메라 앞에서 말하는 것에 익숙해져야 한다. 강의 주제로는 웹사이트 구축이나 페이스북 프로필 설정 등을 선택할 수 있다. 가장 큰 잠재 고객층은 초보자라는 점을 잊지 마라. 따라서 당신이 해당 분야의 세계적 전문가가 될 필요는 전혀 없다. 또한 강의가 거창한 마스터클래스일 필요도 없다. 단순히 작은 문제 하나를 해결하는 소규모 강의여도 충분하다. 전 세계에는 여전히 인터넷을 처음 접하는 사람들이 많다. 애플리케이션과 웹사이트를 자연스럽게 사용하는 것이 우리에겐 당연하게 여겨질 수 있지만, 누군가에게는 완전히 새로운 영역이며, 배워야 하는 대상이다. 인터넷 사용자들은 끊임없이 새로운 지식을 찾고 있다. 예를 들어, 구글에서는 하루에 85억 건의 검색이 이뤄진다. 그러니 어떤 일이든 할 줄 아는 게 있다면 인터넷에서 가르치며 돈을 벌 수 있다.

에이드리안 2013년, 나는 댄스 영상 튜토리얼을 제작해 돈을 벌었다. 그게 내 첫 번째 온라인 강의였는데, 사람들에게 로봇춤과 팔 웨이브 동작을 가르치는 게 전부였다. 그로부터 11년이 지났지만 지난달에도 그 강의로 500달러를 벌었다. 사람들이 이 강의를 구매하는 한 계속 수익을 낼 수 있다. 유일한 단점은 댄스 영상을 구매하는 고객들이 지금보다 훨씬 젊은 시절의 나를 본다는 점이다. 이것이 강의 제작에 따르는 유일한 위험 요소다. 강의는 한번 게시되면 인터넷에 영원히 남기 때문이다. 따라서 내가 세상을 떠난 후에도 누군가는 내 영상을 보며 로봇춤을 배우고 있을지도 모른다.

가르치려는 내용이 사소하게 느껴지더라도 일단 강의를 제작해 봐야 한다. 최고의 수제 또띠아를 만드는 방법을 안다면 그 과정을 촬영하여 강의로 판매하라! 뜨개질, 스키, 그림, 노래 등 무엇이든 가르칠 수 있다. 강의 주제와 얻을 수 있는 수익에는 한계가 없다. 그러니 〈퀴어 아이〉 시청을 멈추고 지금 바로 온라인 강의를 만들어라!

〈그레이 아나토미〉인가, 콘텐츠 크리에이터인가?

〈그레이 아나토미〉의 콘텐츠 분량은 약 343시간이다. 오랜 기간 방영됐고 좋은 드라마다. 하지만 〈그레이 아나토미〉를 몰아 보느라 시간을 보내는 대신, 콘텐츠 크리에이터가 돼 보는 건 어떤가? 콘텐츠 제작은 특히 추천할 만한 분야다. 2027년까지 4,800억 달러 규모의 산업으로 성장할 것으로 예상되기 때문이다. 인터넷을 사용하는 대부분의 사람들은 콘텐츠를 소비할 뿐, 직접 제작하지 않는다. 따라서 콘텐츠에 대한 수요는 사상 최고치를 기록하고 있다(구글에서 매일 얼마나 많은 검색이 이뤄지는지 앞에서 살펴봤다). 콘텐츠 크리에이터로서 수익을 창출하는 방법은 많다. 유튜브는 수익 창출 조건을 충족하면 꽤 많은 수익을 지급한다. 하지만 유튜브 외에도 수익화 방법은 많다. 뉴스레터를 발행하거나 뉴스레터 플랫폼인 서브스택Substack을 시작하여 유료 구독 서비스를 제공할 수도 있다. 또한 블로그를 시작하거나 특정 독자를 위한 독점 콘텐츠를 제작하고, 비공개 멤버십 그룹을 운영할 수도 있다.

브래드 팬데믹이 닥쳤을 때 가까운 지인이 직장을 잃었다. 그래서 친구인 에이드리안에게 연락해 온라인으로 수익을 창출할 수 있는 여러 방법에 대해 조언을 구했다. 에이드리안의 조언에 따라 우리는 불과 몇 달 만에 비공개 멤버십 그룹을 시작할 수 있었다. 이 그룹을 관리하는 데는 한 달에 약 5시간이 소요되며, 놀랍게도 연간 55,000달러가 넘는 수익을 올리고 있다.

일단 브랜드 업체들은 당신이 자신들의 목표 고객층에 영향력을 미치고 있다는 점을 인지하면 당신에게 제품 언급을 의뢰하고 그에 대한 대가를 지불할 것이다. 예를 들어 개인 금융 관련 콘텐츠를 제작하는 친구들인 맷 그레시아Matt Gresia(Instagram:@RealMattGresia), 세스 고드윈Seth Godwin(Instagram:@SethGodwin), 지나 자카리아Gina Zakaria(Instagram:@SavingWhiz)는 풀타임 콘텐츠 크리에이터들로서 다양한 수입원을 확보하고 있으며, 브랜드 협찬으로만 연평균 수십만 달러의 수익을 올리고 있다! 시청자의 신뢰를 얻고 팔로워 수를 성공적으로 늘리면, 다양한 기업들이 제품 홍보를 목적으로 협찬을 제안하려 몰려들 것이다.

에이드리안 나는 '하이레벨High Level'이라는 브랜드와 훌륭한 파트너십을 맺고 있다. 이 브랜드는 나의 모든 사업을 관리하는 데 유용한 소프트웨어를 제공한다. 내가 상당한 규모의 팔로워를 보유하고 있고 양질의 콘텐츠를 제작하는 점을 높이 평가하여, 그들은 내게 매달 1만 달러를 지급하는 2년 계약을 제안했다. 이 투자는 그들에게 그만한 가치가 있었다. 그들에게 그 10배에 달하는 새로운 수익을 창출해 줬기 때문이다. 나는 특정 콘텐츠 제작 플랫폼만 선호하진 않는다. 가능한 한 모든 플랫폼을 사용하며, 특히 세로형 영상을 제작할 수 있는 플랫폼이라면 어디에서든 활동해야 한다고 생각한다. 참고로, 굳이 얼굴을 공개할 필요는 없다. 얼굴을 절대 드러내지 않고 활동하는 콘텐츠 크리에이터들도 많다. 그러니 그런 어설픈 핑계로 시작하는 것을 망설이지 마라.

인공지능 기술의 눈부신 발전 덕분에 콘텐츠 제작이 그 어느 때보다 훨씬 쉬워졌다. 활용할 수 있는 플랫폼도 다양하고, 콘텐츠에 대한 수요도 매우 높다. 기업들은 시간과 노력을 투자해 팔로워를 구축한 콘텐츠 크리에이터에게 큰돈을 지불할 것이다. 그러니 〈그레이 아나토미〉에서 벌어지는 허구의 응급 상황에 더 이상 몰입하지 말고, 당신만의 콘텐츠를 직접 제작하고 운영하라!

〈브레이킹 배드〉인가, 제휴 마케팅인가?

〈브레이킹 배드Breaking Bad〉의 모든 에피소드를 시청하려면 60시간이 걸린다. 하지만 그 시간을 활용하여 제휴 마케팅을 배울 수도 있다. 제휴 마케팅은 에이드리안에게 가장 많은 수익을 안겨준 부업이기도 하다. 성공적인 제휴 마케터가 되기 위해서는 콘텐츠와 팔로워가 필수적이라는 점에서, 이 부업은 콘텐츠 크리에이터 활동과 밀접한 관련이 있다. 제휴 마케팅은 온라인에서 다른 사람의 제품을 판매하고 그에 따른 일정한 수수료를 받는 방식이다. 이는 가장 쉬운 형태의 판매 방식이라고 할 수 있다. 불특정 다수에게 전화를 걸어 제품을 권유하는 것이 아니고, 집집마다 방문해서 제품을 판매하는 것도 아니다. 단 한 번의 클릭만으로도 많은 사람들에게 다가갈 수 있다. 당신을 신뢰하는 잠재고객에게 좋은 제품과 좋은 혜택을 함께 홍보한다면, 이 부업으로 백만장자가 될 수 있다. 예를 들어 팔로워가 10,000명 있는 상태에서 배낭을 판매한다고 가정하자. 팔로워 중 10%만 이 배낭을 구매하더라도 1,000개의 판매로 이어진다. 각 구매당 5달러의 수수료를 받는다면, 소셜 미디어나 블로그 게시물 하나로 5,000달러를 버는 셈이다. 일주일에 제품 게시물을 몇 개만 올리면 매주 15,000달러의 수익을 올릴 수도 있다. 이는 당신이 직접 배낭 사업을 시작하고, 제품을 테스트하고, 재고를 관리하는 것보다 훨씬 쉽다. 이미 존재하는 제품을 판매하기만 하면 된다. 제품 디자인, 제조, 재고 관리, 배송, 고객 서비스에 신경 쓰지 않아도 된다. 단지 당신의 팔로워가 제품 링크를 클릭하고 구매하도록 유도하기만 하면 끝이다!

여기서 중요한 점은, 제휴 마케팅이 그 자체로 독립적인 부업은 아니라는 사실이다. 먼저 콘텐츠 크리에이터가 돼야 한다. 바로 이러한 이유 때문에 제휴 마케팅을 설명하기 전에 콘텐츠 제작에 대한 내용을 다룬 것이다. 하지만 일단 팔로워를 확보하고 나면, 많은 돈을 벌 수 있는 잠재력이 생긴다.

에이드리안 내 회사는 이미 사용하고 있는 기존 제품을 홍보하는 제휴 마케팅으로 대부분의 수익을 올리고 있다. 500개가 넘는 다양한 회사의 제휴사로 활동하고 있으며, 그중 대부분의 회사에서 최고의 제휴사로 인정받고 있다. 주로 블로그와 숏폼Short-form으로 작업하며, 가끔 광고를 진행하기도 한다. 이러한 활동은 단순한 수익 이상의 큰 보람을 안겨 줬다. 대학에서 '판매를 잘하면 항상 직장을 구할 수 있다'는 말을 들었지만, 나는 '온라인에서 판매를 잘하면 직장이 필요 없다'고 생각한다.

〈브레이킹 배드〉가 훌륭한 드라마인 것은 맞지만, 그걸 본다고 부자가 되지는 않는다. 하지만 제휴 마케팅으로는 가능하다. 물론 시간과 노력을 투자한다면 말이다. 드라마 속 주인공인 월터 화이트Walter White도 자신만의 부업을 찾지 않았는가? 이제 당신도 자신만의 부업을 찾아 나서야 한다.

가만히 앉아 TV만 보며 시간을 낭비하고 가난하게 살 이유는 없다.

마법 같은 인터넷 세상에는 돈을 벌 기회가 널려 있다. 이 기회를 잡지 않는다면, 소중한 기회를 놓치는 셈이다. 당신이 넷플릭스를 보는 동안 다른 사람들은 점점 부유해지고 있다. 당신에게 주어진 모든 시간은 소중하다. TV 시청 시간을 돈으로 맞바꿀 수 있다면 왜 그렇게 하지 않겠는가? 실제로 돈으로 맞바꿀 수 있다. 그러니 지금 바로 실행하라.

지금 부업을 시작하라

스트리밍 서비스 구독을 해지하고, 끝이 없는 SNS 스크롤의 유혹에서 벗어나라. SNS 사용을 제한하고, 매일 최소 한 시간씩 할애하여 이 장에서 소개한 부업 중 하나를 배워야 한다. 전자책, 온라인 강의, 콘텐츠에 대한 아이디어를 브레인스토밍하고, 콘텐츠 제작을 시작하라. 가르칠 수 있는 것이 전혀 없다고 생각한다면 그 시간을 새로운 기술을 배우는 데 사용하라. 성공적인 부업과 다양한 수입원을 구축하는 방법을 전문가에게 배우고, 아마존 리뷰를 작성하며, 파이버와 같은 마켓플레이스에 자신의 서비스를 올려 봐야 한다. 지식과 기술을 꾸준히 쌓아가라. 그런 다음 가능한 모든 방법으로 이를 수익화 해야 한다. (1년 동안 매일 1시간씩) 총 365시간을 부업 제국을 건설하는 데 투자한 후, 시작점과 1년 후 위치를 비교해 봐라.

20장
—
매달 신용카드 대금을 전액 상환하지 못하면
신용카드를 쓰지 마라

◆

◆

소셜 미디어에서 사람들을 순식간에 화나게 만드는 방법을 알고 싶은 가? 이런 말을 해 봐라. "매달 신용카드 대금을 전액 상환하지 않는다면 신용카드를 사용할 수 없습니다." 우리도 모르게, 인터넷에는 신용카드에 대한 해로운 거짓 정보가 퍼져 있다. 예를 들면 '좋은 신용점수를 얻으려면 매달 신용카드 대금을 일부 남겨야 한다'는 오해가 있다. 실제로 에이드리안이 페이스북에서 신용카드 대금을 전액 상환하라고 사람들에게 조언했을 때, 큰 반발이 있었다. 사람들은 이렇게 말했다.

"아니요, 그렇게 하면 안 돼요. 그건 신용에 아무런 도움이 안 돼요."
"신용카드 시스템이 어떻게 돌아가는지 전혀 모르는군요. 그렇죠?"
"한 번에 갚을 수 있다면 왜 신용카드를 쓰겠어요?"
"이건 진짜 '잘못된 생각'이에요. 카드 대금으로 최소 10달러의 잔액은 항상 남겨 둬야 해요. 잔액이 전혀 없으면 신용에 아무 도움이 안 돼요."

"카드 대금 잔액을 1,000달러 정도 남겨 놓고 이자를 좀 내면 신용점수가 확 올라갈 거예요."

미국에서 신용카드 부채는 심각한 문제다. 2023년 기준, 미국인이 보유한 신용카드 부채는 평균 6,500달러에 달한다. 신용카드의 평균 이자율은 23.56%로, 미국인은 평균적으로 매년 약 1,400달러를 이자 비용으로 지출한다. 연간 1,400달러를 25년 동안 연평균 10%의 수익률(매월 복리 계산)로 투자했다면 그 금액은 156,000달러로 불어났을 것이다. 신용카드 이자로 156,000달러를 허공에 날린 셈이다. 결국 은행은 많은 수익을 챙겼지만, 그만큼 당신은 가난해졌다.

세상은 온통 당신의 자원을 빼앗기 위해 정교하게 설계되어 있다. 과학자들은 어떻게 하면 당신의 돈을 효과적으로 가져갈 수 있을지 궁리하며, 교묘한 전략을 도출한다. 라스베이거스 슬롯머신을 예로 들어 보자. 과학자들은 쥐를 대상으로 한 실험에서 간헐적으로 보상을 제공하면 쥐는 그것이 결국 해로운 결과를 초래하더라도 보상 버튼을 계속 누른다는 사실을 발견했다. 이러한 원리는 인간에게도 적용된다. 슬롯머신에서는 귀를 즐겁게 하는 음악이 흘러나오고, 게임장에는 긍정적인 감정을 유발하는 향기를 뿌리며, 노출이 심한 옷을 입은 여자를 고용하여 고객에게 '무료' 음료를 제공한다. 또한 카지노 바닥에 깔린 복잡하고 혼란스러운 패턴도 그냥 있는 게 아니다. 이는 사람들이 바닥을 내려다보는 대신 고개를 들어 주변의 슬롯머신이나 게임 테이블을 더 많이 보도록 유도하는 역할을 한다. 화장실을 가려면 미로 같은 슬롯머신 사이를 지나가야 하고, 벽에 시계가 없는 것도 이유가 있다. 당신이 힘들게 번 돈을 그들의 주머니에 쏟아붓는 동안, 시간 가는 줄 모르고 최대한 오래 카지노에 머물도록 유도하는 것이다. 카지노 전체가 최대한 돈을 더 많이 빼앗기 위해 치밀하게 설계되어 있다. 이는 마트도 마찬가지다. 즉, 충동구매를 최대한 유도하기 위해 전략적으로 상품을 배치하고 진열한다.

신용카드 회사들은 고금리 카드를 사용하도록 유도하는 방법을 잘 알고 있다. 마치 좋은 혜택을 주는 것처럼 항공사 마일리지 적립이나 멤버십 리워드 같은, 온갖 종류의 인센티브와 특별한 혜택을 제공한다. 하지만 이는 소비를 부추기고, 신용카드 대금을 이월시켜, 대금을 상환하기 전에 이자를 부과하려는 속셈이다. 신용카드는 올바르게 사용하고 대금을 꼬박꼬박 상환한다면 유용한 도구가 된다. 하지만 대부분의 사람들에게 신용카드는 그 위험성이 혜택보다 클 수 있다. 조금만 방심하면 복리로 불어나는 빚의 악순환에 빠져 결국 수수료와 이자로 수천 달러를 낭비할 위험이 있다.

신용카드 부채도 심각한 문제지만, 소액 단기 대출은 그보다 더 위험하다. 이 대출은 무려 400%가 넘는 이자를 부과한다. 이러한 약탈적인 대출의 희생양이 되는 사람들은 대개 가난하고, 당장 생활비를 마련하기도 힘든 처지에 놓인 사람들이다. 대출기관들은 채무자가 단 한 번의 예기치 못한 어려움으로도 집세를 제때 내지 못하거나 가족을 먹여 살리지 못할 수 있다는 사실을 악용한다. 바로 이 점을 이용하여 높은 이자를 부과할 수 있는 것이다. 이런 식으로 그들은 채무자를 사지로 내몰고 있다. 경제적으로 궁지에 몰리면 온갖 사기의 표적이 되기 쉽다. 그렇기 때문에 항상 재정을 철저히 관리해야 하고, 지나치게 좋은 조건은 사기일 가능성이 높다는 점을 항상 염두에 두어야 한다.

신용카드 게임에서 이기는 방법

신용카드 회사는 사람들이 이자 없이 혜택만 챙기는 현명한 고객이 되는 것을 원치 않는다. 현대 사회에서는 신용카드가 없으면 할 수 없는 일들이 많다. 호텔 체크인, 온라인 쇼핑, 자동차 렌트 등을 하려면 신용카드가 필요하다. 하지만 그렇다고 해서 높은 금리와 수수료를 반드시 감수해야 하는 건 아니다. 은행보다 더 똑똑하게 대처하고 신용카드 게임에서 이길 수 있는 몇 가지 방법이 있다.

1. **신용카드 사용의 위험성을 인식하라.** 오늘날 신용카드가 널리 사용되는 이유는, 은행은 평균적인 미국인처럼 당신도 금융에 무지할 것이라 기대하기 때문이다. 이 신용카드 게임에서 이기려면 올바른 사고방식을 갖춰야 한다. 우선, 카드를 사용할 때마다 엄청난 이자율로 은행에서 돈을 빌리고 있다는 사실을 이해해야 한다. 이 돈은 당신 돈이 아니라 은행의 돈이며, 신용카드를 사용할 때마다 당신은 은행에서 돈을 빌리고 있는 것이다.

2. **신용카드 한도의 30%를 넘기지 마라.** 물건을 구매할 돈은 없고 이미 한도의 30%를 초과해서 사용했다면, 더 이상 물건을 구매하지 마라. 한도의 30%를 초과하면 신용점수가 하락할 수 있다. 더 중요한 점은, 신용카드 청구액이 감당할 수 없는 수준으로 늘어나기 시작하면 50달러짜리 셔츠가 100달러짜리가 될 수도 있다는 사실이다.

3. **매달 신용카드 대금을 '전액' 상환하라.** 신용카드 대금을 일부 남겨 두는 것은 피땀 흘려 번 돈을 부유한 은행가들에게 갖다 바치는 것과 같다.

이는 (소액 단기 대출을 제외하면) 최악의 대출 방식이나 마찬가지다. 대출이 필요한 상황이라면 주거래 은행에서 더 낮은 금리의 대출을 받아야 한다. 신용카드를 시간을 두고 천천히 대금을 갚는 일종의 대출처럼 사용하지 마라. 이는 가난을 벗어나지 못하는 가장 빠른 방법이다.

4. 현금 서비스를 '절대' 받지 마라. 은행은 현금 서비스에 훨씬 높은 이자율 (최대 25%)을 부과할 뿐만 아니라, 현금 서비스 금액의 3%~5%를 수수료로 부과한다. 일반적인 신용카드 구매와 달리, 현금 서비스는 이자 유예기간이 없어 현금을 인출하는 즉시 이자가 부과되기 시작한다. 당신은 현금 서비스를 받는 순간부터 돈을 잃기 시작하며, 현금 서비스가 필요할 정도라면 이미 경제적으로 심각한 상황일 수 있다. 현금 서비스를 받는 대신 신용카드를 잘라 버리고 해지하라. 지금 상황에서 신용카드는 최악의 적이나 다름없다.

5. 어리석은 행동은 하지 마라. 청구될 신용카드 대금을 전액 상환하지 못할 것 같다면, 신용카드로 물건을 사지 마라. 예를 들어, 항공권 구매 시 할인 혜택을 받으려면 특정 카드를 사용해야 할 때가 있다. 이 경우에도 계좌 잔고가 충분해서 대금을 상환할 수 있을 경우에만 항공권을 구매해야 한다. 신용카드를 비상금으로 사용하지 마라. 이는 물에 빠져 허우적거리는 사람이 무거운 닻을 붙잡는 것과 같다. 신용카드는 당신이 물 위에 떠 있도록 도와주지 않고, 오히려 깊은 바닷속으로 끌고 내려간다. 카드 한도가 꽉 차 있는 상황이라면, 무엇을 해야 할지 생각해 봐라. 그리고 지금 '당장' 그 일을 시작하라. 재정 상황을 정리한 후 비상금 계좌에 돈을 따로 저축하고, 비상 상황에서는 그 돈

을 사용하라.

신용점수를 관리하라

신용카드 빚은 신용점수를 떨어뜨리고, 낮은 신용점수는 경제적으로 큰 불이익을 초래한다. 신용점수가 낮을수록 저금리 대출을 받거나 부동산을 구입하는 것은 더 어려워진다. 카드 대금이 신용카드 한도의 30%를 초과하면 신용점수에 부정적인 영향을 미친다. 하지만 여기서 혼동하지 마라! 카드 대금의 잔액이 한도의 30% 이하로 남아 있더라도 신용점수가 좋아지는 건 '결코' 아니다. 이런 잘못된 믿음 때문에 사람들은 수천 달러의 손해를 입기도 한다. 이런 잘못된 정보가 너무 널리 퍼져 있어서 신용카드 회사들이 이익을 늘리기 위해 의도적으로 퍼뜨린 소문이 아닐까 의심이 들 정도다.

신용점수가 낮으면 낮은 이자율의 대출을 받지 못할 뿐 아니라, 보험료에도 영향을 미친다. 심지어 취업에도 영향을 줄 수 있다. 대부분의 주에서는 고용주가 채용이나 승진을 결정할 때 신용 보고서를 조회할 수 있다(이는 부업을 해야 하는 또 다른 이유다). 신용점수가 낮으면 집주인이 임대를 꺼릴 수도 있다. 또한 임차할 집을 찾았더라도, 공공서비스 회사나 통신사에서 서비스를 제공하기 전에 보증금을 요구할 가능성도 크다. 군대도 마찬가지다. 예를 들어, 신용 불량으로 특수부대 지원자가 탈락한 사례도 있다. 이유는 간단하다. 개인 재정도 제대로 관리하지 못하는 사람한테 어떻게 전장에서 중요한 결정을 맡길 수 있겠는가? 또한 경제적으로 파탄 난 상태라면 돈 때문에 국가를 배신할 가능성도 완전히 배제할 수 없다. 신용점수는 불합리하고 필요 없는 제도라고 주장할지도 모른다. 하지만 현실적으로 신용점수는 사회 시스템의 일부이며, 개인의 삶에 실질적인 영향을 미친다. 따라서 건전한 재정을 위해서는 신용점수를 엄격하게 관리해야 한다는 사실을 명심하라.

부채 관리와 미래에 대한 투자를 함께하라

부채 관리는 재정을 관리하는 중요한 기술이다. 그리고 신용카드 빚은 최악의 부채 중 하나다. 신용카드 빚은 분명 심각한 문제지만, 저축하고 투자하면서도 충분히 갚아나갈 수 있다. 이처럼 빚을 갚으면서 저축과 투자를 병행하는 전략은 현명한 방법이다. 저축 없이 오로지 빚을 갚는 것에만 집중하다가 비상 상황이 발생하면, 모아둔 돈이 없어서 다시 빚을 질 수밖에 없기 때문이다.

투자하기 전에 빚을 완전히 청산하려고 애쓰지 마라. 왜일까? 많은 미국인의 경우 빚에서 완전히 자유로워지는 시점은 늙고 백발이 되어서야 가능한 일이며, 투자에서 가장 중요한 요소는 바로 시간이기 때문이다. 예를 들어, 신용카드 빚을 해결하더라도 학자금 대출과 주택담보대출을 갚는 데 수십 년이 걸릴 수 있다. 따라서 경제적 자유를 얻으려면 기다릴 시간이 없다. 최대한 빨리 투자를 시작해야 한다. 예를 들어 가처분소득의 대부분을 고금리 부채 상환에 사용하고 있더라도, 최소한 수입의 1%라도 저축과 투자를 시작하라. 신용카드 빚을 갚은 후에 투자를 늘리면 된다.

빚을 갚는 동시에 미래를 위해 저축하고 투자하는 한 가지 방법은, 수입의 일정 비율을 각 항목에 배분하는 것이다. 예를 들어 수입의 30%를 빚 상환, 저축, 투자에 사용한다는 목표를 세우는 것이다. 30% 중 20%

는 빚 상환에, 10%는 투자에 사용할 수 있다. 빚의 대부분이 고금리 부채인 경우, 29%를 빚 상환에 사용하고 1%만 투자에 할당해도 된다. 빚을 모두 상환한 후에는 30% 전체를 자유롭게 투자에 사용할 수 있다. 중요한 것은 빚을 꾸준히 갚으면서 더 이상 빚을 늘리지 않는 것이다. 이렇게 하면 빚을 갚으면서도 투자를 지속할 수 있다. 이로써 더 많은 시간을 확보하면 더 높은 수익을 창출할 기회도 가질 수 있다. 이런 계획을 일관성 있게 꾸준히 실행한다면 부채를 효과적으로 관리해 가며 미래에 다시 신용카드 빚을 지지 않도록 예방할 수 있다.

지출 계획을 세우고 반드시 지켜라

인터넷 시대에 살고 있는 지금, 지출 계획을 세우는 방법을 모른다는 변명은 더 이상 통하지 않는다. '예산'이라는 단어는 마치 '다이어트'처럼 인생의 즐거움을 포기해야 한다는 의미로 들린다. 그래서 우리는 예산 대신, 가장 원하는 곳에 돈을 집중적으로 사용하는 '지출 계획'이라는 개념으로 접근하고 싶다. 이는 경제적 자유를 달성하는 효과적인 방법이다. 먼저 가장 중요한 재정 목표 3가지(또는 그 이상)를 선정하고, 각 목표에 맞춰 소득의 일정 비율을 할당하라. 예를 들어, 상위 3가지 재정 목표는 다음과 같이 설정할 수 있다.

1. 40세에 경제적 자유 달성: 소득의 30% 할당
2. 콜로라도 볼더에 85평 크기의 주택 계약금 마련: 소득의 20% 할당
3. 가족 유럽 여행: 소득의 5% 할당

어디에 돈을 사용할지 결정했다면, 이제 별로 중요하지 않은 영역에서의 지출을 줄여야 한다. 온라인에는 예산 관리를 위한 다양한 무료 스프레드시트가 많으니 이를 활용해 시작해 봐라. 스프레드시트를 준비했다면, 모든 지출 내역을 꼼꼼히 살펴봐야 한다. 신용카드 사용 내역을 자세히 살펴보며 아직도 유지 중인 줄 몰랐던 구독 서비스를 찾아봐라. 또한 동네 카페에서 커피를 얼마나 마셨는지 합산해 봐라. 줄일 수 있는 항목을 찾아보고, 더 이상 사용하지 않는 멤버십과 구독 서비스를 해지하며, 불필요한 소비를 멈춰야 한다. 매달 신용카드 대금을 갚지 못한다면, 모든 불필요한 지출을 즉시 중단해야 한다. 스트리밍 서비스, 아마존 구매, 외식이나 아이스커피, 새 옷 구입도 모두 금지다. 이는 모두 당신 자신을 위한 결정이다. 신용카드 대금을 최대한 빨리 갚는 한 가지 목표에만 집중해야 한다. 책은 사는 대신 도서관에서 빌려 읽고, 헌 옷을 입으며, 부업에 집중하는 등 필요한 모든 방법을 동원해야 한다. 신용카드 빚은 당신을 경제적으로 옭아매는 족쇄와도 같다. 이 빚을 모두 갚기 전에는 진정한 자유를 누릴 수 없다. 그 아이스커피 한 잔이 정말로 당신의 경제적 자유를 희생할 만큼 가치가 있을까?

얼마를 저축할 수 있는지, 그리고 소득의 몇 퍼센트를 부채 상환, 비상금 저축, 다른 목표를 위한 저축, 경제적 자유를 위한 투자에 할당할 수 있는지 계산해 봐라. 나머지 모든 항목은 우선순위에서 밀린다. 필요하다면 부모님 집으로 다시 들어가거나, 룸메이트를 구하거나, 추가 일자리를 얻거나, 부업을 해서 수입을 늘리는 등의 조치를 바로 실행해야 한다. 매달 갚을 수 있는 금액을 기준으로 빚을 모두 상환하는 데 걸리는 기간을 계산하고, 그 계획을 철저히 지켜야 한다. 지출 계획을 매일 볼 수 있는 곳에 걸어 둬라. 비전 보드vision board(이미지와 사진을 콜라주 방식으로 엮어서 꿈과 목표, 행복의 요소 등을 내면에 다질 수 있도록 도와주는 도구이다. - 옮긴이 주) 활용을 좋아한다면, 재정 목표의 달성과 경제적으로 자유로운 상태를 시각적으로 보여 줄 사진을 붙여 동기부여를 지속적으로 유지해야 한다. 신용카드 빚을 반드시 치유해야 할 재정적 질병으로 여기고, 모든 시간과 에너지, 그리고 노력을 집중해 해결해야 한다.

신용카드 사용을 멈추는 방법

신용카드 사용을 자제하기 어렵다면, 재정 심리학에 대한 브래드의 다른 저서, 예를 들어 《돈에 대한 심리Mind Over Money》나 《머니 매머드 Money Mammoth》를 읽어 봐라. 이 책은 왜 사람들이 재정적으로 자기 파괴적인 행동을 하는지 이해하는 데 도움을 준다. 책을 읽는 동안에 신용카드 과소비를 줄이기 위해 도움이 될 만한 몇 가지 방법을 소개한다.

1. **만족을 지연시켜라.** 이는 순간적인 즐거움보다 자신의 가치관을 우선시하여 소비를 미루는 행위를 말한다. 신용카드 구매 욕구를 억제하려면, 신용카드를 물에 넣고 냉동실에 보관하는 방법이 있다. 이렇게 하면 신용카드를 사용할 때 얼음이 녹기까지 기다려야 하므로, 충동적인 소비를 억제할 수 있다.

2. **모두 현금으로 결제하라.** 가전제품과 같은 비교적 큰 금액의 물건을 사고 싶다면, 신용카드를 사용하는 대신 돈을 모아 현금으로 구매하라. 구매하기 전에 그 물건을 살 충분한 돈이 모일 때까지 기다리는 습관을 들여야 한다. 한 연구에 따르면, 현금을 사용하면 소비 행위를 더 의식적으로 인식하게 돼서 지출이 줄어드는 경향이 있다.

3. **재정 목표를 포스트잇에 적어 신용카드에 붙여 둬라.** 매일 목표를 보며 자신이 진정으로 중요하게 여기는 가치를 되새겨야 한다. 이렇게 하면 단순히 순간적인 지출을 자제하는 것뿐만 아니라, 장기적으로 더 나은 선택을 할 수 있다.

4. **지출을 줄이고 예산을 철저히 지켜라.** 신용카드 빚을 지는 주된 이유는 자신의 수입을 초과하여 지출하기 때문이다. 새로운 신발이나 근사한 저녁 식사가 경제적 목표를 희생할 만큼 정말로 가치 있는 것일까?

신용카드 대금을 남겨둬야 좋은 신용점수를 얻는다는 정보는 완전히 잘못된 것이다. 사실은 그와 정반대다. 신용카드 대금이 남아있으면 신용점수는 오히려 떨어진다. 부자처럼 생각하고 싶다면 먼저 빚의 굴레에서 벗어나야 한다. 그래야 비로소 부를 쌓기 시작할 수 있다.

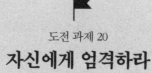

자신에게 엄격하라

경제적인 노예 상태에서 벗어나려면 부채 상환 계획을 작성해야 한다. 엄격하고 창의적으로 접근하라! 더 많은 돈을 저축하고 투자할 수 있도록, 최대한 빨리 부채를 갚는 것을 하나의 게임으로 생각하라. 스노우볼 방식snowball method을 활용해 봐라. 이는 이자율이 가장 높은 부채부터 갚기 시작해서 순차적으로 갚아 나가는 방식이다. 이자율이 가장 높은 부채를 갚은 후에, 그다음으로 이자율이 높은 부채로 넘어가고, 이전 상환액의 이자를 더해 계속 갚아 나가면 된다. 이런 식으로 계속해서 모든 부채를 상환하는 것이 목표다. 신용카드 문제 때문에 번번이 어려움을 겪는다면, 신용카드를 잘라 버리고 온라인 쇼핑 계정에서 카드 정보를 삭제하라. 이 도전 과제를 완료할 때쯤에는 '매달 신용카드 대금을 전액 상환할 능력이 없다면 신용카드를 사용할 수 없다'는 확고한 원칙을 세워야 한다.

21장
___
돈을 사랑하지 않으면 평생 가난할 것이다

◆

◆

돈이 인생의 모든 문제를 해결할 수는 없지만, 많은 문제를 해결해 주는 건 분명하다. 유명 심리학자 에이브러햄 매슬로Abraham Maslow는 삶에 동기를 부여하는 원동력은 생리적 욕구와 심리적 욕구에서 비롯된다고 주장하였으며, 이를 '매슬로의 욕구 단계' 이론으로 정리했다. 인간의 5가지 욕구를 설명하는 그의 이론에 따르면, 욕구는 기본적인 욕구에서 점점 복잡한 단계로 나아가며, 인간은 가장 기본적인 욕구가 충족되지 않으면 상위 욕구에 관심을 가질 수 없다. 하지만 5가지 욕구에는 한 가지 공통점이 있다. 바로 현대 사회에서 이 모든 욕구를 충족하려면 돈이 필요하다는 점이다. 더 나아가, 경제적 풍요는 단순히 이런 욕구를 충족시키는 데 그치지 않고, 삶의 경험을 풍부하게 하고 극대화할 기회를 제공한다. 이 책을 읽는 모든 사람이 부자가 될 수 있다고 우리는 진심으로 믿는다. 이번 장에서는 돈이 삶의 경험을 어떻게 풍요롭게 할 수 있는지 솔직하게 논의해 보려고 한다. 당신이 풍요로운 삶을 누리기를 바라며, 당신은 충분히 그런 삶을 누릴 자격이 있다고 믿는다.

돈이 충족시키는 욕구 1. 기본적인 생존

당장 다음 끼니를 걱정해야 하는 상황에서 투자를 생각하긴 어렵다. 생존에 필요한 기본 요소는 깨끗한 물, 영양가 있는 음식, 적절한 의복, 따뜻한 집, 그리고 충분한 수면이다. 미국에서는 쉽게 잊힐 수 있지만, 전 세계적으로 이런 기본적인 필요조차 충족하지 못하는 사람들이 여전히 많다. 그러나 충분한 부를 갖추면 생존을 넘어서 삶의 질을 높일 수 있다. 고급 레스토랑에서 미식을 즐기고, 질 좋은 옷을 입으며, 더 편안한 매트리스에서 숙면을 취하는 것처럼 말이다.

돈이 충족시키는 욕구 2. 안전과 보안

우리는 자연재해나 각종 위험으로부터 보호받고, 안전한 환경에서 살아가길 원한다. 법과 질서가 유지되는 사회에서 생존에 대한 두려움 없이 사는 삶이야말로 진정한 자유다. 살 집을 구하거나 안전한 동네로 이사하고, 위험한 나라를 떠나 더 안전한 곳으로 가려면 돈이 필요하다. 이런 신체적 안전을 넘어서, 부는 심리적으로도 우리에게 안정감을 준다.

• **경제적 안정.** 부유함은 기본적인 필요를 충족시키고, 예상치 못한 지출을 감당할 걱정을 덜어 준다. 그 결과, 돈으로 살 수 없는 마음의

평화를 선사한다.

- **건강 보장.** 부유함은 최상의 건강보험과 의료 서비스, 전문적인 치료 및 건강 프로그램에 접근할 수 있는 기회를 제공한다. 이를 통해 당신과 가족은 최적의 보살핌을 받을 수 있다.

돈이 충족시키는 욕구 3. 애정과 연결

기본적인 생존이 해결되면, 우리의 관심은 자연스럽게 감정적 욕구를 충족하는 것으로 옮겨간다. 이는 가족, 친구, 그리고 배우자와 깊고 의미 있는 관계를 형성하는 것을 포함한다.

- **배우자 선택.** 이상적인 로맨스 관점에서는 조금 씁쓸할 수 있지만, 현실적으로 돈(또는 경제적 안정성)은 특히 남성들에게 좋은 배우자를 찾기 위해 중요한 요소로 작용하기도 한다.
- **관계에 대한 투자.** 부유하면 가족과 친구들과의 유대 관계가 오래 지속될 수 있다. 예를 들어, 비용 걱정 없이 함께 여행하며 소중한 시간을 보낼 수 있고, 관계를 돌보고 키우는 데 필요한 시간도 충분히 확보할 수 있다.
- **유산 구축.** 부는 미래 세대에 지속가능한 유산을 남길 기회를 제공한다. 상속, 자선 활동, 재단 설립 등을 통해 자신의 삶이 끝난 후에도 의미 있는 영향을 미칠 수 있다.

돈이 충족시키는 욕구 4. 자존감

사회적 지위와 성취감은 행복을 구성하는 중요한 요소로, 의미 있는 경력과 사회적 역할을 갖는 것이 여기에 포함된다. 여기서 돈은 중요한 역할을 한다. 돈은 우리가 원하는 교육과 훈련을 받을 수 있게 하고, 삶에 목적을 더해 자신의 이름을 세상에 알릴 기회를 제공한다. 충분한 부는 다양한 방식으로 자존감을 충족시키고 향상시키는 것에 기여한다.

- **특권적 기회.** 부유하면 명문 학교 진학, 특별한 멤버십, 독특한 인맥처럼 특권적 기회를 얻을 수 있다. 이런 기회는 개인의 성장을 촉진할 뿐만 아니라, 더 넓은 사회적 관계망을 형성하는 것에도 도움이 된다.
- **투자 기회.** 부유하면 다양한 투자 기회를 얻을 수 있다. 주식 같은 전통적인 투자뿐만 아니라 부동산, 스타트업, 사업 참여, 사모펀드 투자 등, 더 큰 부를 창출할 새로운 기회가 열린다.
- **호화로운 경험.** 부유하면 편리하고 안락한 삶을 가능하게 하는 고급 상품과 최상의 서비스, 그리고 경험을 얻을 수 있다.

돈이 충족시키는 욕구 5. 최상의 자아실현

매슬로의 욕구 단계에서 가장 높은 단계는 자아실현에 초점을 맞추며, 이는 창의적인 활동에 몰두하여 자신의 잠재력을 최대한 발휘하는 것을 의미한다. 부는 우리가 잠재력을 온전히 발휘할 수 있도록 여러 측면에서 도움을 준다.

- **선택의 자유.** 경제적 부담이나 수입 손실에 대한 걱정 없이, 취미를 즐

기거나 여행을 다니며 다양한 경험을 쌓을 수 있다.

• **시간의 자유.** 부유하면 사랑하는 사람들과 함께 시간을 보내거나, 열정을 마음껏 추구하거나, 여행을 떠나는 등, 즐거움과 성취감을 주는 활동에 우선순위를 둘 수 있다.

• **사회적 기여.** 부유하면 자신과 가족을 넘어, 더 큰 목표에 기여할 기회를 가질 수 있다. 자선 활동에 기부하거나 연구를 지원하고, 자신의 가치관에 맞는 프로젝트에 자금을 제공하면서 삶의 목적을 찾고 사회에 긍정적인 영향을 미칠 수 있다.

돈이 없으면 인간의 욕구를 제대로 충족시키기 어렵다. 하지만 풍족한 자원이 있다면 경험을 확장하고, 열정과 목적의식을 추구하며, 타인과 의미 있는 관계를 형성하는 데에 진실로 투자할 수 있다. 1장에서 언급했듯, 가난하게 사는 것은 거지 같다. 반면 부자가 되는 것은 그야말로 경이로운 일이다. 부자의 방식을 터득하고, 부자가 하는 일을 실천한다면, 당신도 부자가 될 수 있다.

에이드리안 대학에서 경영학을 전공하고 졸업한 지 2년 후, 내 연봉은 고작 33,000달러에 불과했다. 중고 캠리를 타고 작은 복층 집에서 살았으며, 월마트에서 장을 보고 외식은 거의 하지 않았다. 부업으로 힙합 댄스를 가르쳤고, 매주 금요일과 토요일 밤 8시부터 새벽 1시까지 동네에 있는 '다이아몬드 조 카지노Diamond Jo Casino'라는 80년대 나이트클럽에서 공연했다(이 부업으로 시간당 25달러를 벌었는데, 본업보다 훨씬 수입이 많았다). 2가지 부업으로 벌어들인 수입 덕분에 저축을 시작할 수 있었고, Roth IRA(세후 수입으로 적립하는 개인 퇴직연금계좌이다. - 옮긴이 주) 계좌에도 불입할 수 있었다.

비록 심각한 경제적인 어려움이 닥치면 언제든 파산할 수 있을 만큼 불안정한 상황이었지만, 최소한 먹고 살 만큼은 벌고 있었다. 나는 가진 자원으로 세상에 작지만 긍정적인 영향을 미치며 살아가고 있었다. 그때의 나는 삶에서 최선을 다하려 노력했고, 당시 누군가에게 나에 대해 물어봤다면 그는 분명 '행복하고 긍정적이며 에너지가 넘치는 사람'이라고 답했을 것이다. 나는 꿈을 꾸는 사람이었지만, 동시에 인터넷 사업가가 되는 방법을 배우기 위해 수많은 시간을 투자할 만큼 야망 있고 절제력도 있는 사람이었다.

그때는 출퇴근 없이 돈 걱정에서 벗어나 부모님을 은퇴시키는 날을 꿈꾸곤 했다. 현재, 나는 예전에 꼬박 1년 동안 벌어야 했던 돈을 이제는 2주마다 벌고 있다. 수백만 달러를 투자해 그 배당금만으로도 생활비를 모두 충당할 수 있다. 차는 현금으로 구매하고, 부모님과 아내를 고용했으며, 돈을 버는 일은 너무 즐거워서 '일'이라는 느낌이 들지 않는다. 최근에는 3개월 동안 아시아의 여러 나라를 일등석을 타고 여행했다. 진정한 의미의 라이프스타일을 마음껏 설계하고, 단순히 필요에 따라서가 아니라 '원하는 것'에 따라 결정을 내리며, 시간에 구애받지 않고서 오랫동안 여유롭게 여행을 즐기는 자유를 만끽하고 있다. 오늘날 내가 세상에 미치는 긍정적인 영향은 과거에 내가 상상했던 것 그 이상이다.

과거에 나를 알던 사람이 지금의 나를 만난다면, 여전히 나를 '행복하고 긍정적이며 에너지 넘치는 사람'이라고 표현할 것이다. 나는 예전과 같은 사람이다. 단지 좀 더 경험이 쌓였을 뿐이다. 나는 여전히 매 순간 최선을 다해 살아가려고 노력한다. 20살이라는 젊은 나이에 부자의 방식을 실행으로 옮길 수 있었던 것을 진심으로 감사하게 생각한다. 언젠가 수백만 명의 사람들이 나를 통해 가난한 사고방식에서 벗어날 수 있었다고 말할 수 있는 날이 오기를 꿈꾼다.

브래드 배고픔을 참으며 잠자리에 드는 것이 어떤 기분인지 안다. 변변한 옷을 사 입지 못해 느끼는 수치심도 안다. 돈이 없어 가라테 학원에 보내 줄 수 없다고 미안해하며 눈물짓던 어머니의 모습을 보는 고통을 안다. 고물차가 고장 나서 고속도로에 몇 시간 동안 발이 묶였을 때, 휴대폰조차 없어 도움을 청하지 못했던 절망감을 안다. 기름을 넣기 위해 가진 돈 전부인 2.5달러를 주유소 직원에게 내밀었을 때, 그의 얼굴에 스친 비웃음을 안다. 10만 달러의 학자금 대출을 안고 학교를 떠나는 막막함, 바닥에 깔린 매트리스에서 잠을 자며 매주 70시간씩 일했던 고단함도 안다. 너무 절박하기에, 일확천금을 약속하는 사기에 속아 가진 돈마저 모두 잃는 심정을 안다. 가난은 정말 끔찍하다. 그렇기에 나는 당신이 부자가 되어 가난의 굴레에서 벗어나길 진심으로 바란다.

　돈을 얼마나 버는지는 중요하지 않다. 얼마를 벌든 '시간'을 소유하지 못한다면 진정한 부자가 아니다. 가장 소중한 자원인 시간을 어떻게 쓸지 선택할 수 없다면, 아무리 화려한 대저택도 당신을 가두는 감옥에 불과할 뿐이다. 나는 순자산 마이너스 10만 달러에서 시작해 20년 만에 수백만장자가 됐지만, 이는 단지 시작에 불과하다. 하지만 내가 가장 자랑스럽게 여기는 것은, 바로 당신을 위해 이 책을 쓸 시간을 낼 수 있었다는 사실이다. 이제 나는 가족과 함께 마음 편히 휴가를 떠날 수 있다. 하루, 일주일, 혹은 한 달을 쉬어도 생계를 고민할 일은 없다. 아이들의 학교 행사에 참석하고 유소년 야구팀 코치로 활동하면서도 돈 문제로 고민하지 않는다. 나는 당신도 나처럼 시간을 온전히 소유하고, 가장 중요한 일에 쓸 수 있기를 바란다. 나 역시 에이드리안처럼 본질적으로 미니멀리스트이며, 최고의 경험을 누릴 수 있도록 삶을 설계하는 데 집중해 왔다. 혹시 내 소셜 미디어를 본 적이 있다면, '경험 〉 물건'이라는 태그라인tagline을 봤을 것이다. 만약 테슬라 할부금, 과도한 주택담보대출, 신용카드 빚에 얽매여 시간을 소유하지 못하고 있다면, 당신은 물건에 대한 집착 때문에 멋진 경험을 할 기회를 잃고 있는 것이다. 최신 기기나 값비싼 차에 대한 집착으로 인해 부를 향한 여정에서 벗어나지 마라.

진정으로 풍요로운 삶, 즉 부자로 사는 놀라운 경험을 누리고 싶다면, 평범한 사람들의 방식에서 벗어나야 한다. 경제적 자유를 향한 투자를 인생의 최우선 목표로 삼아야 한다. 그렇게 해야만 비로소 '시간'을 온전히 소유할 수 있다. 진정으로 중요한 것에 집중하고, 흔들리지 마라. 부자가 된다는 것은 정말 경이로운 경험이며, 당신은 충분히 그 삶을 누릴 자격이 있다. 이 목표는 결코 멀리 있지 않다. 우리는 당신을 믿는다. 당신은 반드시 해낼 것이다.

◆ 감사의 글

에이드리안 가장 먼저 감사의 마음을 전하고 싶은 사람은 바로 아내 애슐리다. 아버지는 농담처럼 자주 말씀하시곤 했다. "에이드리안은 언젠가 사업가가 되어 돈을 많이 벌 거라는 걸 알았어. 그래서 공인회계사가 될 사람과 결혼하는 게 좋겠다고 생각했지!" 내가 실제로 그런 계획을 세운 적은 없지만, 이 농담을 들을 때마다 애슐리는 웃으며 눈을 치켜뜨곤 한다.

나에게 아내는 아내 이상의 존재다. 그녀는 이 책을 포함한 나의 모든 일에서 진정한 동반자다. 애슐리는 내 삶과 사업에서 최고 재무 관리자(CFO) 역할을 한다. 그녀는 내가 빵을 만든다면 자신은 그 빵을 '어마어마한 빵집으로 바꾼다'고 농담하는데, 솔직히 나도 완벽히 동의한다.

또한, 어머니 레티시아와 아버지 토니께 깊은 감사를 드린다. 두 분은 내게 어릴 적부터 훌륭한 재정 습관을 가르쳐주셨고, 삶의 질을 높이기 위해 끊임없이 노력하는 모습을 보여 주셨다. 두 분의 그런 모습 덕분에 지금의 내가 될 수 있었다. 두 분은 강한 직업윤리와 돈을 현명하게 관리하는 태도를 갖추는 법을 몸소 보여 주셨고, 아무것도 없는 상황에서 시작해 성공하기까지 필요한 것이 무엇인지를 보여 주는 가장 훌륭한 롤모델이 되어 주셨다. 진심으로 감사드린다.

마지막으로, 과거 나를 알았던 분들이나 내 콘텐츠를 보고 이 책을 구매해 준 모든 분께 감사의 마음을 전하고 싶다. 이 책에 담긴 지혜가 내가 느끼는 감사의 마음만큼이나 여러분의 삶에 큰 가치를 전달하길 진심으로 바란다.

브래드 내 아내 조니에게 깊은 감사를 전한다. 우리 관계를 위해 헌신하고, 아이들을 위해 안정적이고 사랑이 넘치는, 든든한 가정을 만들어 준 당신 덕분에 내가 이렇게 나아갈 수 있다. 당신과 이 여정을 함께할 수 있다는 사실이 내겐 정말 큰 행운이다.

내 아들 로건과 에단에게도 끝없는 사랑을 보낸다. 둘은 항상 내가 더 나은 사람이 되도록 영감을 준다. 특히, 이 책의 제목을 고르는 데 탁월한 아이디어를 준 에단에게는 특별히 고마운 마음을 전하고 싶다!

그리고 사랑하는 여동생 브렌다, 부모님 완다와 짐, 그리고 양부모님 테드와 마조리께도 감사의 마음을 전한다. 변함없는 사랑과 지지를 받을 수 있다는 건 내게 있어 정말 큰 축복이다.

마지막으로 이 책을 읽고 있는 당신에게 진심으로 감사드린다. 당신이 이 책을 선택한 이유는 아마 당신 자신과 가족에게 더 나은 삶을 주고 싶은 열망 때문일 것이다. 당신이 보여 준 가혹한 진실을 마주할 용기와 자기 계발에 대한 노력, 그리고 세상을 더 나은 곳으로 만들고자 하는 헌신은 나에게 깊은 감동을 준다. 이 책을 통해 당신에게 진실을 전하며, 사랑과 기쁨, 그리고 풍요로움을 선사하고자 했던 내 마음이 잘 전달되길 바란다.

옮긴이 최성옥

고려대 영어교육과를 졸업하고 전문 번역가로 입문하여 현재 바른번역에서 활동 중이다. 옮긴 책으로는 《하버드 머스트 리드 비즈니스 모델 혁신》, 《이토록 간결한 글쓰기》, 《당신에게는 몇 번의 월요일이 남아 있는가》 등이 있다.

누가 뭐래도
부자가 되어라

초판 1쇄 2025년 4월 15일
저자 브래들리 T. 클론츠 · 에이드리안 브람빌라
옮긴이 최성옥
편집 김대웅 **디자인** 배석현
ISBN 979-11-93324-47-9 03320

발행인 아이아키텍트 주식회사
출판브랜드 북플라자
주소 서울시 강남구 학동로 329 북플라자 타워
홈페이지 www.bookplaza.co.kr

오탈자 제보 등 기타 문의사항은 book.plaza@hanmail.net으로 보내주세요.
잘못된 책은 구입하신 서점에서 교환해 드립니다.